KB043850

NORTH KOREA NUCLEAR POKER GAME

2020년 2월 27일 초판 1쇄

지은이 김동욱 박용한
펴낸곳 (주)늘품플러스
펴낸이 전미정
책임편집 최효준
디자인 윤종욱 정윤혜
출판등록 2004년 3월 18일, 제2-4350호
주소 서울 중구 퇴계로 182 가락회관 6층
전화 02-2275-5326
팩스 02-2275-5327
이메일 go5326@naver.com
홈페이지 www.npplus.co.kr
ISBN 979-11-88024-35-3 03340

값 15,000원

NORTH KOREA NUCLEAR POKER GAME

# 북핵 포커게임

## 한반도 판을 흔들다

김동욱·박용한 저

# 차례

프롤로그

# 같은 듯 다른 듯 남북 관계

## 평양에서 온 마지막 팩스 '일련번호 194'

2018년 4월 27일 고양 일산 킨텍스에 마련된 메인 프레스 센터. 전 세계 3천여 명의 기자들의 눈이 일제히 판문점에서 송출돼 들어오는 화면에 꽂혔다. 두 정상이 만나는 순간, 곳곳에서 터져나오는 작은 탄성들. 그렇게 남북 정상이 만들어 내는 한반도의 결정적 장면들은 전 세계로 전파를 탔다.

시간을 18년 전으로 되돌려 보자. 2000년 6월 15일 오후 2시 58분. 일련번호 194번, 평양에서 온 마지막 팩스가 서울 미디어 센터로 전송됐다.

"서울 프레스 센터 요원 여러분! 여기는 평양 고려 호텔 프레스 센터입니다."

2000년 남북 정상회담 마지막 날. 평양에서 서울로 보낸 마지막 팩스는 이렇게 시작하고 있었다. 당시 남북 정상회담을 취재하기 위해 청와대 출입기자 위주로 꾸려진 남측 특별취재단은 평양 고려호텔에 짐을 풀었다. 역사적인 남북 정상 간 첫 만남을 취재하는 최전선의 기자들이었다.

그들이 보내는 평양의 메시지를 학수고대 기다리는 곳은 서울 소공동 롯데호텔의 남측 프레스 센터. 커다란 프레스 센터에는 대한민국과 세계 유수 언론사의 취재 데스크, 방송 부스, 그리고 영상 수신과 송출을 위한 각종 장비들이 즐비했다. 모든 것은 평양에서 특별취재단이 보내는 기사와 영상을 받기 위해 늘 스탠바이 상태였다. 대한민국 100여 개 언론사 기자 550여 명과 세계 유수 언론사 142개사의 390여 명의 기자들도 긴장 속에 기다림을 이어가고 있었다.

평양에 간 취재진들이 핫라인을 통해 남쪽에 보내는 팩스 한 장 한 장은 역사적 남북 정상회담 현장 취재의 모든 것이자, 각종 해설과 분석 기사의 시발점이었다. 대한민국 모든 언론사들이 취재진들의 팩스를 애타게 기다렸고, 전 세계 방송들은 그들이 보내는 현장 영상을 받느라 뜬 눈이었다.

"2박 3일은 참으로 길었습니다. 이곳보다는 서울 프레스 센터가 더 힘들었다고 속짐작만 해 봅니다. 하지만 훌륭한 방문 성과로 그 모든 피곤함을 잊을 수 있었으리라 감히 생각해 봅니다. 평양 고려호텔 프레스 센터에서 마지막으로 보냅니다. 끝."

당시 취재는 위의 문구로 막을 내렸지만, 2000년 남북 정상회담 이후 10여 차례의 남북 장관급 회담, 20여 차례의 이산가족 상봉, 남북 경추위 회담과 적십자 회담 등 각종 회담과 교류가 2000년대 한반도에서 계속 이어졌다. 당시 평양 특별 취재단이 언급한 '훌륭한 방문 성과'는 이후 남북 관계와 한반도 정세에 의해 더 빛이 나기도 하고 또 희석되기도 했다.

남북이 갈라진 채 존재하는 한 한반도 평화와 통일에 대한 염원은 사라지지 않을 것이다. 그리고 남북 관계와 주변국 간의 관계 그리고 그것이 우리 생활에 미칠 영향에 대한 취재와 분석도 이어질 것이다. 여기에 적은 취재 에피소드와 단상들이 평화와 통일에 조금이나마 기여할 수 있기를 희망해본다.

To. 서울 프레스센터 요원 여러분

194

여기는 평양 고려 Hotel Press Center
입니다.

2박3일은 참으로 길었습니다.

이곳보다는 서울PC가 더 힘들겠다고
속짐작만 해봅니다.

하지만 훌륭한 방문성과로 그 모든
피곤함을 잊을 수 있었으리라 감히
생각해 봅니다.

그동안 수고 많으셨습니다. - 끝

- 평양 고려 Hotel PC에서
마지막으로 보냅니다. —

217 P01 00-06-15 14:58

2000년 6월 15일 평양에서 서울 프레스 센터로 전송한 마지막 팩스 [사진 김동욱]

제1부

# 미사일 쏘고
# 죽음의 백조 날고

문재인 대통령의 베를린 연설을 보고

# 세 번의 연설, 극한 대립과 대화, 이번엔

## 독일에 간 대통령

2000년 3월 베를린, 2014년 3월 드레스덴 그리고 2017년 7월 베를린. 김대중, 박근혜, 문재인 세 명의 한국 대통령이 강산이 한 번 반 이상 바뀔 만큼의 시차를 두고 독일에서 연설했다. 모두 독일 통일의 교훈 그리고 한반도 평화와 통일을 얘기했다.

“이곳은 분단 극복과 통합의 상징입니다. 독일의 통일과 통합 과정에서 독일인들의 담대한 용기를 기억합니다. 그토록 높아 보였던 베를린 장벽도 동서독 국민들의 자유와 평화에 대한 열정을 막지 못했습니다.㉾ 냉전과 분단을 넘어 통일을 이루고 그 힘으로 유럽 통합과 국제 평화를 선도하고 있는 독일과 독일 국민에게 무한한 경의를 표합니다.㊫ 오늘의 번영과 통일의 위대한 역사를 창조한 독일 국민에게 마음으로부터의 경의와 축하를 드립니다. 분단국인 한국의 대통령으로서 독일 통일에의 교훈을 배운다는 것은 더없이 중요한 일이라고 생각합니다.(金)"

위 인용 글은 한 사람의 연설문이 아니다. 김대중, 박근혜, 문재인, 세 대통령의 연설문을 짜깁기한 것이다. 하지만 한 사람의 연설문이라고 해도 믿을 만큼 놀라운 유사성을 가지고 있다. 사실 세 명의 대통령이 연설에서 담은 남북 관계에 대한 언어와 의제도 놀랄 만큼 닮아있다. 더 짜깁기해보자. 먼저 인도적 문제다.

"전쟁 중 가족과 헤어진 후 생사도 모르는 수많은 남북 이산가족들 역시 분단의 아픔을 고스란히 보여주고 있습니다.(朴) 인도적 차원의 이산가족 문제 해결에 적극 응해야 합니다. 노령으로 계속 세상을 뜨고 있는 이산가족의 상봉을 더 이상 막을 수는 없는 것입니다.(金) 대한민국 정부에 가족 상봉을 신청한 이산가족 가운데 현재 생존해 계신 분은 6만여 명, 평균연령은 81세입니다. 그 고통을 60년 넘게 치유해 주지 못한다는 것은 남과 북 정부 모두에게 참으로 부끄러운 일입니다.(文) 작년에만 한국에서 3천 8백여 명의 이산가족이 돌아가셨습니다. 이산가족 상봉의 정례화 등으로 한을 풀고 동시에 남북 간 신뢰를 쌓는 길에 나서야 합니다.(朴)"

이어서 구체적인 남북 경협과 경제 공동체 구상 연설이다.

"북한 식량난을 해결하기 위해서는 비료, 농기구 개량, 관개시설 개선 등 근본적인 농업구조 개혁이 필요한 것입니다.金 농업생산의 부진과 산림의 황폐화로 고통 받는 북한 지역에 농업, 축산, 산림을 함께 개발하는 복합 농촌단지를 조성하기 위해 남북한이 힘을 합해야 합니다.朴 하천 범람이나 감염병, 산림병충해, 산불은 남북 모두에게 피해를 주니 남북이 공동 대응하는 협력을 추진해야 합니다. 남북한이 함께 번영하는 경제 협력은 한반도 평화정착의 중요한 토대입니다. 끊겼던 남북 철도는 다시 이어질 겁니다. 남북러 가스관 연결 등 동북아 협력 사업들도 추진될 수 있을 겁니다.文 본격적인 경제 협력을 실현하기 위해서는 도로, 항만, 철도, 전력, 통신 등 사회간접자본이 확충돼야 합니다.金 북한 주민의 편익 도모를 위해 교통, 통신 등 가능한 부분의 인프라 건설에 투자하고 남북러 협력사업과 함께 남북중 협력사업을 추진해 동북아 공동발전을 이뤄갈 겁니다.朴"

이처럼 많이 닮아있는 연설문. 하지만 김대중과 박근혜의 연설은 상반된 결과를 가져왔다. 한번은 남북 정상회담으로 이어졌지만 한번은 극한 대립만 남겼다. 왜 그럴까? 남북 관계를 바라보는 시각, 연설을 한 시점의 국제정치적 환경, 남북 관계의 상이성, 북한 위협의 강도 차이, 북한 내 권력 환경 등 여러 가지 상황이 천차만별이기 때문일 것이다. 먼저 통일에 대한 인식을 살펴보자. 김대중 대통령의 연설이다.

"북한 주민은 자유에 대한 경험도 없고 오랫동안의 고립으로 북한 밖의 외부세계를 전혀 모르고 있습니다. 이러한 문제를 그대로 둔 채 통일을 서두른다는 것은 현실적으로 무리인 것입니다. 현실적이고 합리적인 정책은 당장 통일을 추구하기보다는 상호위협을 해소하고 공존공영을 추구하는 겁니다. 통일은 그 다음의 문제입니다.金"

다음은 박근혜 대통령의 연설이다.

"통일독일의 모습은 우리 대한민국에게 한반도에도 통일 시대를 반드시 열어야 한다는 희망과 의지를 다지도록 하는 힘이 되고 있습니다. 독일 통일이 역사적 필연이듯이 한국의 통일도 역사적 필연이라고 생각합니다. 한반도의 통일을 위해서 대결, 불신, 단절의 장벽을 허물어야 합니다. 그 자리에 새로운 한반도를 건설해야 합니다.朴"

과정으로써의 통일관과 당위로써의 통일이 충돌하는 모양새다. 비록 인도적 문제 해결과 남북 경협, 교류 협력에 대한 제안의 유사성에도 불구하고 이러한 인식의 차이가 대북 접근의 방법론에 큰 차이를 가져왔다고 볼 수 있다.

물론 여기서 빼놓으면 안 되는 것이 바로 북한의 위협이다. 핵과 미사일 문제 말이다. 김대중 대통령은 북한의 완고한 폐쇄 정책을 비판하면서, 동북아 안정과 세계 평화를 위해서라도 한반도 평화가 매우 중요한 과제라 지적하며 아래와 같이 주문한다.

"북한의 무력 도발은 절대 용납치 않겠습니다. 따라서 북한은 첫째, 대남 무력도발을 절대적으로 포기해야 합니다. 둘째, 핵무기 포기에 대한 약속을 준수해야 합니다. 셋째, 장거리 미사일에 대한 야망을 버려야 합니다.金"

하지만 2000년 당시는 북미 제네바 합의로 외견상으로는 북한 핵 문제가 수면 아래에 있던 시점이며, 북한의 장거리 미사일 위협도 98년 대포동 발사 이후 다소 소강상태에 있던 시점이다. 다시 말해 북한의 핵 미사일 위협이 그다지 긴박하지 않던 시점이다.

반면에 박근혜 대통령 시기는 북한 핵 위협이 고조되던 시기이다. 북한이 2013년까지 3차례 핵실험을 단행한 것이다. 따라서 그 당시 대통령의 연설에는 북한 비핵화에 대한 입장이 반드시 포함돼야 했다.

"하나 된 한반도를 위해서 북한은 비핵화로 나아가야 합니다. 북한이 핵 문제 해결에 대한 진정성 있는 자세로 6자회담에 복귀하고 핵을 포기하여 진정 북한 주민들의 삶을 돌보길 바랍니다. 북한이 핵을 버리는 결단을 한다면 이에 상응하여 북한에게 필요한 국제금융기구 가입 및 국제 투자 유치를 적극 지원하겠습니다.朴"

박근혜 대통령은 북한의 선 핵 포기를 촉구한 것이다. 이처럼 김대중 시대와 박근혜 시대 간에는 통일에 대한 인식의 차이와 핵 문제에 대한 상황의 차이가 분명히 존재하고 있었다.

그런데 두 연설에 대한 북한의 반응은 놀랄 만큼 닮아 있다. 북한은 김대중 베를린 연설 엿새 후에 '허튼 소리'라며 매우 부정적인 반응을 내놓았다. 북한의 반응이다.

"동족이자 대화 일방인 우리에 대한 심히 자극적인 말들이 있는가 하면 심지어 대세니 고립이니 야망이니 하는 따위의 극히 모독적인 소리들까지 들어있다. 이런 허튼 소리를 하면서 화해와 협력을 어떻게 하자는 것인가?"

박근혜 드레스덴 연설에 대해서도 북한은 모독이라고 말했다. 북한은 "잡동사니들을 이것저것 긁어모아 '통일 제안' 이랍시고 내들었다"며 북한의 경제난과 아이들의 배고픔을 언급한 것을 두고 "동족에 대한 참을 수 없는 우롱이고 모독"이라고 각을 세웠다.

그러나 이처럼 북한의 첫 반응은 유사했음에도 김대중의 베를린 연설은 석 달 후 남북 정상회담으로 연결됐고, 박근혜의 드레스덴 연설은 빛을 보지 못한 채 남북 대립만 격화됐다. 그렇다면 문재인 대통령의 연설은 어떤 결과를 가져올까? 먼저 통일관에 대한 언급이다.

"독일 통일은 상호 존중에 바탕을 둔 평화와 협력의 과정이 얼마나 중요한지 일깨웠습니다. 그것은 우선 통일에 이르는 과정의 중요성입니다.文"

이는 당위로써의 통일보다는 과정으로써의 통일을 중시하면서 흡수통일의 가능성을 배제하고 대화하겠다는 메시지를 북한에 던진 것으로 해석할 수 있다. 하지만 동시에 북한 핵에 대한 단호한 입장을 천명하고 핵 포기를 촉구하는 것도 빼놓지 않았다.

"북한이 돌아올 수 없는 다리를 건너지 않기를 바랍니다. 완전하고 검증가능하며 불가역적인 한반도 비핵화는 국제 사회의 일치된 요구이자 한반도 평화를 위한 절대 조건입니다. 비핵화 결단만이 북한의 안전을 보장하는 길이라는 뜻입니다.文"

문재인의 통일관은 김대중 연설에서 보인 바와 유사하다. 그리고 박근혜 연설 때처럼 북한 비핵화에 대한 입장을 담고 있다. 비록 북한에 대해 선 핵포기를 명시적으로 주장하지는 않았지만 '완전하고 검증 가능하며 불가역적인 비핵화'라는 CVID 원칙을 강조했다. CVID에 대해 북한은 자신들의 항복을 강요하는 치욕적인 단어라 말하며 극력 반발해 왔다.

문재인 대통령 연설에 대한 북한의 첫 반응도 두 대통령

때와 닮았다. 북한은 "대결의 저의가 깔려 있으며 평화와 남북 관계 개선에 도움은커녕 장애만을 덧쌓은 잠꼬대 같은 궤변들이 열거돼 있다"고 비난한 것이다. 다만 6.15 공동선언과 10.4 선언에 대한 언급은 다행스럽다며 여지를 두었다.

문재인 대통령의 대북 정책 활동 공간은 김대중 대통령 시기보다 매우 어렵고, 박근혜 대통령 시기보다도 어려운 게 현실이다. 북한이 사실상 핵보유국으로 나아가고 있는 국면이기에 더더욱 그렇다. 분명한 것은 북한이 핵과 미사일로 조성한 현 정세가 매우 엄중하며, 멀게는 17년 전 가깝게는 3년 전의 남북 관계와는 판이한 조건과 난제들로 둘러싸여 있다는 점이다.

2017.7.15.

이산가족 상봉 ①

## "이게 기사가 안 되는 날이 빨리 와야 돼"

문재인 대통령이 2017년 7월 베를린 연설에서 추석(10월 4일)을 계기로 이산가족 상봉 행사를 갖자고 북한에 제의했다. 구체적인 것을 논의하기 위한 적십자 회담을 8월 1일 판문점에서 열자고도 했다.

21세기 남북 이산가족 상봉은 2000년 8월 15일부터 18일까지 남북의 이산가족들이 서울과 평양을 서로 방문해 이뤄지는 이산가족 상봉 행사부터 시작한다. 2000년 8월 14일 서울 쉐라톤 워커힐 호텔. 호텔 로비는 물론 건물 밖에는 수많은 취재진들과 방송사의 중계차들이 진을 치고 있었고, 특설 스튜디오까지 마련돼 반세기 만의 해후를 방송하기 위한 준비가 진행 중이었다. 다음날이면 평양으로 갈 남측 이산가족 100명도 호텔에 모였다. 평양행에 설레는 그들. 이제야 만난다는 기대로 들떠 있었다.

고향이 평양인 팔순의 서순화 할머니는 피난 나오다 아들과 헤어졌다. 얼어붙은 대동강을 건널 때 발이 시리다고 했던 아들. 난리 통에 헤어져 생사를 알 수 없었는데 만날 걸 생각하니 아들의 시린 발이 먼저 떠오른다고 했다. 그래서 준비한 선물이 양말과 신발이다.

칠순의 이환일 할아버지는 금반지 세 개를 취재진에 내보였다. 남쪽에 내려와 결혼한 남한 부인이 목걸이를 녹여 만들어 건네 준 금반지란다. 누구에게 줄 거냐고 물어보니 "피난 올 때 헤어진 북의 아내와 딸, 아들에게 하나씩 줄 것"이라고 했다. 남한 부인이 자신의 목걸이를 녹여 북한 부인에게 선물하는 셈이다.

반세기 이산의 아픔을 안고 있는 이산가족의 이야기는 어느 하나도 그냥 지나쳐 들을 수 없는 가슴 시린 사연을 담고 있다. 이런저런 사연을 취재하던 중 동료 기자가 불쑥 내뱉는다.

"이런 사연들이 더 이상 기사가 되지 않는 날이 빨리 와야 해."

이산가족들의 애절한 사연이 기사로서의 가치가 없다는 말이 아니다. 이산가족들의 만남이 특별한 이벤트나 행사처럼 진행되지 않아야 한다는 것이다. 그들의 사연이 방송이나 지면에 기삿거리로 나가는 게 아니라, 우리 주변에서 흔히 볼 수 있는 모습이 돼야 한다는 뜻이었다.

명절이면 서울 사는 아들이 시골 사는 부모님을 뵈러 가는 것처럼, 이산가족들이 자유롭게 그들의 피붙이를 만날 수 있는 자유 왕래가 이뤄져야 한다는 것이다. 그래서 더 이상 특별한 이벤트도 아닌 그저 일상의 일처럼 돼야 한다는 뜻이었다. 또한 동서독 주민들의 왕래가 마침내 통일의 밑거름이 된 것처럼 남과 북의 교류가 활발해져야 한다는 의미도 담고 있었다.

2000년 8월 15일 1차 이산가족 상봉을 시작으로 지금까지 20여 차례의 이산가족 상봉 행사가 열렸다. 이를 통해 2만여 명이 반세기 만에 서로를 부둥켜안았다. 2000년대엔 설이나 추석처럼 계기 때마다 이산상봉 행사가 열렸다. 거의 정례적으로 열리다 보니 방송 뉴스나 신문 지면에서 이들의 만남이 조그마하게 다뤄질 때도 있었다.

하지만 2010년 연평도 포격 사건 이후 남북 관계가 얼어붙게 되고 이산가족 상봉도 중단된다. 우여곡절 끝에 2014년과 2015년 한 차례씩 다시 열리지만 그때뿐이었다. 그래서 이산가족 상봉은 남북 관계를 가늠하는 잣대가 되었고, 다시 언론이 주목하는 행사가 됐다.

이번 문 대통령의 이산가족 상봉 제안에 대해 북한은 탈북 여종업원 북송을 요구할 걸로 보인다. 이산가족 상봉이라는 인도적 차원의 문제가 다시 정치적 이슈로 연결될 수밖에 없을 것이다.

정부의 제안으로 기대를 품었던 어르신들은 남북 간에 줄다리기가 시작되면 다시 속을 끓일 것이다. 혹시나 하는 기대가 절망으로 바뀌고 또 다시 희망이 생기는 과정을 반복하더라도 숨지기 전 혈육을 만나는 소원이 이루어지기를 바란다.

해마다 3천여 명의 이산가족이 세상을 떠나고 있다. 2005년 9만 8천 명이던 생존 이산가족 상봉 신청자가 2017년엔 6만 5백 명으로 줄었다. '헤어진 혈육의 얼굴을 한 번이라고 보고 싶다'는 평생의 한을 품은 어르신들에게는 이제 시간이 많이 남아 있지 않다.

2017.7.19.

이산가족 상봉 ②

## "일회용 라이터 때문에 총화를 했습네다"

문재인 대통령이 2017년 7월 베를린 연설에서 추석 이산가족 상봉을 제안하면서 기존의 이산가족 상봉에서는 볼 수 없었던 장면을 추가로 제의했다.

"북한이 한 걸음 더 나갈 용의가 있다면, 이번 이산가족 상봉에 성묘 방문까지 포함할 것을 제안합니다. 만약 북한이 당장 준비가 어렵다면 우리측만이라도 북한 이산가족의 고향 방문이나 성묘를 허용하고 개방하겠습니다."

이산가족들의 고향 방문은 남측이 그동안 여러 차례 촉구했지만 한 번도 성사되지 못했다. 지난 20차례의 이산가족 상봉. 이 가운데 1~3차 상봉만 서울과 평양을 이산가족들이 서로 방문하는 교차 방문 형식이었을 뿐, 나머지 17차례는 모두 금강산 이산가족 면회소에서 실시됐다.

이산가족들의 고향 방문이 북측으로서는 그렇게 수용하기 어려운 문제일까? 그 답을 찾기 위해 2000년 11월 말 서울과 평양에서 진행된 2차 이산가족 상봉행사로 시간을 돌려보자. 2000년 11월 30일. 평양 순안 비행장. 이산가족 어르신들과 취재진들은 상봉장인 고려호텔로 이동하기 위해 버스에 올랐다. 버스 안에서 취재기자들은 자연스럽게 북측 안내원들과 인사를 나눴다. 필자의 안내원은 30대 후반의 인사였는데 본인을 민족화해협의회, 민화협 참사 서혁이라고 소개했다.(물론 이름이 본명인지, 소속이 민화협이 맞는지는 확인할 방도가 없다. 다만 안내원 서혁은 필자의 소속 언론사는 물론 지난 1차 방문 때 평양에 온 사실과 당시 쓴 기사도 상세히 파악하고 있었다.)

반갑게 인사를 하고 이런저런 이야기를 나누다가 선물 이야기가 나왔다. 스타킹이나 양말 같은 가벼운 선물 정도는 서로 양해하고 주고받는 게 상례였다. 그런데 서혁 선생이(편의상 남북 인사들은 서로를 선생이라 부른다) 불쑥 담배 이야기를 꺼내더니 이어서 라이터 이야기를 했다.

"이 작은 일회용 라이터 때문에 우리가 생활총화를 했습네다."

"네? 라이터에 무슨 문제라도?"

평양에 온 남측 가족, 친척방문단을
환영하는 연회에 초대합니다

날자: 주체 89(2000)년 11월 30일 19시
장소: 인민문화궁전

평양시인민위원회

2000년 11월 30일 평양에서 열린 이산가족 상봉 초청장 [사진 김동욱]

북한의 생활총화는 주민들이 자신이 속한 단체나 기관에서 일주일 혹은 한 달 동안의 기간 동안, 각자의 생활이나 업무를 반성하고 비판하는 모임을 일컫는다. 흔히 생활총화를 사상 단련의 용광로라고 부른다.

서혁 선생의 설명은 이랬다. 8월 1차 상봉 때 서울에 내려와 남측 가족을 만난 북측 이산가족들이 다시 북으로 돌아갈 때 남측 가족이 이런저런 선물을 많이 했다. 생필품과 옷, 달러 등등을 주로 전달했다. 그런데 남측 가족들이 북한 가족들 것뿐 아니라 동네 이웃들에게 나눠주라고 이런저런 가벼운 선물을 했는데 양말이나 스타킹, 일회용 라이터 등이 포함됐다고 한다. 가격도 저렴한데다 북한 이웃에게 부담 없이 줄 수 있는 것들이다.

그중에서도 일회용 라이터가 인기였다고 한다. 북한 시골에서 불붙일 때 요긴하게 사용됐는데 너무 편리해서 북한 주민들 사이에서 인기가 높았다는 것이다. 그런데 '이 작은 라이터가 이렇게 좋은데 다른 것은 어떻겠느냐'며 라이터가 그만 남한의 발전상을 알리고 또 동경하게 만든 씨앗이 됐다는 것이다. 그래서 생활총화를 열어 정신무장을 다시 했다는 게 서혁 선생의 설명이었다.

당시엔 그냥 웃어넘겼다. 기술의 발전과 시장 경제의 우수성을 라이터 하나로 인식하게 됐다고? 하지만 이는 그만큼 북한이 외부 문물의 유입에 민감했다는 반증이기도 하다. 남측의 이런 저런 문화와 상품이 평양뿐 아니라 북한 전역에 퍼지는 것을 아주 민감하게 받아들였던 것이다.

2002년 북한은 신의주를 경제특구로 만들겠다고 선포했다. 당시 북한 김정일 지도부는 자본주의의 장점만 수용하고 이른바 '퇴폐 황색 바람'이 주민들에게 침투하는 걸 막겠다며 그들 나름대로의 정신 무장 교육인 '사상의 모기장론'을 널리 전파했다. 모기장을 쳐서 모기가 들어오는 것을 막듯이 사상의 모기장으로 선진 기술은 수용하되 황색 문화는 차단하겠다는 일종의 정신 무장론이었다.

2000년대 초반 국제 대북 지원 단체들이 가장 애를 먹은 것은 구호 물품이 북한 전 지역으로의 주민들에게 골고루 전파되는지를 확인하는 문제였다. 따라서 UNDP, 카리타스, 옥스팜 등 세계 유수의 인도적 지원 단체들은 구호 물품 전달에 대한 모니터링 체계를 세우는 것을 대북지원의 최우선 과제로 보았다. 가급적 북한 주민들과 직접 만나 전달하고자 한 것이다. 하지만 북한 당국은 물품 전달 모니터링을 아주 제한적으로 허용했다고 한다.

이럴진대 남북 이산가족들의 고향 방문과 성묘를 허용하

는 것은 북한 당국으로서는 상상도 못할 일인 것이다. 남한에 온 북한 주민이 서울 이외의 다른 지역의 발전상을 눈으로 본다는 것, 북한에 간 남한 주민에게 평양 이외의 북한 지역 속살을 그대로 공개한다는 것은 북한 체제의 엄청난 부담으로 작용할 것이 분명하다. 그래서 당시엔 남북 고향 방문은커녕 서울-평양 상호 방문도 제한적으로 실시된 것이다. 가장 인도적인 문제인 이산가족 상봉 뒤에 숨은 북한 체제의 정치적 함수인 것이다.

2000년대 초반과 비교하면 강산이 한 번 이상 변할 만큼 시간이 흘렀다. 북한 전역에서 남한 TV와 방송을 쉽게 접한다고 하고, 탈북자들이 북에 있는 가족들과 휴대폰으로 통화하는 시대이다. 북한 전역에 시장 경제의 상징이라고도 할 수 있는 장마당이 400여 개나 있다. 북한에서는 신흥 자본가로 부를 수 있는 '돈주'가 북한 경제 활동에 큰 역할을 하고 있는 것도 현실이다. 이들이 부동산을 통해 돈을 벌었다는 이야기를 들으면 과연 북한이 사회주의 경제를 택하고 있는 것이 맞나 싶은 의구심이 들기도 한다. 그만큼 세상이 바뀌었다. 북한 평양에도 수많은 고층 빌딩이 들어서 있다.

이렇게 변화된 상황이 남북 이산가족의 고향 방문과 성묘에 어떤 영향을 미칠까? 과연 북한 김정은 위원장은 열악한

도로와 교통, 각종 인프라가 그대로 드러날 텐데도 평양 이외의 지역, 즉 북한의 감추어진 속살을 남측 인사에게 공개할 만큼 자신감이 있을까? 그리고 북한 주민들에게 서울 이외의 남한 지역을 보도록 허용할 자신이 있을까? 북한 주민들이 남한의 발전상에 대해 아직도 받을 충격이 남아 있을까? 이산가족 고향 방문과 성묘는 김정은 위원장이 2011년 집권 이후 자신이 일군 북한 체제에 대해 얼마나 자신감을 갖고 있는지를 가늠하는 또 다른 척도가 될지도 모른다.

2017.7.24.

키신저의 주한 미군 철수 발언을 보고

## 만약 김정은 정권이 교체된다면 북한은?

미국 조야에서 '북한 레짐 체인지'라는 즉 김정은 정권 교체에 대한 말이 돌고 있다. 미 정보 수장은 김정은 정권 축출을 위한 은밀한 작전 가능성도 슬며시 언급하고 있다. 미국 외교 정책의 거물인 헨리 키신저는 여기서 한 걸음 더 나아간 조언을 트럼프 행정부에 한다. 2017년 7월 31일 뉴욕 타임스의 보도다.

"미국은 북한 정권 붕괴 이후 상황을 중국과 사전에 협의해야 합니다."

그는 구체적인 협상 조건도 제시한다. 주한 미군 철수 문제를 중국과 논의할 수 있어야 한다는 것이다. 그동안 북한이 줄곧 주한미군 철수를 외쳐왔기에, 한국에서 이를 주장하면 친북, 종북 딱지를 붙이곤 했다. 그렇게 금기시해오던 '주한 미군 철수'라는 단어를 미국 외교 정책의 멘토라는 키신저 전 국무장관이 수면 위로 끄집어 낸 것이다.

북한 김정은 정권이 교체가 될까? 가능성은 미지수다. 그럼에도 불구하고 북한 정권 교체에 대비한 이런저런 논의가 없었던 것은 아니다. 북한 급변사태라는 이름으로 북한정권에 만약 어떤 급박한 일이 생긴다면 한국과 미국, 중국이 붕괴된 혹은 붕괴위기에 처한 북한을 어떻게 관리할 것인가 하는 문제로, 이런저런 시나리오들이 논의되기도 했다.

북한 김정은 정권이 붕괴된다면 북한 권력 공백 상태를 누가 대신 메울 것인가, 누가 북한이라는 영토를 통제하게 될 것인가가 핵심 문제다. 우리는 당연히 통일된 한반도를 상상하지만 상황은 그렇게 간단치 않다. 세 가지 정도로 시나리오를 가정해 보자.

대한민국이 통일된 한반도를 지배하는 시나리오가 첫 번째이다. 대한민국이 북한의 권력 공백 상태를 메우면서 북한 땅을 우리 영토로 지배하는 것이 우리로서는 가장 이상적인 그림이다. 하지만 국제 정세를 고려하면 그 가능성이 높지만은 않다. 중국은 한국이 한반도 전체를 지배하며 중국 국경과 맞닥뜨리는 상황, 그것도 굳건한 한미 동맹을 가진 나라가 아무런 완충지대 없이 중국과 인접하는 상황을 완강히 반대할 것이다. 게다가 김정은이 만들어 놓은 핵과 대량 살상무기를 한국이 관리하게 하는 상황도 중국으로서는 용납 못할 일이다.(이 부분은 미국도 용납하지 못할 것이다.)

두 번째 상황은 미국이 북한 권력 진공 상태를 접수하는 것이다. 하지만 이는 한국이 북한을 접수하는 것보다도 더 가능성이 낮아 보인다. 미국이 북한 땅에 들어오는 걸 중국은 말 그대로 목숨 걸고 반대할 것이다. 완충지대 없이 세계 최강 미국과 인접하는 것을 중국으로서는 상상하기도 싫을 것이기 때문이다.

세 번째 상황은 중국이 온전히 북한 지역을 접수하는 것이다. 하지만 기껏 북한 정권을 교체했는데 그 지역을 중국에게 넘기는 상황은 대한민국과 미국이 용납할 수 없다.

그럼 현실성 있는 대안은 무엇일까? 북한의 권력 진공 상태를 메우고 치안과 질서를 유지할 유엔 평화유지군의 진출도 상상해볼 수 있다. 하지만 이는 국제 사회의 수많은 논쟁이 있어야 하고 한국 정부의 양해도 있어야 하며, 궁극적으로 미중 간의 빅딜이 이뤄져야 가능한 일이다. 결국 김정은 권력이 붕괴되고 김정은 정권이 교체된다면, 김정은 이후 북한에 대해서는 어떤 식으로든 미중 간의 합의가 불가피하다.

그렇다면 이런 상상은 어떨까? 북한의 체제는 그대로 두고 김정은 위원장을 대체한 뒤, 다른 권력 엘리트에게 북한 정권을 맡기는 방안을 상상해본다. 물론 이 경우 북한 정권 담당자는 미국과 중국이 합의 가능한 권력 엘리트, 아마도 권력욕이 상대적으로 덜한 실무 테크노크라트 정도가 되어야 할 것이다.

이게 과연 가능한 시나리오일까? 물론 북한 정권 교체 이야기가 미국에서 나오자 틸러슨 미 국무장관은 2017년 8월 2일 급히 진화에 나섰다. "미국은 북한 정권 교체나 붕괴의 의도가 없다. 급속한 한반도 통일을 바라지도 않는다. 그리고 미국은 38선 이북에 군대를 보낼 생각도 없다"고 했다. 북한을 겨냥한 발언이기도 하지만 중국을 달래는 발언으로도 읽힌다. 그렇다고 이 말을 액면 그대로 믿기도 어렵다. 정치가 생물이듯 국제 관계, 특히 패권을 다투는 국가 간의 관계는 언제 어떻게 변화할지 알 수 없기 때문이다.

이런 측면에서 빅터 차 교수의 분석은 주목할 만하다. 미조지타운 대학 교수를 역임하고 부시 행정부 때 백악관 국가안전보장회의 아시아 담당 국장을 역임한 빅터 차 미 CSIS 한국 석좌는 2009년 The Washington Quarterly 학술지 기고문에서 이렇게 분석한다.

"북한 체제 붕괴 시 한국은 국내 안정 회복, 미국은 북한 대량 살상 무기 확보, 그리고 중국은 대량의 북한 난민 유입을 최우선시할 것으로 보이므로 오인과 계산착오를 최소화하려면 사전 조율이 필요하다. 특히 미국의 주요 관심사는 WMD 확산 방지와 통제에 있는 반면 중국은 북한 지역에 대한 영향력 확보에 우선적인 이해관계를 갖고 있으므로, 북한 내 대량살상무기를 포기하는 친중 공산정권의 집권을 용인하는 등 미중 간에 전략적 담합이 이루어질 가능성이 있다. 미국과 중국이 북한 급변사태에 대해 상충하는 이해관계를 가진다고 여겨지기 쉬우나, 한반도와 동북아 국제질서의 안정적 운영이라는 차원에서 상호 협력을 추구할 가능성이 적지 않고, 이 경우 한국의 이해관계와 입장은 고려에서 배제될 위험성이 존재한다."

대한민국이 지금이라도 정신을 바짝 차려야 할 이유다.

2017.8.3.

아세안 지역안보포럼, ARF를 보고 ①

## 동무? Don't Move?
## 한 밤의 혼란

회담장 앞 길목에 진을 친 취재기자들. 북한 리용호 외무상이 모습을 드러내자 목청껏 외친다.

**"강경화 장관 만날 계획 있습니까?"**

말대꾸도 없이 사라지는가 싶더니 북한 외교관 한 명이 다시 크게 외친다.

**"만날 계획 없습니다."**

2017년 8월 초 필리핀에서 아세안지역안보포럼, 즉 ARF가 열려 한미일과 북중러 그리고 아세안 국가 간의 외교전이 뜨거웠다. ARF는 남과 북의 외교 수장은 물론 미일중러 까지 참석하는 국제회의다 보니 원래 목적인 아세안 지역의 안보 현안보다는 동북아 정세를 사이에 둔 힘겨루기가 더 뉴스거리가 된다.

공식 회담 석상이나 환영 만찬, 그리고 회담장으로 이동하는 길이나 복도에서 각국 외교 수장들이 서로 우연히 만나기도 하고, 또 우연을 가장해 밀담을 나누기도 한다. 강경화 외교 장관이 환영 만찬장 한편에서 북한 리용호 외무상을 만나 3분 동안 대화를 나눈 게 좋은 사례이다.

그래서 기자들은 항상 길목에서 남과 북, 미국 대표단의 움직임을 놓칠세라 촉각을 곤두세운다. 대표단 일행이 지나갈 때면 가끔 크게 소리치며 각국 대표단에게 돌발 질문을 날리기도 한다. 이런 돌발 질문에 대한 '한마디 대답'이 한반도 정세에 큰 파장을 주는 헤드라인이 되기도 하기 때문이다.

갑작스런 조우와 기자들의 '샤우팅 취재'가 가장 화제가 됐던 건 아마도 2002년 7월 브루나이에서 열린 ARF 때일 것이다. 당시 북한은 자국을 악의 축으로 규정한 부시 행정부에 대해 극도로 반발하고 있었다. 당시의 에피소드를 살펴보자.

## 동무? Don't Move?

2002년 1월 미국 부시 대통령의 '악의 축 발언'으로 북미 간의 긴장이 고조된 이후 열린 그해 7월 브루나이 ARF는 미국과 북한 외교 수장이 우연히라도 만날 수 있는 외교의 장이었다. 그러므로 미국 파월 장관과 북한 백남순 외무상의 행보는 초미의 관심사였다. 당시는 2차 북한 핵 문제가 수면 위로 떠오르기 직전이다.

2002년 브루나이 취재 첫 날 밤인 7월 30일. 백남순 북한 외무상이 공항에 도착한다는 정보를 입수하여 한국 기자들이 공항에 취재를 나갔다. 입국장에는 이미 일본 기자와 미국 기자들까지 수십 명이 몰려든 상태였다. 그런데 문제는 브루나이 공항 입국 게이트의 규모였다. 공항 도착에서 승용차 탑승까지 귀빈들은 약 15미터 정도만 걸으면 될 정도였다. 더구나 입국 게이트에서 주차장으로 이어지는 통로는 몇 사람이 겨우 지나갈 정도로 좁아 기자들의 접근 자체가 매우 어려웠다. 또 경호를 위해 브루나이 경찰 병력이 입국장을 경비하고 있는 상황이어서 접근은 더 힘들었다. 기자들은 결국 '샤우팅 취재'를 할 수밖에 없었다.

한국 기자들은 승용차에 타려는 백남순 북한 외무상을 향해 '샤우팅 인터뷰'를 시도할 생각이었다. 파월 장관을 만나느냐, 남한 외교장관을 만날 용의는 있느냐, 미국과 대화할 용의가 있느냐 등의 질문을 생각한 뒤 각 기자들의 위치까지도 정해 질문이 가능하도록 했다. 백남순 외무상 인터뷰를 위해 작전까지 미리 짜놓은, 이른바 코리안 풀 체제를 구성한 것이다.

드디어 백남순 외무상이 도착했고 기자들은 긴장 속에 게이트를 응시했다. 모습을 드러낸 백남순 외무상은 얼굴에 웃음까지 띠고 있어, 기자들은 뭔가 기삿거리가 나오겠구나 생각하면서 스탠딩 인터뷰를 시도하려고 했다. 백 외무상도 한국 기자들을 보고 가볍게 목례까지 해 한껏 기대를 부풀렸다.

하지만 기대는 일순간에 무너졌다. 한마디 때문이었다.

**"동무"**

수십 명의 취재진이 일시에 몰려드는 중에 이런 말이 들린 것이다. 순간 백 외무상의 표정은 굳어졌고, 입을 다문 채 곧바로 승용차에 올라 떠나 버렸다. 기자들은 허탈해했다.

**"누구냐, 일국의 외무상한테 동무라고 말한 사람이."**

북한에서 동무는 동년배이거나 손아랫사람에게 하는 말이다. 손윗사람에게는 '아무개 동지'라고 하는 게 북한의 예의인데 외무상에게 동무라고 했으니 기분이 좋았을 리 없다. 한국말에 서툰 일본 기자들이 북한 언어를 사용하면서 접근하기 위해 '동무'라는 말을 사용했다는 추측도 나왔다.

그런데 상황이 이상하게 돌아갔다. 백 외무상이 떠나고 모두 허탈해할 때 '동무'라는 말이 아니었다는 주장이 제기된 것이다. 기자들이 한꺼번에 몰리니까 브루나이 경호 인력 가운데 한 명이 "Don't move"라는 말을 여러 차례 외쳤는데 이게 동무로 들렸다는 것이다.

동무일까? Don't move일까? 궁금증이 인 기자들은 프레스 센터로 돌아와 녹취된 방송 테이프를 수차례 돌려 들었다. 하지만 결국 '모르겠다'로 결론이 났다. 얼핏 들으면 동무 같기도 하고 또 Don't move 같기도 했기 때문이다.

2017.8.8.

아세안 지역안보포럼, ARF를 보고 ②

# 파월의 쿠데타와 동포기자

## 파월의 쿠데타와 동포기자

2002년 7월 브루나이 ARF 두 번째 이야기. 2002년 7월 31일 이른바 파월 쿠데타와 관련된 후일담이다. 당시 파월 미 국무장관은 ARF 본 회의가 시작되기 30분 전인 오전 9시쯤 백남순 북한 외무상에게 잠시 커피나 한잔하자고 부른다. 약 15분 정도 북미 외교장관의 환담이 이뤄진 것이다. 그리고 미 국무부는 회담 뒤 이 사실을 한 줄짜리 보도자료를 통해 알렸다. '북미 대표 간에 환담이 있었다.'

언론의 제목은 '북미 외교장관 접촉'이라는 아주 큰 헤드라인으로 나왔다. 그런데 이 장면은 전 세계 어느 기자도 보지 못했다. 당시는 부시 대통령의 악의 축 발언 이후 북미 간의 대결이 깊어지던 시기다. 2000년 하반기 클린턴 행정부 때 북미 수교 직전 분위기까지 갔던 걸 기억하는 사람들에겐 엄청난 상황 변화였다. 따라서 북미 간의 대화가 재개되면 클린턴 정부 때처럼 한반도 상황이 달라지지 않을까 하는 막연한 기대가 있었다. 부시 행정부 내에는 강온파의 대립이 심했는데, 북한을 대화상대로 인정할 수 없다는 '매파'와 대화해서 끌어안아야 한다는 '비둘기파'의 대립이 그것이다. 그런데 그 교착 상태를 파월이 7월 ARF 때 북한 외교수장과의 전격 회동을 통해 깨뜨린 것이다. 이른바 파월의 쿠데타이다.

일부 신문에서 커다랗게 '북미 간 대화는 없다'라는 보도까지 나간 터라 기자들은 더 분주했다. 당시 우리 정부 관계자들도 완전히 뒤통수를 맞은 표정들이었다. 하지만 이제는 후속 취재가 더 급했다. 북미 각료급 접촉이 있었으니 굵직한 기사들이 쏟아져 나올 게 뻔하기 때문이다. 백남순 북한 외무상이 가는 회담장엔 어김없이 한국, 일본, 미국 기자들이 진을 쳤다. 하지만 북미 접촉 이후 후속 취재는 힘들었다. 미국은 물론 북한측도 입을 다물었기 때문인데, 파월과 백남순이 어떤 사안을 논의했는지 철저히 함구한 것이다.

하릴없이 회의장 밖에 서서 회담 대표단이 나타나기를 기다렸다. 이윽고 ARF 본회의가 끝난 뒤 백남순 외무상이 모습을 드러냈다. 백 외무상의 승용차는 이미 기자들로 둘러싸여 움직이기도 힘든 상황이었고 회의장 밖은 각국 기자들의 질문소리로 가득했다. 취재가 제대로 될 리 없는 아수라장이었다.

그때 나온 '샤우팅'. 한국 기자 한 명이 소리쳤다.

**"장관님, 남쪽에서 온 동포기자입니다. 한 말씀 해 주시죠."**

어수선하고 시끌벅적하던 분위기는 순식간에 조용해졌다. 북한 외무상을 보고 장관이라고 부른 것도 의외였고 게다가 동포기자라는 표현은 더 그랬다.

백남순 외무상은 이 말을 듣고 한마디로 응대했다. "조미간에 대화를 재개하기로 했어." 이후 기사 제목은 '북미 전격접촉'에서 '북미 대화 곧 재개'로 바뀌었다. 그리고 이튿날 백남순 북한 외무상이 EU외무장관을 만나기 위해 한 호텔에 도착했고, 기자들의 거듭된 질문 공세에 백남순 외무상은 이렇게 말한다.

**"미국의 켈리가 평양에 오기로 했어."**

켈리는 당시 미 국무부 제임스 켈리 동아태 담당 차관보를 일컫는 말이었다. '악의 축'에서 '미 고위 관리의 방북'까지 일련의 기사를 놓고 보면 파월의 쿠데타가 성공한 것처럼 보였다. 그리고 2002년 10월 초 켈리 차관보가 방북한다는 사실에 한반도 해빙과 관련해 더 굵직한 기사가 기대되었다.

하지만 상황은 180도로 바뀌게 된다. 켈리 방북 이후 북한 핵 문제가 본격 제기됐기 때문이다. 이후 한반도 정세는 북핵 위기로 종잡을 수 없게 변하게 된다.

2017.8.8.

북한과 미국 간의 '말 폭탄' 치킨게임

# 말 폭탄에서 립 서비스로 그리고 레드라인

북한이 화성 14형이라고 부르는 ICBM 발사 성공이 한반도 위기를 불러왔다. 북한이 거듭된 핵실험으로 이미 핵탄두의 소형화에 성공했고, 이 소형 핵탄두를 ICBM에 탑재할 능력을 갖추기 일보 직전이라는 미국 정보 당국의 평가가 위기 국면에 더욱 불을 붙였다. 지난 8월 초 미국과 북한이 내놓은 주요 언급과 성명을 대화 형태로 재구성해보자.

**미** : 대륙 간 탄도 미사일을 그렇게 쏘아대면 국제 사회가 북한 수출을 막아 북한 정권을 고립시킬 수밖에 없다. 유엔 안보리 결의 2371호를 실행하겠다.

**북** : 북한을 말살하겠다는 음모다. 안보리 결의를 전면 배격한다. 계속 이렇게 옥죄면 최후의 수단도 불사하겠다.

**미** : 자꾸 그렇게 엇나가고, 핵과 미사일을 고도화하면 미국으로서는 도리가 없다. 북한 핵 능력을 제거하기 위한 예방 전쟁도

불사하겠다. 모든 군사적 옵션을 검토하겠다는 거다.

**북** : 북한을 선제 타격하겠다는 거냐? 우리도 선제 타격할 수 있다. 서울을 포함한 남한 전역을 불바다로 만들고 미군 태평양 기지가 있는 괌까지도 전면적으로 타격해 제압할 것이다.

**미** : 뭐라고? 괌을? 북한이 내년 초면 소형화한 핵 탄두를 ICBM에 장착해 미국으로 쏠 수도 있고, 그러면 미 본토가 직접적인 위협이 될 수도 있는데… 우리도 참을 수 없다. 북한은 미국의 분노와 화염, 그리고 힘에 직면하게 될 것이다.

**북** : 알아들을 만큼 충분히 경고했는데도 군 통수권자가 골프장에서 박혀 정세 방향을 전혀 가늠하지 못하고 있다. 북한의 성명을 미국이 제대로 번역하기는 했나? 똑똑히 들어라. 북한은 화성 12형 미사일 4발을 괌 인근 해상 30~40킬로미터 지점에 탄착하겠다. 괌 포위 사격 계획을 8월 중에 완성해 김정은 위원장에게 보고하고 실제적 행동 조치를 인민에게 공개하는 방안도 검토하겠다.

**미** : 그것은 북한 정권과 북한 주민을 파멸시키는 행동이다. 당장 중단하라.

북한과 미국 간의 말 폭탄이 그야말로 살벌하다. 말 폭탄이 실제 행동으로 이어지면 그야말로 전쟁이다. 그런데 반전이 일어났다. 문재인 대통령이 8.15 경축사에서 모든 것을 걸고 전쟁만은 막겠다고 천명했고, 한반도에서의 군사행동은 대한민국만이 결정할 수 있다고 강조한 것이다.

오비이락일까? 전쟁을 막겠다는 문 대통령의 발언 이후

트럼프 대통령이 8월 17일 아침 이례적으로 김정은 위원장에게 립 서비스를 했다. 김정은이 괌 포격에 대해 태도를 유보하자 트럼프는 트위터를 통해 김정은이 현명하고 합리적인 결정을 했고, 만약 그러지 않았다면 재앙적인 일이 발생했을 것이라 말했다. 이미 김정은 위원장은 미국의 행동을 지켜보겠다며 괌 포격을 일단 한발 뒤로 물린 상태였다. 포격이니 화염과 분노니 하는 말 폭탄이 날아다니던 한반도 하늘 위로 갑자기 립 서비스가 등장한 것이다.

문 대통령의 광복절 경축사에서 또 하나 주목할 만한 언급이 있다. "북핵 논의의 시작은 북한 핵 동결에 있다"고 밝힌 것이다. 트럼프와 김정은의 말 폭탄이 잦아들 즈음 문 대통령이 대화 로드맵의 단초를 제공한 것이다.

또 오비이락일까? 8월 16일, 미 국무부 대변인이 대북 대화의 전제 조건을 다시 언급했다. 이른바 '핵과 미사일 실험 중단' 등 대북 대화 3대 조건의 제시다.

헤더 노어트 미 국무부 대변인은 미 워싱턴DC 내셔널 프레스 빌딩에서 외신기자 회견을 열고 북한에 "핵실험 및 탄도 미사일의 시험 발사와 역내를 불안정하게 하는 행위를 중단하는 성실한 태도를 보여야 한다"고 촉구했다.

요컨대 북한의 핵실험 중단을 대화의 시발점으로 본다는

것인데, 사실상 한미 간의 의견이 일치하고 있는 것이다. 물론 북한이 어느 정도 호응할지는 또 다른 문제이다. 이는 당초 핵 폐기의 의지를 보여야 대화가 가능하다는 이른바 先비핵화 後대화라는 기존의 조건에서 조금은 물러난 것이다. 하지만 문 대통령이 레드라인을 명확히 한 것도 또 다른 의미가 있다.

문 대통령은 8월 17일 취임 100일 기자회견에서 "북한 ICBM에 핵 탑재 무기화가 레드라인"이라고 밝혔다. 북한이 이 선을 넘으면 행동에 나설 수밖에 없다는 의미인데, 과거 한미가 레드라인을 명확하게 설정하지 않았던 것과 대비된다. 2002년 북한 2차 핵 위기 발발 당시 한미 당국은 북한에 대해 레드라인을 설정할 경우 북한이 그 선을 넘어버리면 대응수단이 제한된다는 이유로 레드라인을 명확히 하지 않았다. 하지만 이번에 레드라인을 명확히 함으로써 행동 가능성을 보이면서 북한에 대해 대화의 조건을 완화해 대화로 나오게 하는 강온 양면 전략을 구사하고 있는 것이다.

북한과 대화가 성사되려면 말과 말, 행동과 행동이 서로 맞물려 회담 당사자들의 주고받기가 톱니바퀴처럼 돌아가야 한다. 북핵 6자회담에서는 말 대 말 원칙에 이어 행동 대 행동 원칙에 합의한 바 있다. 북핵 폐기를 위한 로드맵을

짠 것이다. 큰 의미에서 보면 서로 손가락을 거는 소위 약속(Engagement)으로 볼 수 있다. 2005년 북핵 6자회담 9.19 공동 성명에 이어 6자회담 당사국들은 2007년 2.13 합의, 2007년 10.3 합의 등을 통해 말과 말, 행동 대 행동의 로드맵에 합의했다.

북한이 NPT체제에 복귀하겠다고 공약하면 미국은 대북 침공의사가 없다는 점을 천명하는 말 대 말 교환이 행동의 토대가 된다. 이에 따라 북한은 핵 시설을 폐쇄하고 봉인하며, IAEA사찰단의 사찰을 허용하는 행동 단계가 이어진다. 이후 북한에 대한 테러지원국 지정 해제와 북미 관계 정상화를 위한 북미 양자 회담이 시작되고, 북한이 불능화 대상 핵 시설을 신고하면 관련국들은 대북 중유의 제공 등 구체적인 상호 행동 로드맵이 세워진다.

그러나 북한이 핵 시설 불능화 신고를 기간 내에 이행하지 않은데다 북한의 우라늄 핵개발 의혹이 제기되면서 불신의 단계가 시작됐고, 다시 북한은 미국이 근거도 없이 의혹을 제기하면서 합의를 깨려 한다고 반발하면서 다시 삐걱거리게 된다. 이후 2009년 북한 2차 핵실험으로 이 같은 합의는 도루묵이 되고 만다.

이번 대화 제스처가 진정한 의미의 약속(Engagement)

으로 진전될 수 있을지, 아니면 북한이 문 대통령이 설정한 레드라인을 넘어 '그들이 원하는 완전한 핵보유국으로의 지위'를 얻은 이후 행동에 나설지는 여전히 알 수 없다. 결국 한반도 상황의 키는 북한이 쥐고 있는 셈이다.

2017.8.17.

## “김정은 美 존중”과 “엄동설한 지나면 봄”

2017년 8월 하순 대한민국은 전쟁방어 훈련인 한미 을지프리덤가디언(한미 UFG) 훈련을 시행했다. 전 국민이 폭격에 대비해 대피 훈련을 하고, 공직자들도 국가 방어를 위해 구슬땀을 흘렸다. 한미 군 당국은 더하다. 작전계획 5015를 적용한 전쟁대응 시나리오에 따라 한국과 미국의 군인 수만 명이 동원돼 워 시뮬레이션 게임을 했다.

그런데 한반도를 둘러싸고 오가는 말의 수준은 전쟁 대비 훈련과는 사뭇 다르다. 먼저 미국의 트럼프 대통령은 한국 국민들이 대피 훈련을 앞둔 8월 23일 자신의 지지자들이 모인 애리조나 연설장에서 북한 김정은을 치켜세운다.

“김정은이 미국을 존중하기 시작했다는 사실을 나는 존중한다. 아마도 아닐지도 모르지만 무언가 긍정적인 일이 일어날 수도 있다.”

불과 열흘 전 '분노와 화염'을 내뱉던 모습을 생각해보면 180도 달라진 모습이다. 미국 외교 수장인 틸러슨 국무장관은 한 발 더 나아간다. 미국의 신 아프가니스탄 전략 발표에 앞서 한마디하고 싶다고 한 뒤 북한 문제에 대해 작심하고 말한 것이다.

"안보리 대북 제재 결의가 만장일치로 채택된 이후에 북한의 어떤 미사일 발사나 도발 행동이 없었다는 점은 주목할 만한 가치가 있다고 생각한다. 그 점에 주목하고 그 점을 인정하고 싶다."

마치 선생님이 초등학생에게 '참 잘했어요' 스탬프를 찍어주는 듯한 모습이다. 그러면서 틸러슨 국무장관은 "북한 정권이 과거에는 볼 수 없었던 자제의 수준을 확실하게 보여주고 있는 것이 기쁘다. 이것이 우리 미국이 바라던 신호의 출발점이어서 가까운 장래 언젠가 대화의 길을 볼 수 있기를 희망한다."는 말로 슬쩍 기대를 내비치기도 한다.

긍정적인 일이 일어날 수도 있다는 미국 대통령과 가까운 장래에 대화의 길을 보게 되길 희망한다는 미국 외교 수장. 그동안 무슨 변화가 있었던 걸까? 북미 간에 비밀스런 거래라도 있었던 걸까?

앞서 언급했듯이 한미 군 당국은 8월 더위에 합동 훈련을 진행하고 있다. 우리군은 지난해와 같은 5만여 명이 참가하고 있지만 미군은 지난해보다 7,500명 줄어든 1만 7,500명 수준이다. 비록 참가 미군 수가 작년보다 줄었지만 크게 의미를 둘 숫자는 아니다. 2015년 3만 명이던 미군이 2016년에는 2만 5천 명으로 감소했지만, 이는 그저 미군의 전략적 이해관계에 따라 참가 미군 수가 해마다 줄어들기 때문이다.

오히려 주목할 것은 미군 핵심 수뇌부의 행보다. 한반도 유사 시 증원 전력을 파견할 미 태평양 사령관, 전략 자산 전개를 담당할 미 전략사령관, 미사일 방어 무기 운용을 담당하는 미사일 방어 국장 등 미군 수뇌부의 핵심 인원 3명이 이례적으로 함께 훈련 기간에 방한한 사실에 주목할 필요가 있다. 그들은 합동 기자회견까지 열었고, 더 이례적인 일은 합동 기자회견에서 발생했다. 8월 22일 경기도 오산 미군 기지에서 패트리어트 미사일을 배경으로 한 기자회견에서 해리 해리슨 미 태평양 사령관은 이런 말을 했다.

"김정은이 야기한 도전 과제 해결을 위해 외교가 중요한 출발점이다. 외교는 강력한 군사적 노력에 의해 뒷받침되는 게 관건이다."

전쟁터에서 적군과 싸워야 할 임무를 가진 사령관들이 외교의 중요성을 강조한 것이다. 강력한 대북 군사력이 있지만 지금은 외교가 우선이라는 것이다. 전쟁위기가 있다는 한국에 와서 핵심 군인들이 외교를 언급한 것을 어떻게 이해해야 할까?

북한의 움직임도 예년에 그들이 한미 합동 훈련기간에 보여준 반응과 사뭇 다르다. 2016년 8월 을지훈련 당시 북한은 훈련 이틀째 되는 날 그들이 자랑하는 잠수함 발사 탄도미사일인 SLBM을 시험 발사했다. 무력엔 무력으로 대응하는 모습을 보인 것이다. 그런데 올해는 북한 김정은 위원장이 ICBM 관련 연구소를 시찰해 미사일 생산을 독려하는 모습을 보였다. 김정은은 이 자리에서 미사일을 '꽝꽝' 생산하라고 지시했다. 그러면서 북한의 신형 SLBM인 북극성-3형을 살짝 노출하기도 했다. 미사일 발사 대신 은근히 자신들의 능력을 보여주는 쪽으로 전략을 바꾼 것이다.

비난의 형식도 달라졌다. 북한은 지난해 한미 합동 훈련에 대해서 비난을 쏟아냈다. 지난해 당시 북한은 "UFG연습은 핵전쟁 도발행위이며 사소한 침략 징후라도 보이면 가차없이 핵 선제 타격을 퍼부어 잿더미로 만들어 버리겠다"고 위협했다. 이 같은 위협적인 언사를 북한 인민군 총참모부 대변인은 성명으로, 북한 외무성 대변인은 담화로, 또 북한 조평통은 대변인 성명으로 내놓았다. 군과 외교, 대남 기구가 모두 나선 것이다.

그런데 2017년엔 달라졌다. 물론 북한은 한미 UFG에 대해 "위험천만한 도발을 걸어올 경우 무자비한 보복과 가차없는 징벌을 피하지 못할 것"이라고 위협했다. 그런데 경고 성명의 주체는 북한 인민군 총참모부가 아닌 북한군 판문점 대표부 대변인이다. 과거 군사정전위원회 북한측 대표에 해당하는 기관이다.

미국은 물론 북한의 태도가 이처럼 톤 다운된 이유는 무엇일까? 같은 날인 8월 23일 문재인 대통령은 외교부와 통일부 업무보고를 받은 뒤 이렇게 당부했다.

"북한의 도발로 지금은 남북 관계가 교착상태이지만 통일부는 이럴 때일수록 차분하고 내실 있게 준비해야 한다. 엄동설한에도 봄은 반드시 오는 것이므로 봄이 왔을 때 씨를 잘 뿌릴 수 있도록 착실히 준비해주기 바란다."

올해 2017년 8월 말이면 한미 UFG는 끝난다. 그러면 2017년 9월 한반도에는 무슨 일이 일어날까? 예단하기가 쉽지는 않지만 미국과 북한 사이의 공기, 한반도를 둘러싼 기류가 미묘하게 바뀌고 있다는 것은 분명하다.

2017.8.24.

# 국제관문 순안 공항에서 미사일을 쏜 김정은

북한이 2017년 8월 29일 새벽 중거리 탄도 미사일을 일본 머리 위로 날려 보냈다. 자신들이 주장하는 화성-12형 탄도 미사일이다. 태평양 지역에 떨어졌고, 8월 중순에 밝힌 것처럼 괌 타격을 염두에 둔 미사일 발사다.

북한 김정은은 현지에서 이 발사를 지도했는데 "침략의 전초기지인 괌도를 견제하기 위한 의미심장한 전주곡"이라며 나름대로의 의미를 부여했다. 또 일본 상공으로 쏜 것에 대해서는 일본에 나라를 잃은 경술 국치일을 맞아 "일본 섬나라 족속들이 기절초풍할 대담한 작전"을 펼친 것이라고도 했다. 미국과 일본을 동시에 겨냥한 미사일 발사라는 걸 분명히 한 것이다.

하지만 무엇보다도 눈길을 끈 것은 미사일을 쏜 지역이

다. 자신들의 국제 관문인 평양 공항, 바로 그 순안 비행장에서 중거리 탄도 미사일을 쏜 것이다. 북한의 미사일 발사와 순안 비행장의 세 가지 표정이 묘하게 오버랩된다.

## 순안 비행장에서 북녘 산하를 바라보던 DJ

2000년 6월 13일 오전 10시 33분. 평양 순안 비행장은 엄청난 환호성에 휩싸인다. 김정일 위원장이 김대중 대통령을 맞이하기 위해 공항에 나타난 것이다.

10시 37분. 남한에서 온 특별기의 문이 열리고 김대중 대통령이 북한에 첫 모습을 드러냈다. 김대중 대통령은 그러나 트랩을 곧바로 내려오지 않고 몸을 북쪽으로 조금 틀더니 한참이나 북녘 산하를 바라본다.

(북녘 산하에 남쪽 대통령으로서 인사를 올린 것이라고 나중에 정부 당국자가 설명했다.)

이윽고 트랩을 걸어 내려와 김정일 위원장과 악수를 나눈다. 분단 55년만에 남북 두 정상이 처음으로 만나는 역사적인 순간, 바로 그 순안 비행장이다.

### 비행기 계류장에서 추위에 떨며 낙오된 100세 유두희 할머니

2000년 11월 30일. 2차 이산가족 상봉을 위해 도착한 남측 방문단. 그 가운데에는 휠체어에 의지한 당시 100세 유두희 할머니도 있었다. 북측 아들 신동길 씨를 만나기 위해 백순의 노모는 힘든 여정도 마다하지 않았다.

그런데 비행기에서 내린 이후 문제가 생겼다. 비행기까지의 안전은 남측 동행 안내원이, 순안 비행장에서부터는 북측 요원들이 연로한 이산가족을 안내하기로 합의됐는데 비행기 계류장은 남과 북 어디서 담당해야 하는지를 명확히 하지 않은 것이다.

남측에서 동행한 안내원들은 비행기 내부까지로 활동반경이 정해졌고, 북측 안내원들은 공항 청사에서 이산가족을 인계받기로 돼 있어서, 비행기가 착륙한 계류장 광활한 공간에 대한 책임 소재가 불분명한 것이었다.

동짓달 북녘 삭풍에 거동이 불편한 100세 최고령 이산가족 유두희 할머니는 휠체어에 의지한 채 덩그러니 계류장에 남겨져 오도 가도 못하고 있었다. 그렇게 몇 분간 남북 사이에 책임 구역 실랑이가 벌어지다 결국 동행한 기자단이 할머니의 휠체어를 밀고 또 들고 해서 순안 비행장(평양 공항) 청사로 들어갔던 기억이 난다.

## "평양 생각하면 화가 나"

북한과 베트남은 많은 부분에서 닮았으면서도 다른 국가이다. 2001년 초 베트남 호치민의 관문인 탄손넷 국제 공항에서 입국심사를 마칠 즈음 동행했던 한 기자가 불쑥 한마디 던졌다.

"베트남 공항에는 에스컬레이터도 있네."
"왜 그래?"
"평양 순안 비행장에는 (에스컬레이터가) 없었잖아."

2000년 이산가족 상봉행사 때 평양에 함께 갔던 기자의 말이다.

"그래서 화가 나. 평양 생각하면."
"왜?"
"베트남도 북한처럼 식민 지배를 받았고 미국과 전쟁도 했어. 북한은 한국전쟁 3년을 겪었지만 베트남은 그것의 5배나 긴 기간 동안 전쟁을 했어. 그런데 지금 북한은 저렇게 못살고 베트남은 이렇게 발전했잖아."

사회주의 국가 베트남과 북한을 비교해볼 수 있었던 바로 그 순안 비행장이다. 김정은 위원장은 아버지 김정일 사후에 대대적으로 평양 순안 비행장을 개축했다. 그리고 2015년 여름에 제2의 개장을 했다.

북한은 평양 국제공항이 각종 현대화된 시설을 갖추었다고 자랑했고, 면세점도 마련돼 있다고 한다. 국제적으로도 손색이 없을 만큼 첨단화돼 있다고 북한은 말한다. 순안 비행장은 지금도 북한 고려항공과 중국 '에어 차이나(중국 국제항공)' 등이 취항하는 곳으로, 하루 1~2편의 항공편이 뜨고 내리는 국제공항이다.

2017년 5월에 북한은 "순안 국제공항과 활주로 주변에 새로운 살림집을 많이 건설했다. 대부분 2016년 가을부터 2017년 초 사이에 지어진 살림집으로 최소 7개 구역이며 구역마다 20~30채 이상의 집이 들어섰고 여전히 건설 중인 아파트의 모습도 눈에 들어온다"고 미국의 자유 아시아 방송은 밝혔다.

특히 "순안 국제공항 주변에 많은 살림집 건설 공사가 진행된 것은 평양을 찾는 외국인에게 현대화된 북한의 모습을 보여주기 위해서"라는 분석이 있었다.

북한은 그런 순안 비행장에서 중거리 탄도 미사일을 쏘았다. 자신들의 국제 관문에서 전쟁 연습을 한 것이다. 대외 신인도나 국제 사회의 인식에는 아랑곳 않는 그들의 독단적인 태도에 마음이 씁쓸하다. 더구나 그걸 잘못된 선택으로 생각하기보다는 "북한의 수도권 지역에서 탄도 로케트를 발사하도록 승인해줘 북한 인민 가슴에 쌓이고 쌓인 한을 풀어준 김정은 위원장에게 가장 뜨거운 감사의 인사를 드리는" 북한의 공식 발표를 보면 마음이 더 심란해진다.

2017.8.30.

北 조악한 장치부터 수소탄 실험까지 그리고 인디애나 존스

## 김정은은 왜 당 정치국 상무위원회를 열었을까?

2017년 9월 3일 오후 3시 30분. 북한 대표 아나운서 리춘희가 중대 보도를 힘차게 읽는다.

"대륙 간 탄도 로케트 장착용 수소탄 시험에서 완전 성공"

북한은 9월 3일 평양시간으로 낮 12시 풍계리 핵실험장에서 ICBM 장착용 수소탄 시험을 성공적으로 단행했다고 발표했다. 이번 수소탄 시험은 ICBM 전투부에 장착할 수소탄 제작에 새로 연구 도입한 위력 조정기술과 내부구조 설계 방안의 정확성과 믿음성을 검토 확증하기 위해 진행됐다고 밝혔다. 북한의 6차 핵실험이다.

우리 정부는 북한의 수소탄 실험의 규모가 진도 5.7에 해당하며 폭발력으로 따지면 50kt 규모라고 밝혔다. 이는 일본

에 떨어진 원폭의 3~5배 수준이다. 북한은 북한 핵 위기가 발발한 94년 이후 20여 년 만에, 그리고 북한이 1차 핵실험을 한 2006년 이후 11년 만에 수소탄 실험까지 감행하면서 사실상 핵 국가에 한걸음 더 다가갔다.

일각에서는 이번 북한의 실험이 정확하게 수소탄인지 아닌지는 분석이 더 필요하다는 의견도 제시한다. 북한의 핵 수준을 정확히 분석하는 게 필수적이기는 하지만 그렇다고 북한 핵 능력을 의도적으로 평가 절하해서는 안 될 것이다.

2006년 북한이 1차 핵실험을 한 직후 뉴욕 타임스는 "북한의 발표를 의심할 이유가 없다고 부시 행정부의 고위 관계자들이 말했다"면서도 "북한의 주장대로 실험이 실시됐다 하더라도 그게 실제 핵폭탄인지, 초보적인 장치(primitive device)인지는 불분명하다"고 지적했다.

"일부 전문가들은 북한이 재래식 폭발물을 터뜨려놓고 핵폭발로 가장하려 할 수도 있다"고 말했다는 점을 보도해 당시 북한 핵실험을 평가 절하하는 분위기가 있음을 전달했다.

북한이 2016년 5차 핵실험과 2017년 9월 6차 핵실험을 통해 수소탄을 만들었다고 주장하는 상황이다. 더구나 북한은 5차와 6차 핵실험을 정부 차원이 아닌 북한 핵무기 연구소 성명으로 발표했다. 북한의 핵보유는 이제 기정사실이며 북한이 굳이 정부 차원에서 호들갑 떨 일도 아니라는 걸 은연중에 내비치고 있는 것이다.

그래서 오히려 주목해야 할 것은 북한이 당 정치국 상무위원회를 열고 핵실험을 지시했다는 사실이며 그것을 대내외에 선전하고 있다는 점이다. 이 자리에는 김정은 위원장은 물론 김영남, 황병서, 최룡해, 박봉주 등 북한 최고 권력 서열의 5인이 모두 참석했다.

북한은 당 정치국 상무위원회가 "국가 핵 무력 완성의 완결단계목표를 달성하기 위한 일환으로 'ICBM 장착용 수소탄 시험을 진행할 데 대하여'를 채택했고 김정은 위원장이 최종 서명했다"고 강조했다.

사회주의 국가에서 당 정치국 상무위원회는 정부와 당 조직에서 사실상의 최고 권력 기구이며 최고 의사 결정 기관이다. 김정은 위원장은 2016년 5월 7차 당 대회를 36년 만에 열면서 사회주의 국가와 정부, 당 조직 등을 재정비했다. 김정은은 자신이 통치하는 한반도 이북이 결코 조폭 집단이나 불량 국가가 아닌, 조직과 시스템에 의해 굴러가는 '정상국가'라는 이미지를 인민들과 국제 사회에 심기 위해 노력하고 있는 것이다.

그런 김정은 위원장이 6차 핵실험을 결정하는 과정에서 당 정치국 상무위원회를 등장시킨 것은 의미심장하다. 이는 북한도 절차적 명분과 채널이 있음을 대외적으로 보여주고 핵무기 뿐 아니라 자신의 통치 시스템도 자리가 잡혀간다는 걸 대외에 과시한 것으로 해석할 수 있다. 또한 국가의 중대한 결정을 독단적으로 처리하는 게 아니라 국가 기구와 당 기구가 결정한다는 이미지를 심어주고 있는 것이다.

이런 절차적 정당성과 명분 축적으로 김정은 위원장이 노리는 건 무엇일까? 그건 어쩌면 북한을 핵보유국으로 인정할 것을 촉구하는 메시지를 국제 사회에 전하는 것인지도 모른다.

6차례의 핵실험으로 사실상의 핵 국가로 인정받고 미국과의 대등한 외교 관계를 구사하는 파키스탄의 길로 북한도 접어들었음을 국제 사회에 각인시키려는 의도인 것이다. 중국 인민대 스인홍 교수는 “북핵 폐기의 시간은 이제 끝났으며 중국과 미국은 북한 핵무기를 인정할 수밖에 없을 것”이라고 전망하기도 한다.

2차 북한 핵 문제가 발발했을 당시 북핵 문제를 다루었던 정부 고위 당국자의 말이 생각난다. “북한 핵 문제가 잘 풀릴 거라고 국민들이 막연히 기대하는 것 같은데 북한 핵 문제는 결코 영화 〈인디애나 존스〉가 아닙니다. 북핵은 수많은 위기와 난관이 닥치지만 그 모든 걸 극복하고 결국에는 해피엔딩으로 끝나는 그런 '영화'가 아닙니다. 결말을 알 수 없는, 예측할 수 없는 현실입니다."

2017.9.4.

유엔 새 대북제재 2375호를 보고

## "물 탄 제재" vs "경제 봉쇄로 질식"

유엔 안보리의 새 대북 제재안 2375호에 대한 남과 북 보도가 엇갈린다. 대한민국 언론들은 "반쪽짜리 제재" 혹은 "물 탄 제재"라고 표현하고 있다. 유엔이 내놓은 역대 최강의 대북 제재안을 두고 미흡하다는 평가를 내린 것이다. 아마도 미국이 내놓은 초안과 최종안 사이의 간극이 크기 때문일 것이다.

그런데 북한에서 나온 보도는 조금 다르다. 북한 외무성이 성명이나 담화가 아닌 '외무성 보도'라는 형태로 입장을 밝혔는데, "안보리 결의 2375호는… 전면적인 경제 봉쇄로 북한과 북한 인민을 완전히 질식시킬 것을 노린 극악무도한 도발 행위의 산물"이라고 표현했다. 남쪽에서는 '반쪽짜리'로 미흡하다는 제재안이라는데 북한은 "봉쇄당해 질식할 수도 있다"며 "준열히 규탄하며 전면 배격한다"며 펄펄 뛴 것이다.

지난 8월 초 북한 ICBM 발사에 대응한 유엔 대북 제재 2371호가 나왔을 때도 북한은 "정상적인 무역활동과 경제교류까지 전면 차단하는 전대미문의 악랄한 결의"라고 반발했다. 최근의 대북 제재안이 북한 경제에 압박이 된다는 점을 스스로 인정한 꼴이다.

정말 그럴까? 주요 조치만 살펴보자. 먼저 석유다. 이번 대북 제재 2375호는 북한에 들어가는 석유 제품을 30만 톤 가량으로 제한하고, 원유는 50만 톤 수준으로 동결하기로 했다. 이 제재안이 이행되면 북한은 약 80만 톤가량의 기름만을 들여올 수 있는데, 그동안 한 해 북한에 유입되던 원유와 석유 제품이 110만 톤가량이니, 30만 톤 정도 줄어든 분량이다. 그런데 북한은 원유 정제 기술과 효율이 떨어져 최근에는 원유보다는 정제된 석유 제품을 더 선호한다고 한다.

휘발유와 디젤유, 중유 등은 관용이나 군용 차량에 주로 공급되기 때문에 이번 조치로 북한 권력기관과 군이 에너지난을 겪을 것으로 예상된다. 또한 북한 내 장마당에 물건을 대는 유통 업자가 기름 부족으로 운송에 차질을 빚을 공산이 크다. 자칫 물품 공급을 제때 못해 쌀이나 생필품 가격이 오를 가능성도 있다.

다음으로 섬유 제품 수출 금지에 대한 부분이다. 이는 지난번 대북 제재 때 북한 광물 수출을 금지한 것만큼이나 타격이 될 수 있다. 북한의 섬유 제품에 대한 수출길 차단으로 외화 획득에 차질을 줄 수 있기 때문이다. KOTRA의 2016년 북한 대외무역 동향 보고서를 보면 지난해 북한 수출 품목 1위는 광물로 11억 9천 달러의 수익을 냈고, 2위는 의류로 북한은 이를 통해 7억 3천만 달러를 획득했다. 두 품목을 합치면 북한 전체 수출액의 68.1%를 차지하는데, 1, 2위 수출 품목의 판매가 막히면 외화벌이에 막대한 차질을 초래할 수 있다. 정부는 이번 조치로 북한 수출의 90%가 막힐 것이라고 분석했는데, 일리가 있는 대목이다.

또한 북한 노동자의 해외 신규 채용도 금지됐고 기존 해외 노동자도 계약이 만료될 때까지만 허용했다. 북한은 중국, 러시아 등 세계 40여 개국에 5만여 명의 노동자를 보내 연간 2억 달러 정도를 벌어들이는 걸로 분석되고 있다.

이번 대북 제재안이 기존의 대북 제재와 합쳐져 제대로만 이행된다면 김정은 위원장과 권력기관들의 달러 자금줄이 사실상 끊어지는 효과를 볼 수 있다는 평가가 나온다.

그럼에도 이번 대북 제재 2375호가 국내에서 반쪽짜리 제재로 평가받는 건 북한 김정은 위원장에 대한 직접 제재가 빠졌기 때문일 것이다. 그렇지만 트럼프 미국 대통령 말처럼 "이번 조치는 궁극적으로 발생해야만 할 것들에 비하면 아무 것도 아니며 아주 작은 걸음이다."

빅터 차 교수는 "북한이 허를 찔러 쩔쩔맸던 경우는 2005년 9월 미 재무부와 마카오 은행 당국이 북한의 예금계좌를 동결했을 때(이른바 BDA사태)와 2014년 2월 유엔 인권조사위원회가 김정은 위원장을 국제형사 재판소에 제소했을 때 두 번 뿐"이라고 말한다. 국제 사회가 북한 최고 통치자의 자금줄을 죄고, 최고 통치자를 직접 단죄하겠다고 나서자 북한이 허둥지둥했다는 것이다. 그래서 이번 대북 제재안에 김정은 직접 제재가 빠진 것은 더 이상 버티기 말고 '정신 차리고 나오라'는 일종의 경고 메시지를 보내며 김정은 위원장의 퇴로를 열어둔 것으로도 해석할 수 있다.

그러면서 미국은 다시 중국을 압박했다. 므누신 미 재무부 장관은 중국이 유엔의 새 대북 제재를 충실히 이행하지 않을 경우 중국에 대한 경제 제재를 단행하겠다고 밝혔다. "중국이 유엔 제재를 따르지 않으면, 중국이 미국 및 국제 달러화 시스템에 접근할 수 없도록 할 것"이라며 으름장을 놓은 것이다. 미 재무장관이 중국을 직접 거론하며 '국제 무역과 금융 질서'에서 중국을 빼버려 중국 경제의 기초 골격 자체를 흔들어버리겠다는 전면적 압박을 한 것이다.

미국의 직접 압박에 직면한 중국은 이제 행동에 나설까? 트럼프 대통령이 11월 초 베이징을 방문할 예정인데, 그 사이 한반도 주변 공기는 여전히 팽팽할 것이다.

2017.9.13.

"김정일은 피그미, 오바마는 열대 우림 원숭이"

## "로켓맨 자살 임무 완전 파괴" vs "개 짖는 소리"

북한 미사일과 미국의 첨단 전투기가 한반도를 휘감으며 실력 행사를 하더니 이제는 무시무시한 말 폭탄으로 한반도 상공이 또다시 혼전이다. 트럼프 미 대통령이 2017년 9월 19일 유엔 총회 연설에서 선공을 날렸다.

"북한은 범죄자 무리이며 타락한 정권이기 때문에 올바른 다수가 이 사악한 소수에 맞서 싸워야 하며 그렇지 않으면 악이 승리할 것이다."

북한을 악이라고 말한 것이다. 북한을 악으로 규정한 건 트럼프가 처음은 아니다. 2002년 이미 부시 대통령이 북한을 악의 축으로 규정한 바 있다. 악은 뿌리 뽑아야 할 대상이며, 악을 척결하기 위해서는 행동에 나서야 한다. 과거 부시는 북한을 악으로 규정했지만 북한에 대한 행동엔 돌입하지 않았다. (대신 다른 나라가 폭탄을 맞았다.)

하지만 트럼프는 한발 더 나아갔다. '로켓맨' 김정은이 자신은 물론 정권에 대한 자살 임무를 수행하고 있다며 미국과 동맹을 지키기 위해서 필요하다면 북한을 완전히 파괴하겠다고 엄포를 놓은 것이다. 트럼프의 선제공격에 북한도 발끈하며 즉각 반격했다. 리용호 외무상이 미국 대통령을 개에 비유한 것이다. 리용호 외무상은 20일 "개들이 짖어도 행렬은 간다는 말이 있다"며 "개 짖는 소리로 우리를 놀라게 하려 생각했다면 그야말로 개꿈"이라고 말했다. "트럼프 대통령의 보좌관들이 불쌍하다"고도 했다.

북미 정상을 향한 말 폭탄은 이번이 처음은 아니다. 2002년 초반, 이번에도 미국이 선공을 날렸다. 부시 대통령이 김정일 위원장을 피그미라고 부른 것이다. 2002년 5월 공화당 상원의원과의 비공개 대화에서였다. 아프리카 적도 부근의 키 작은 흑인을 일컫는 피그미. 흔히 보잘 것 없는 사람을 비유하는 단어를 김정일 위원장에게 갖다 붙인 것이다. 식탁에서 버릇없이 구는 아이 같다고도 했다.

당연히 북한은 발끈했다. 당시 북한 외무성 대변인이 나서 부시 대통령을 '불망나니', '도덕적 미숙아', '인간추물' 등으로 불러 양측 사이에 가시 돋친 말 전쟁이 벌어졌던 것이다. 가장 최근 사례는 북한이 오바마에 대해 날린 선공이다. 북한 국방위원회 정책국은 2014년 12월 27일 오바마 대통령을 "열대우림 속에서 서식하는 원숭이 상"이라며 "말과 행동이 경망스럽다"고 비난했다. 이는 김정은 암살을 다룬 소니사의 영화 〈인터뷰〉를 격렬히 비난하면서 오바마에 대해 원색적으로 조롱한 것이다.

이에 오바마는 대응하지 않았다. 오바마 대통령 부부는 미국 내에서조차 인종 차별적인 단어인 원숭이로 모욕당하는 일이 종종 있었다. 미국 웨스트버지니아의 한 소도시 시장이 오바마의 부인 미셸을 '하이힐 신은 원숭이'에 비유했다가 사임하기도 했는데, 미국 내에서조차 이런저런 인종 차별적 모욕이 나왔기에 북한이 하는 말에는 으레 그러려니 한 것일까?

하지만 그런 그들도 오바마의 퇴임 뒤엔 인종 차별적 모욕에 대해 아픈 마음을 토로했다. 2017년 7월 미셸 오바마는 '원숭이'에 비유당한 일이 "가장 지우고 싶은 기억"이라고 속내를 털어 놓았다. 백악관 8년 동안 인종 비하 발언을 들었을 때가 가장 속상했다는 것이다.

피그미, 인간추물, 원숭이, 로켓맨, 개. 북한과 미국 사이의 원색적인 비하 표현이 결코 한반도 정세에 도움이 되지 않는다는 점은 분명하다. 그만큼 양쪽의 입장 차이가 하늘과 땅 차이이고, 간극을 메우기가 결코 쉽지 않다는 걸 방증하기도 한다. 그렇다고 이 막말과 원색적 대결이 그대로 끝까지 갈지는 또 다른 문제이다.

김정일 위원장을 피그미라고 불렀던 부시 대통령은 2007년엔 태도가 완전히 바뀐다. 2007년 5월 부시 대통령은 버릇없는 아이, 피그미 김정일을 "미스터"라고 호칭하기 시작했다. 당시는 6자회담 9.19 공동 성명 이후 북한 비핵화 실행 방안을 만든 2007년 2.13 합의가 맺어진 직후였다.

그 이후의 일은 더 극적으로 전개된다. 2007년 12월 부시 대통령이 북한 김정일 앞으로 보낸 친서는 이렇게 시작한다. "친애하는 위원장께(Dear Mr. Chairman)" 그리고 "마음으로부터(Sincerely)··· 미 합중국 대통령 조지 부시"로 마무리된다. 당시 페리노 백악관 대변인은 백악관 문장이 찍힌 편지지에 친서가 작성됐으며, 부시 대통령이 친필로 서명했다고 설명했다.

북한 비핵화를 위한 9.19 공동성명에 이어 2.13 합의로 액션플랜을 마련한 6자회담 당사국은 한반도 비핵화를 위한 구체적인 행동 대 행동 계획을 왕성하게 논의했다. 특히

2007년 12월 당시는 북한의 완전한 핵 신고를 앞두고 있던 때였다. 완전한 핵 신고는 북한이 그동안 만든 핵탄두 수와 무기급 핵 물질의 양, 핵기술과 핵 물질이 다른 나라와 오고 간 내역 등을 신고하는 절차를 말한다.

부시 대통령이 최고의 격식을 차린 것은 북한이 완전한 핵 신고를 거쳐 핵을 폐기하고, 북미 관계를 정상화하자는 의지를 직접 밝혔기 때문이라고 해석됐다. 하지만 북한이 2007년 12월 말로 예정된 완전한 핵 신고를 이행하지 않으면서 합의는 물거품이 됐다. 김정일의 호칭이 5년 동안 피그미에서 미스터 체어맨으로 옮겨갔지만 성과는 없었다.

어쨌든 북한과 미국이 서로를 향해 독한 말과 표현으로 치고받는 건 비단 어제 오늘의 일이 아니다. 그 독한 말과 원색적 비난이 격식을 차린 언어로 바뀌기까지는 정말로 적지 않은 시간이 걸린다. "완전 파괴" vs "개짖는 소리"로 맞붙은 북미 간 말 폭탄 대결. 한반도 정세가 심상찮은 요즘 이 거친 말들이 외교 언어로 돌아오기엔 얼마의 시간이 더 필요할까?

2017.9.21.

수소탄 협박 vs 미 '행동하라'

## "늙다리 미치광이가…" 반격에 미 '액션플랜 가동?'

2017년 9월 22일 자살 임무를 맡은 30대 로켓맨이 제대로 화가 났다. "불장난을 즐기는 불망나니에 깡패가 어디서 듣도 보도 못한 전대미문의 무지막지한 미치광이 나발을 불어대냐"며 대꾸하고 나선 것이다. 김정은은 북한을 완전히 파괴하겠다는 트럼프 대통령을 직접 겨냥했고 유례없이 성명도 직접 읽었다. "말귀를 알아듣지 못하고 제 할 소리만 하는 미국의 늙다리 미치광이를 반드시 불로 다스릴 것"이라며 "사상 최고의 초강경 대응조치 단행을 심중히 고려하고 있다"고 위협도 했다. 미국의 선공에 "무엇을 생각했든 그 이상 결과를 볼 것"이라며 단단히 벼른 것이다.

트럼프를 겁먹은 개에 비유했던 리용호 북한 외무상은 한 발 더 나아갔다. 뉴욕을 방문 중인 그는 9월 22일 김정은이 말한 '사상 최고의 초강경 대응'이 뭐냐고 묻자 "아마 역대급 수소탄 시험을 태평양에서 하는 것 아니겠는가"라며 천기를 누설한 것이다.

미국의 앞마당이나 다름없는 태평양에서 수소탄 실험을 한다? 북한이 내세우는 화성 미사일을 쏘든 SLBM으로 태평양 수중에서 수소탄을 터뜨리든, 그런 일을 감행한다면 돌이킬 수 없게 된다. 미국의 말 공격에 발끈해서 내뱉은 말일까? 자신들의 핵과 미사일 실험은 고려하지 않고 미국만 탓하는 것일까?

어쨌든 미국은 북한의 말 폭탄과는 별개로 차근차근 액션 플랜을 가동하는 느낌이다. 경제 외교적 압박과 군사 대응 투 트랙으로 말이다.

## "행동하라" 경제 외교적 압박

트럼프는 한미일 정상회담에 앞서 북한과 거래하는 은행과 기업, 개인을 규제하는 새 대북제재 행정명령에 서명했다. "범죄를 저지르는 불량 정권을 재정적으로 지원하는 기관들을 용납할 수 없다"는 것이다.

특히 "북한과의 무역에 관계된 특정 거래를 알면서도 가능하게 하는 외국은행을 제재할 수 있도록 했고 북한의 섬유와 어업, 정보기술, 제조업 등도 제재 대상 거래에 포함된다"고 강조했다. 북한의 돈줄을 전방위적으로 죄는 제2의 방코델타 아시아(BDA)식 제재를 분명히 하면서 세계 경제 주체들에게 '미국이냐 북한이냐' 선택하라고 압박한 것이다.

미국 틸러슨 국무장관은 이미 중국과 러시아를 향해 '행동하라'고 요구하기도 했다. 미국의 요구에 중국은 일단 동참하는 분위기다. 중국 중앙은행인 인민은행은 북한과의 신규거래를 중단하도록 중국 내 일선 은행에 통보하면서 미국의 북한 돈줄 죄기에 협력하는 모양새다.

중국이 대북 돈줄 죄기에 나서면서 이제 관심은 러시아로 돌아갔다. 미국으로부터 "북한 강제 노동의 최대 고용인"이라는 지적을 받은 러시아가 미국의 요구를 마냥 외면하기는 쉽지 않아 보이는 게 사실이다.

북한 최고 지도자를 겨냥한 BDA식 경제 제재의 효과를 너무나 잘 아는 미국으로서는 외교 수단을 총동원해 이 조치를 강화할 것임은 너무나 분명하다. 미국은 한편으론 북한의 말 폭탄이 혹시라도 현실화될까봐, 혹은 북한 군사 위협을 사전에 억제하기 위해서라도 군사 대응책을 구체적으로 점검하고 있다.

## 북한, 핵 미사일뿐 아니라 재래식 공격 대비책도 점검 중

미군이 서울에 가장 위협이 되는 북한 장사정포를 무력화하기 위한 작전을 전격적으로 실시했다. 그것도 미국 본토에 있는 야전 포병대를 한반도에 긴급 전개해 실사격 훈련을 한 것이다. 미 노스캐롤라이나 주의 포트 브래그 육군기지 소속 제18야전 포병여단이 서해안에서 '고기동 포병로켓시스템(HIMARS)'의 위력을 확인했다. 약 5톤짜리 군용 트럭에 다연장로켓 발사기를 실은 무기로 한 번에 6발의 로켓탄(사거리 30~70킬로미터)이나 1발의 전술지대지미사일(사거리 300킬로미터)을 발사할 수 있다. 이는 군사분계선 인근에 집중 배치된 북한군 장사정포 등을 정밀 타격할 수 있는 무기이다.

## 유사시 자국민 소개 계획도 점검한 것으로 보여

한반도 유사시 미국 민간인 대피 작전을 책임진 미 국방계획국 소속 부차관보급인 존 설리번 소장과 전략부문 부차관보 엘리자베스 코드레이가 지난 13일 대구를 방문했다. 이들은 유사시 주한 미군 가족과 미국 시민권자·영주권자 등 한국에 거주하는 27만 명의 미국인을 대피시키는 '소개(疏開)

작전'의 실무책임자다. 이들의 이례적인 동시 방한이 미국의 대북 군사 옵션과 연관성이 있는 것은 아닌지 촉각을 곤두세우게 한다.

종합해보면 북한의 말 폭탄에 미국은 액션 플랜을 이미 가동한 것으로 해석된다. 물론 트럼프는 북한과의 대화 가능성을 묻는 질문에 "못할 게 뭐 있느냐"라고 대꾸했다. 북한과의 협상 문을 완전히 닫지 않았음을 강조한 것이다.

사상 최악의 수단 운운하며 말 폭탄을 쏟아내며 위협하는 북한. 완전 파괴 언급에 이어 액션 플랜을 가다듬는 미국. '강한 압박과 평화'라는 투 트랙 전략으로 현 상황을 넘겠다는 한국. 한반도에서 제2의 전쟁만은 막겠다는 정의용 안보실장의 말이 우리의 강한 의지 표명으로 보이지만, 동시에 현 단계가 급격한 위기 국면으로 빠질 수 있다는 맥락으로도 읽히는 게 사실이다. 한반도 안보 상황 관리가 절실하다.

2017.9.22.

## ‘죽음의 백조’ 날자 北 “미사일 레이더로 조준”

2017년 9월 23일 한밤. 북한 원산 상공 350킬로미터 지점에 ‘죽음의 백조’가 떴다. 미국이 자랑하는 전략 폭격기 가운데 가장 강력하다는 B-1B 랜서다. 괌 미군 기지에서 출격해 2시간을 날아 북한 영공 코앞까지 다가간 것이다. 죽음의 백조는 혹시 모를 상황에 대비해 첨단 전투기 F-15C의 호위를 받았으며, 공중 급유기와 조기 경보기 등 실전 전력을 모두 대동해 북녘 밤하늘을 지배했다.

공대지 순항 미사일 등 무기 61톤을 탑재할 수 있는 죽음의 백조. 명령이 떨어지면 북한 인근 상공에서는 20분이면 평양 하늘에 도착해 북한 주석궁과 지하 벙커 등을 정밀 타격할 수 있다.

죽음의 백조가 뜨자 북한도 분주하게 움직였다. 북한은

원산 근처에 배치된 SA-5 지대공 미사일의 탐지 레이더를 가동해 죽음의 백조 움직임을 관찰했다. 그렇게 북한 앞바다 상공에서 무력시위를 감행한 죽음의 백조는 약 2시간의 작전 비행을 마치고 기지로 귀환했다.

비행 직후 미 국방부는 이 사실을 즉각 공개했다. "이번 비행이 21세기 들어 NLL 너머 휴전선에서 가장 멀리 북쪽으로 비행한 것"이라며 "북한의 무모한 행동을 심각하게 받아들이고 있음을 보여준 것"이라고 성명까지 발표했다. 트럼프의 '완전 파괴'가 외교적 수사만은 아니란 걸 행동으로 보여준 것이며, 필요하다면 미국 단독으로 북한을 타격할 수도 있음을 경고한 것이다.

미국의 무력시위는 여기에 그치지 않는다. 10월에는 웬만한 국가의 군사력에 버금간다는 항공모함 로널드 레이건호가 한반도 해역으로 올 예정이다. 핵 추진 항공모함인 레이건호는 60대 이상 항공기를 탑재하고 토마호크 순항미사일로 무장한 잠수함도 거느리고 있다.

이 같은 상황을 아는지 모르는지, 9월 24일 새벽 유엔 총회장에서는 북한 외무상 리용호가 험한 말들을 쏟아내고 있었다. 그는 유엔 연설에서 트럼프를 '정신 이상자', '악통령', '거짓말의 왕초', '최고통 사령관'으로 불렀는데, 어쩌면 이

2016년 10월 부산항에 정박한 항공모함 레이건함은 미국의 군사력을 상징한다. [사진 박용한]

런 다양한 표현이 있을까 싶을 정도로 동원 가능한 각종 험악한 표현으로 트럼프를 몰아붙였다. 그러면서 미국을 향해 "선제공격할 수도 있다"며 으름장을 놓았다. "미국 등이 북한 지도부에 대해 참수나 공격 기미를 보일 때에는 가차 없는 선제행동으로 예방조치를 취할 것"이라고 호언장담한 것이다.

뿐만 아니다. 북한은 10만 명을 동원한 반미 군중집회를 열고 '정말 한 목소리로' 미국을 비난했다. "악마의 제국" 미국을 "불도가니에 쳐 넣겠다"며 원색적으로 비난했고, 우리나라에 대해서는 "친미굴종의 삽살개"라며 "혹독한 대가를 치를 것"이라고 경고했다.

트럼프도 자신을 맹비난한 북한 외무상을 '리틀 로켓맨'이라고 부르며 "북한 외무상이 '로켓맨' 김정은의 생각을 반복한 것이라면 그들은 오래 가지 못할 것"이라고 즉각 경고했다. 말 폭탄에 이어 무력시위까지, 북미 간의 말 폭탄이 자칫 실제 폭탄으로 비화할지도 모를 일촉즉발의 한반도 정세다.

전쟁의 가장 큰 발발 원인은 경제적 이익 충돌, 편협한 민족주의, 군국주의, 인종 차별, 종교적 차이 같은 가치 충돌이다. 하지만 가치의 충돌이 곧바로 전쟁으로 이어지는 것은 아니다.

정작 눈여겨봐야 할 것은 바로 지도자의 성격이다. 미국의 저명한 국제정치학자인 존 스토신저는 저서 『전쟁의 탄생: 누가 국가를 전쟁으로 이끄는가』에서 방대한 전쟁 사례를 분석했다. 그리고 전쟁 그 자체는 특히 '지도자의 잘못된 판단과 인식'에서 시작된다고 강조했다.

지도자가 자기 자신을 기만하거나 아니면 지나치게 과신하는 낙관주의를 갖거나, 상대편 지도자의 성격에 대해 왜곡하거나, 적이 자신을 공격할 것이라는 믿음을 갖거나, 적의 능력을 잘못 판단할 경우 등 '지도자의 4가지 인식' 때문에 전쟁이 발발한다는 것이다.

이를 북한에 대입해보면 상당히 우려스럽다. 북한 김정은 위원장은 핵 개발에 성공했다며 자국이 핵보유국이라 주장하고 있다. 더구나 아버지 김정일 사망 이후 수년간 집권하면서 확실하게 북한 권력을 틀어쥐었다고 생각할 것이다. 평양 주민 10만 명을 동원해 반미 궐기대회를 열 정도로 권력 기반에 대한 확고한 신념 혹은 도취를 가질 수 있을 것이다. 여기에 혹시라도 충동적 리더십으로 '전쟁 개시'라는 명령을 내릴 경우 이를 제어할 북한 내 세력이 없는 것도 매우 우려스럽다.

또한 미국이 자신들을 공격할지 모른다는 오판에서 선제

공격으로 나설 수도 있다는 분석도 가능하다. 실제로 북한은 "미국이 참수작전과 대북선제타격, 비밀작전과 내부교란작전, 특수작전의 필요성을 서슴없이 역설하고 있고 이를 위해 B-52, B-1B 같은 전략자산들과 F-22 스텔스 전투기 편대도 남한에 끌어들이려 한다"고 주장한다. 북한의 이런 믿음이 강화되면 실제로 미국이나 한국이 북한을 공격할지 모른다는 생각에 사로잡힐 수 있고, 그러면 공격받기 전에 먼저 나서겠다는 오판이 가능한 것이다.

역사적으로 보면 전쟁은 사소한 일에서 발발한 경우가 많다. 그런데 지금 한반도는 사소한 일 정도가 아니라 엄청난 말 폭탄에 실제 무력시위까지 오가는 위기 국면이다. 한반도에서 문제가 발생하지 않도록 세심한 상황 관리가 필요한 시점이다.

2017.9.25.

현 상황을 바라보는 역설적 시각

# 북한이 당황하고 있는 걸까?

## 장면 1. 2017년 9월 25일 뉴욕의 한 호텔

북한 리용호 외무상이 기자회견을 자청했다. 미국 전략 폭격기가 원산 앞바다 상공을 휘저었다는 뉴스가 대서특필된 이후이다.

리용호 외무상은 "미국의 현직 대통령이 북한 지도부에 대해 오래 가지 못하게 할 수 있다는 뜻을 공언함으로써 끝내 선전포고를 했다"고 강조했다. 그러면서 "설령 미국의 전략 폭격기들이 북한 영공을 넘지 않더라도 임의의 시각에 모든 자위적 대응 권리를 보유하게 될 것"이라고 위협했다.

예상했던 언급이다. 미 폭격기를 격추하겠다는 위협이다. 그런데 고개를 갸우뚱하게 만드는 말이 귀에 꽂혔다.

"유엔을 비롯한 국제 사회는 말싸움이 행동으로 이어지지 않기를 간절히 원했다."

자신들이 먼저 시작한 싸움이 아니라는 말을 하고 싶었던 것 같다. 미국이 자꾸 북한을 괴롭히니 어쩔 수 없이 대응할 수밖에 없었다는 논리 구조를 만들어 내고 있는 것이다. 일종의 피해자 코스프레로 이해할 수도 있다.

북한 수소탄 실험과 괌 포격 계획 등 일련의 북한 도발이 이번 위기의 시작점인데 북한은 자신들이 '피해자'라는 이미지를 부각시키려 하는 것이다. 미국에 대해 강 대 강 충돌로 치받던 북한이 보기에 따라서는 슬그머니 약세를 보인 것으로도 해석할 수 있는 대목이다. 북한이 미국의 군사 조치에 당황했을까?

## 장면 2. 북한은 죽음의 백조가 오는 줄 몰랐다?

그런데 정작 중요한 것은 북한이 미국 죽음의 백조가 원산 앞바다까지 날았다는 사실을 알지 못했다는 것이다. "북한은 이번 B-1B 비행이 자정 무렵이니 전혀 예상도 못했고 레이더나 이런 데서도 강하게 잡히지 않아 조치를 못한 것 같다"고 국정원은 밝혔다. 특히 "미군측도 북한이 잘 모르는 것 같아서 B-1B 궤적을 공개했다"는 설명까지 덧붙였다.

북한이 당황하고 깜짝 놀랐을 법하다. 국정원측은 북한이 미군 발표 이후 후발 조치로서 비행기 이동과 동해안 강화 조치를 하고 있다고 보고했는데 지금까지 북한 공식 반응이 없는 것은 중국·러시아와의 상의 때문이라고 부연했다. 북한이 B-1B 비행 사실조차 몰라 당황한 것일까?

북한은 한국 전쟁 때 미군의 폭격으로 평양이 쑥대밭이 된 사실을 매우 고통스럽게 여긴다. 일종의 트라우마, 즉 정신적 상처이다. 그래서 김정은 위원장이 정권을 넘겨받은 이후인 2013년쯤엔 평양 상공 방어망을 물샐 틈 없이 만들라고 지시한 사실도 있다.

그런 김정은이 평양을 초토화할 수 있는 죽음의 백조가 뜬 사실조차 몰랐다고 하니 당황했을 법도 하다.

## 장면 3. 김정은의 이례적 문법

김정은 위원장은 지난 9월 22일 이례적으로 본인 명의의 성명을 냈다. 트럼프의 완전 파괴 발언에 맞서 사상 최고의 초강경 조치를 신중하게 고려한다며 맞불을 놓은 바로 그 성명이다. 그런데 그 성명에도 보면 다소 이해하기 힘든 표현들이 있다. 트럼프 대통령이 유엔연설에서 그렇게 세게 나올지 몰랐다고 털어놓은 문장이다.

김정은 위원장 성명의 한 부분이다.

"어느 정도 짐작은 했지만, 그래도 세계 최대의 공식 외교무대인 만큼 미국 대통령이라는 자가 즉흥적으로 아무 말이나 망탕 내뱉은 것과는 다소 구별되는, 틀에 박힌 준비된 발언이나 할 것으로 예상했다."

북한은 이렇게, 트럼프의 발언에 놀랐다는 걸 굳이 설명하고 있는 것이다. 물론 김정은 위원장은 이후 문장에서 더 센 말들로 트럼프와 미국을 공격했다. 하지만 김정은도 내심 당황한 걸까?

## 장면 4. 대북 경제 제재 조치에 당황했나?

북한 수소탄 실험에 대한 대응으로 유엔 안보리 결의 2375호가 만장일치로 통과되자 북한은 외무성 보도를 통해 반발했다. "안보리 결의 2375호는… 전면적인 경제 봉쇄로 북한과 북한 인민을 완전히 질식시킬 것을 노린 극악무도한 도발행위의 산물"이라고 반응한 것이다.

국제 사회는 '반쪽짜리 제재안'이라며 평가가 박한데, 북한은 '봉쇄당해 질식할 수도 있다'면서 "준열히 규탄하며 전면 배격한다"고 펄펄 뛴 것이다. 8월 초 북한 ICBM 발사에 대응한 유엔 대북 제재 2371호가 나왔을 때도 북한은 "정상적인 무역활동과 경제 교류까지 전면 차단하는 전대미문의 악랄한 결의"라고 반발했다. 최근의 대북 제재안이 북한 경제에 압박이 된다는 점을 인정하고 당황한 것일까?

게다가 평양의 기름 값이 급등하고 있다는 보도가 잇따르고 있다. AFP는 평양의 한 주유소 직원의 말을 인용해, "9월 22일 1킬로그램에 1.9달러였던 것이 24일엔 2달러"라며 "앞으로 가격이 더 오를 것"이라고 보도했다. 미국의 소리(VOA) 방송도 평양의 기름 값이 지난 21일을 기점으로 급등했다고 평양 주재 서방 외교관의 말을 인용해 보도했다. 통일부도 북한의 기름 값이 연초보다 3배나 올랐다고 밝혔다.

이런 가운데 주목되는 움직임 2가지가 있다. 먼저 북한 측 움직임이다. 북한 대미외교의 핵심 실무자인 최선희 국장이 9월 25일 러시아를 방문한다. 트럼프와 김정은의 맞대결 성명으로 한반도 위기가 고조된 상황이어서 북한의 외교 채널 가동은 눈에 띈다. 특히 최근 중국과의 관계가 서먹해진 북한으로서는 러시아가 현재로선 기댈 수 있는 카드이기도 하다. 러시아는 자국이 마련한 북핵 해법 방안을 제시하는 등 한반도 문제 해결을 위해 그 어느 때보다 적극적으로 나서고 있다. 러시아의 북핵 단계적 해결방안은 1단계 북한 핵 미사일 시험 중단 및 핵 비확산 공약 대 한미 연합훈련 축소 혹은 중단, 2단계 정전협정을 평화협정으로 대체, 3단계 한반도 비핵화와 동북아 지역 안보체제 논의라는 로드맵으로 짜여진 걸로 전해졌다.

미국 측의 언명도 간과해선 안 될 듯하다. 맥매스터 미국 백악관 NSC 보좌관은 25일 워싱턴에서 열린 한 콘퍼런스에서 "미국이 북한 정권과 협상하기 전, 북한은 핵 시설 사찰을 받아들이고 핵무기를 포기할 용의가 있다는 것을 선언해야 한다"고 말한 것이다. 물론 그는 "북한이 핵탄두를 장착한 탄도 미사일을 획득하는 것을 용인할 수 없다"며 "북핵 위협을 완전히 해결할 4~5가지 시나리오를 찾고 있는데 일부는 험악하다"고 말해 북한에 대한 압박을 빼놓지는 않았다.

하지만 미 안보 보좌관이 핵 사찰과 핵무기 포기 용의라는 걸 협상의 시작점으로 제시한 것은 의미가 있다. 북한이 이를 수용할 가능성은 현재로선 낮지만, 위에서 본 역설적 관측대로 북한이 당황하고 있다면 북한에 남겨진 선택지는 많지 않아 보인다.

2017.9.26.

제2부

# 서울에 온 백두혈통

## 김정은, 군 1인자 빼고 최룡해 · 박봉주 앞세운 이유는?

2017년 10월 8일 김정일 당 총비서 추대 20주년 경축대회. 귀빈석인 이른바 주석단에 앉은 간부들이 호명된다. 김영남 상임위원장, 최룡해 당 중앙위 부위원장, 박봉주 내각 총리, 황병서 군 총정치국장 등 모두 25명의 이름이 불렸다.

북한의 권력 순위를 보여주는 주석단 호명. 그런데 바뀌었다. 이전에는 주로 김영남–황병서–박봉주–최룡해 순으로 불리었는데, 최룡해와 박봉주가 북한 군 1인자인 황병서보다 앞에 나온 것이다.

김정은 위원장은 '미국의 압살 책동이 극에 달한 이 시점'에 왜 권력 서열을 재편했을까? 핵–경제 병진 노선을 밀고 나가겠다고 강조도 했고 핵 무력에 양보는 없다며 큰소리도 쳤는데 왜 북한군의 1인자를 뒤로 뺐을까? 최룡해가 누구이

길래?

최룡해는 말 그대로 북한판 금수저의 전형이다. 할아버지인 최화범은 일제치하 홍범도 부대에 몸을 담았으며, 아버지 최현은 김일성과 항일 빨치산 투쟁을 함께해, 김일성의 절대적 신임을 받은 인물이다. 북한에 몇 안 되는 가문 출신인 최룡해. 이른바 혁명 1세대 아버지를 둔 출신 성분 덕분에 정치 입문 후 승승장구했지만, 팔자가 센 탓인지 출셋길은 결코 순탄하지 않았다.

북한 사로청(사회주의노동청년동맹) 비서이던 1998년 북한판 오렌지족인 놀세족 생활로 해임된 뒤, 최룡해는 평양 상하수도 관리 사무소로 간다. 그리고 2003년 당 총무부 부부장으로 재등장하지만 1년 뒤 비리 혐의로 협동농장에서 소위 혁명화 교육을 받게 되고, 김정은 집권 이후 권력의 정점에 다가갔지만 2015년 숙청설이 나돌더니 2015년 11월 지방 협동 농장에서 다시 한번 혁명화 교육을 받는 수모를 당한다.

그런 최룡해가 2017년 10월 한반도 핵 위기 국면에 오뚝이처럼 떠올라 사실상 김정은 다음인 북한 권력의 2인자로 부상한 것이다. 특히 북한 노동당 조직지도부장 자리에 올랐다는 분석까지 나왔는데 만약 그렇다면 그가 권력 2인자임은 더욱 명확해진다.

북한 노동당 조직지도부는 북한 내 인사와 정무를 총괄하는 부서로, 말 그대로 핵심이다. 김정일은 1973년 당 조직지도부장에 오른 이후 2011년 사망할 때까지 이 자리를 놓지 않았고, 김일성은 동생 김영주에게 조직지도부장을 맡겼다. 김정은도 집권 이후 이 자리에 부장을 두지 않고 부부장들만 둔 채 자신이 직접 관리할 정도로 핵심 요직이다. 그런 자리에 최룡해를 앉힌 것이다.

그렇다면 박봉주는 누구인가? 그의 현 직책은 내각 총리다. 당이 국가와 정치, 사회 권력 모두를 지배하는 북한에서 내각 총리는 말 그대로 얼굴 마담일 가능성이 높다. 그런 내각 총리를 왜 북한 군 1인자인 황병서 총정치국장보다 앞에 뒀을까?

2000년대 초반 김정일 시대 북한은 7.1 조치로 대변되는 경제 개혁을 추진한다. 단번 도약론, 종자론 등 각종 구호와 이론을 내세우며 북한식 경제 개혁과 개방 정책을 추진했는데, 내각 총리로서 2003년부터 이 과정을 보좌하던 인물이 바로 박봉주이다.

하지만 북한 경제가 살아나지 않고, 중앙집권적 계획경제만이 살 길이라는 반론이 거세지면서 김정일 위원장은 2008

년 이른바 6.18 담화를 통해 사회주의 계획경제 중심으로 회귀할 것을 공식 천명한다. 이러한 북한식 경제 개혁 후퇴와 함께 박봉주는 지방으로 좌천된다. 그런 박봉주가 다시 중앙으로 복귀한 것은 김정은 집권 이후이다.

김정은 위원장은 집권 초인 2012년 경제 개혁 청사진을 그릴 태스크 포스로 '경제관리방식 개선 소조'를 결성하여 여기에 박봉주를 포함한 노두철 곽범기 등 젊은 관리를 참여시킨다. 이들이 내놓은 안이 배급제 폐지와 개인 투자 합법화, 경영 현장의 권한 강화 등을 담은 이른바 6.28 새로운 경제 관리 체계이다. 김정은 위원장은 또 내각이 경제 사령부라면서 박봉주를 2013년 당의 최고 권력 기구인 정치국 위원으로 초고속 승진시킨다. 그런 박봉주를 이번에 최룡해 바로 다음의 권력 서열에 배치한 것이다.

북한 핵 고도화와 이에 대응한 미국과 국제 사회의 강력한 반발로 한반도 핵 위기가 고조된 지금 김정은은 왜 이 두 사람을 권력 전면에 배치했을까? 김정은 위원장이 예상외로 강한 미국의 반발과 무력시위에 당황했는지 아닌지는 알 수 없지만, 북한 내부의 체제 결속을 더 다져야 한다는 지상 과제에 맞닥뜨린 건 분명해 보인다.

북한 내에서 명망이 높은 빨치산 가문 출신인 최룡해를

앞세워 내부 단속, 특히 당의 결속을 다지면서도 김기남, 최태복 등 노쇠한 기존 엘리트들을 자연스럽게 퇴진시킴으로써 김정은 자신만의 당으로 색깔을 더 분명히 한 것이다. 또한 각종 제재로 어려워질 수밖에 없는 북한 경제를 박봉주라는 인물을 통해 단단히 틀어쥐고 있다는 인식을 심어주고, 북한 표현대로 자력갱생할 수 있는 기반을 만들겠다는 의지를 북한 인민들에게 보여주는 것으로 해석할 수 있다.

더불어 이제는 핵 개발에 올인하기보다는 경제 개혁에 나설 수도 있다는 메시지를 대외에, 특히 중국과 러시아에 알리는 계기가 될 수도 있다. 상황에 따라서는 핵에서 경제로 넘어갈 수 있다는 시그널인 것이다. 북한 국가 노선인 핵-경제 병진 노선에서 핵과 경제 중 어디다 방점을 둘지는 전적으로 김정은 위원장의 판단에 달렸다.

요컨대 최룡해와 박봉주를 권력 전면에 배치한 김정은의 결정은 빨치산 가문과 경제라는 두 축을 바탕으로 당을 김정은 키즈로 채우는 체제 재정비에 본격 나서면서 김정은의 북한을 확고히 하고, 미국과의 대립에서 지구전을 준비하고 있음을 시사한 것으로 해석할 수 있다.

2017.10.12.

트럼프 방한 관전기 ①

## 미국 대통령의 15년 시공 '인터스텔라'

2001년 미국의 부시 대통령은 직설화법을 구사했다. 북한 지도자를 믿지 못하겠다면서 자신은 회의적(some skepticism)이라고 말한 것이다. 북한 문제를 대화로 풀어보자는 김대중 대통령의 말에는 코웃음을 쳤다. 어렵사리 연결된 백악관과의 전화 연결. 고령의 동맹국 대통령이 한반도 상황에 대해 이런저런 설명을 계속 이어가자, 부시 대통령은 수화기를 손으로 막고 보좌관들 앞에서 한마디 툭 내뱉는다.

"이 사람 참(this man)."

한편 부시 대통령은 전 세계가 주목하는 미 대통령 국정연설에서 북한을 제거해야 할 악의 축으로 규정했다. 북한 문제와 2001년 한반도 정세를 단적으로 보여주는 장면이다.

그의 성격이 직설적이어서 그랬을까? 부시 대통령은 이듬해인 2002년 한국을 방문한다. 그리고는 불과 1년 전 자신의 인식, 그러니까 북한은 제거해야 할 악이며, 악과는 어떠한 대화도 의미가 없다는 본인의 생각을 조금 후퇴시킨다. 2002년 2월 분단된 한반도의 허리인 경의선 종착역 도라산역을 방문한 부시 대통령은 '악의 축' 북한과 연결되는 철도의 침목에 이렇게 새겨 넣는다.

> "May This Railroad Unite Korean Families"
> "이 철도가 한국 이산가족들을 다시 뭉치게 할 수 있기를 기원하며"

분단된 한반도의 상황을 직접 목도하고는 한반도의 평화가 무엇보다 중요하다는 점을 인식하게 된 것일까? 어쨌든 그는 한반도 문제를 대화를 통해 평화적으로 풀겠다는 다짐도 했다.

한반도에 오면 달라지는 걸까? 한반도 평화 유지가 무엇보다 중요하다는 걸 인식하게 되는 걸까? 15년이 지난 2017년 트럼프 대통령도 비슷한 길을 걸을까?

2017년 11월 7일과 8일 한국을 국빈 방문한 트럼프 대통령. 북한 김정은을 로켓맨이라 부르며 그의 경거망동은 결코 용납할 수 없다던 트럼프 대통령이 한국에 도착해서는 비교적 차분한 어조로 북핵 해법을 제시했다. "북한 독재자가 수백만 명의 무고한 인명을 위협하지 못하게 할 것이며 동맹국 방어를 위해 전방위적인 능력을 갖추고 있고, 필요하면 행동으로 옮기겠다"며 북한을 압박한 것이다. 또한 "전 세계적인 위협인 북한에 대해선 전 세계적인 조치가 필요하며, 단호하고 시급하게 행동해야 한다"고 강조하기도 했다.

이에 더해 트럼프는 외교적 해법에 무게를 두는 발언을 했다. 최근 도발을 하지 않고 이상하리만큼 조용한 북한. 미국의 군사 옵션 검토와 무력시위에 당황해서 김정은이 몸을 웅크린 것일까? 아니면 북한이 미국에 어떤 사인이라도 보낸 것일까?

트럼프는 한미 정상 공동 기자회견에서 이전과 다른 유화적인 제스처를 보였다. "한반도 주변에 3척의 항공모함과 핵잠수함이 배치돼 있지만 이런 군사옵션을 실제로 사용할 일은 없기를 바란다"고 말한 것이다. 북한과의 대화는 시간 낭비라고 했던 그가 심지어 북한과의 협상을 언급한다. 트럼프가 "북한이 협상 테이블로 나와 미국과 합의를 이끌어 내는 것은 북한 주민과 전 세계 시민에게 좋다"고 말한 것이다. 김정은의 핵 위협에 대해 '화염과 분노(fire and fury)'라는 표현으로 공격했던 것과 비교하면 상당히 절제된 어조라는 게 외신들의 평가다.

특히 트럼프 대통령은 지금까지의 전략에 많은 진전이 있었다고 평가하면서, 북미 직접 대화 가능성을 묻는 질문에 "말씀드리지 않겠다"며 언급을 피했다. 강경 일변도로 치닫던 트럼프가 한반도에 와서 북미 직접 대화 가능성을 굳이 부인하지 않은 건 큰 변화이다.

북한이 두 달 동안 도발 않으면 대화할 수 있다는 '틸러슨 계획'이 흘러나오는 시점에, 최근 이상하리만큼 조용한 북한, 그리고 미 대통령의 레토릭 변화를 보면 미국과 북한 사이에 모종의 움직임이 있는 것 아니냐는 관측이 전혀 허황되지만은 않게 느껴진다. 그럼 북한과 미국이 무릎맞춤을 하면 북핵 문제는 술술 풀려나갈까?

2017.11.9.

트럼프 방한 관전기 ②

## 트럼프는 DMZ를 왜 그토록 가고 싶어 했을까?

"내 마음에 각인된 풍경이 있다. 헬리콥터를 타고 DMZ에서 서울로 올 때의 풍경이다. 헬기가 비스듬히 기울자 서울의 스카이라인이 눈에 들어왔다. 천 번도 넘게 본 서울의 스카이라인이 평양 방문 후 의미가 달라졌다.

초현대식 건물, 북적거리는 자동차, 서울의 에너지를 보면서 똑같은 광경이 북한에서 실현되지 않는 단 하나의 이유, 단 하나의 설명 가능한 이유가 정치 때문이라는 것을 새삼 느낀다.

헬기에서 바라본 서울을, 같은 유전자를 지닌 북한 사람들도 만들어 낼 수 있다고 생각한다. 북한 사람들이 가난을 선택한 게 아니다. 정치가 가로막고 있다. 절대 잊을 수 없다. 화가 나고 슬프기도 하다. 동시에 희망을 느낀다."

이는 한때 주한 미국 대사로 거론되던 빅터 차 교수가 2007년을 전후한 시점에 평양을 방문한 이후 밝힌 소회다. 아마도 트럼프 대통령도 이런 감정을 느끼고 싶어 DMZ 방문을 추진했는지 모른다. 짙은 안개에 황사까지 겹쳐 DMZ 방문을 접게 되자 크게 실망한 트럼프. 비무장지대로 상징되는 가장 극적인 장소에서 남과 북의 엄연한 현실을 전 세계에 설명하며 트럼프 정부의 대북 정책의 골간을 외치고 싶었는지 모른다.

그런 아쉬움 때문이었을까? 트럼프는 대한민국 국회에서 DMZ에서 하고 싶었던 말들을 쏟아냈다.

"한국에서는 사람들이 스스로의 삶과 국가를 꾸려 나가고 자유와 정의, 문명과 성취의 미래를 선택했다. 그러나 다른 한쪽 북한은 부패한 지도자들이 압제와 파시즘 탄압의 기치 아래 자국민을 감옥에 가뒀다. 이 실험의 결과가 이제 도출됐고 그 결과는 너무나도 극명하다."

그리고 트럼프는 "한국의 기적은 자유국가의 병력이 1953년 진격했던 곳, 이곳으로부터 24마일 북쪽까지만 미쳤다"면서, "번영은 거기서 끝나고 북한이라는 교도소 국가가 시작된다"고 말했다. 그러면서 그는 "잔혹한 독재자가 주민들을 저울질해 등급을 매기고, 주민들은 강제 노동에 시달리고, 난방과 전기도 제대로 없는 곳에서 생활하며, 영유아의 30%는 영양실조로 인한 발육 부진을 겪고 더 많은 사람이 기아로 목숨을 잃고 있다"고 강조했다.

강제노역, 종교탄압, 영유아 영양실조 등 억압과 인권 침해, 경제적 궁핍으로 고통 받는 주민들의 생활상을 일일이 열거하며 김정은 정권을 향한 강력한 비판과 경고 메시지를 보낸 것이다. 트럼프 대통령이 북한 인권과 인도주의적 이슈를 들고 나온 건 향후 북한과의 접촉에서 비단 비핵화 문제뿐만 아니라 인권 문제도 포괄적으로 다루겠다는 뜻을 분명히 한 것으로 해석된다.

트럼프는 트럼프 정부의 대북 정책 기조인 '최대 압박을 통한 최대 관여(Engagement)'를 직접 설명한 것이다. '최대 압박 최대 관여 정책'의 밑그림을 처음 제기한 사람이 바로 빅터 차 교수이다. 그는 2002년 1월 '매파 관여 정책(Hawk Engagement)'에 대한 논문으로 주목을 받았다.

빅터 차 교수는 "북한을 압박하기 위해서는 미국이 비대칭 전략을 구사해야 한다"고 주장한다. 그는 "북한이 허를 찔려 쩔쩔맸던 경우는 2005년 BDA 사태와 2014년 2월 유엔 인권조사위가 김정은을 국제형사 재판소에 제소했을 때 두 번뿐"이라며 "이게 새로운 대북 전략의 지표가 돼야 한다"고 강조했다. "북한의 현금을 줄이기 위한 추가 조치와 함께 반인도적 인권범죄의 책임을 지속적으로 묻고 이를 통해 북한에게 핵무기는 무용지물일 뿐이며 안보, 인권, 경제 등을 포함한 모든 문제를 논의하는 협상 과정만이 유일한 출구라는 사실을 깨닫게 해야 한다는 것"이다.

트럼프 대통령의 국회 연설은 이 같은 매파 관여 정책 구상을 충실히 반영한 트럼프 버전의 연설로 이해된다. 트럼프 대통령은 북한에 대해 미사일 개발을 멈추고 검증 가능한 총체적 비핵화에 나서라며 협상 가능성을 시사했다. 하지만 북한과의 접촉이 시작되면 비핵화 문제뿐만 아니라 인권과 경제 상황 등 모든 이슈를 다루는 포괄적 대화를 하게 될 것이라는 점을 우회적으로 밝힌 것으로 분석된다.

북한은 과연 트럼프의 '최대 압박과 최대 관여'에 어떻게 반응할까? 북한이 비핵화 대화도 거부하고 있는 마당에 인권 문제까지 포함한 포괄적 협상에 응답하리라고 기대하는 건 지금 상황에서 무리이다. 당장 북한은 미국에 대한 비난 수위를 높일 것이다. 트럼프 말은 "핵전쟁에 도화선을 달기 위한 망동"이라는 식으로 들고 나올 것이다. 하지만 북한도 내심 고민이 깊을 것이다. 미국의 대북 전략이 명확해진 이상 자신들의 전략을 고민하지 않을 수 없기 때문이다. 트럼프의 패를 본 김정은의 다음 셈법은 무엇일까?

2017.11.9.

# 틸러슨 "그냥 나오라"
# 北 급변사태 언급 왜?

미국 틸러슨 국무장관이 북한에게 "그냥 나오라"고 했다. "날씨 이야기도 좋고, 테이블 모양 이야기도 좋다"며 일단 서로 만나자는 거다. 언론에선 미국이 기존에 요구했던 '북한 先비핵화 약속'에서 한발 물러난 파격적인 제안이라고 평가하고 있다. 중국 관영 매체도 "미국이 양보했다"며 긴급 속보를 내보내기도 했다. 하지만 미 외교 수장의 '화끈한' 무조건 대화 제의에 착잡한 심정이 드는 것은, 북한과 미국 사이에 사전 조율이 된 것 같다는 느낌이 들지 않기 때문이다.

북한 비핵화를 위한 북한과 미국 간의 대화가 물론 순탄할 리 없지만, 그렇다고 무턱대고 만나기부터 하면 분명 덜컹거리고, 서로 얼굴 붉히고, 마지막엔 차기 회담 일정도 잡지 못하고 그냥 끝날 공산이 크다. 그렇게 되면 대화와 만남은 안 하느니만 못한 형국이 될 것이고, 예측불허의 정세로 내몰릴 것이다.

이걸 모를 리 없는 미국 외교 수장이 북한에게 "그냥 나오라"고 한 건 오히려 다른 배경이 있는 건 아닌지 의구심이 드는 것이다. 틸러슨 장관이 뭔가에 쫓기고 있기 때문에 다급하게 대화 시그널을 보낸 것 아닌가 하는 의심인 것이다.

그러면서 틸러슨 장관은 굳이 말하지 않아도 될 내용을 공개했다. 북한 유사시 비상 대책을 미군과 중국군 고위 관계자 사이에 협의했다는 것이다. 내용도 구체적이다. 중국은 북한 급변사태 때 대량 탈북을 우려하고 있지만 이에 대한 대책도 마련하고 있다고 소개했다. 자유 아시아 방송은 중국이 길림성 장백현에 북한 난민 수용소 5곳의 건설을 추진한다는 문건이 발견됐다고 보도하기도 했다.

틸러슨은 또 미국은 북한 핵무기를 확보하는 데 중점을 둘 것이며 북한 핵무기가 원치 않는 이의 손에 들어가는 걸 막겠다고 했다. 그러면서 미군이 휴전선을 넘어 북한에 들어가더라도 작전이 끝나면 다시 38선 이남으로 돌아오기로 중국과 약속했다고 밝혔다. 요컨대 틸러슨은 북한 정권 교체 시 미군이 북한에 주둔하는 시나리오에 대한 중국의 우려를 불식시킨 것이다. 미군의 북한 진주를 큰 안보 위협으로 보고 북한을 '전략적 완충지대'로 여기는 중국을 안심시키려는 의도로 풀이된다.

이쯤 되면 미국과 중국은 북한 급변사태가 현실화될 수 있음을 우려하고 있으며 이에 대비한 비상 대책을 상당 수준으로 서로 협의하고 있음을 유추할 수 있다. 중국은 그동안 북한 급변사태에 대한 언급 자체를 꺼려했다. 이런 논의를 한다는 것 자체가 북한에 잘못된 시그널을 줄 수도 있고, 한반도 안정을 크게 해칠 수 있기 때문에 중국 입장에서는 하나의 금기였던 사항이다.

이를 뒤집어 말하면 북한 김정은 정권의 교체 혹은 북한 선제 타격에 대한 움직임, 특히 미국 내 움직임이 그만큼 긴박하다는 걸로 해석할 수도 있지 않을까? 틸러슨 장관은 "첫 폭탄이 떨어질 때까지 외교적 노력을 계속할 것"이라고 강조했고 미 백악관 맥매스터 안보보좌관도 "지금이 무력 충돌을 피할 마지막이자 최고의 기회"라고 강조한 걸 보면 미국 측 입장은 끝내 안 되면 군사행동으로 옮겨갈 수 밖에 없음을 내포하기도 한다.

틸러슨 장관의 무조건 대화 제의에 미국 백악관 관리는 "지금은 대화할 때가 아니다"라며 선을 그었지만 백악관 대변인은 "트럼프의 대북 견해는 바뀌지 않았다"며 다소 모호한 입장을 내놓는 데 그쳤다. 트럼프의 입장은 그대로이지만 국무장관이 한번 해보겠다고 하니 일단 맡겨 보겠다는 건지 현재로선 명확하지 않다. 미국 언론에선 국무부와 백악관의 말이 달라 혼선이 빚어지고 있다고 비판하고 있다.

만일 '선 대화냐, 북한의 선 비핵화 다짐이냐' 하는 정책 우선 순위를 두고 백악관과 국무부가 빚는 혼선이면 한반도 평화를 위해 오히려 다행일지도 모른다. 그게 아니라 미 국무장관의 "그냥 나오라"고 하는 무조건 대화 제의가 트럼프에게 사전에 보고된 사항이라면 북한의 반응과 미국 핵심 수뇌부의 태도에 따라 한반도 정세는 어느 때보다도 긴박하게 돌아갈 것이다.

2017.12.14.

2018년 한반도 훈풍과 김정은의 역설

## 김정은은 왜 대화하자고 나섰을까?

백악관이 있는 워싱턴을 비롯해 미국 동부가 꽁꽁 얼어붙었다. 미 대륙을 덮친 폭탄 사이클론 때문이다. 동사자까지 나왔다고 하니 가히 살인 한파다.

그런데 2018년 새해 초 한반도 정세 기상도는 훈풍이다. 불과 몇 달 전 전쟁까지 거론됐던 한반도 상황이고 보면 극적 반전이다.

겉으로 나타난 계기는 북한 김정은 위원장의 신년사이다. 자신들이 핵 강국임을 강조하면서도 북한 대표단의 평창 올림픽 참가를 선언해 신 데탕트의 분위기를 띄웠기 때문이다. 문재인 대통령이 화답하고, 시큰둥하던 트럼프 대통령도 평창 올림픽 기간 동안 한미 군사 훈련을 중단하기로 한국과 조율하면서 남북 대화가 가시권에 들어왔다.

### 핵 도발을 일삼던 김정은이 왜 그랬을까?

김정은 위원장의 올해 신년사는 얼핏 보면 예년과 유사하지만 근본적인 차이가 있다. "2017년 자신들이 취한 특출한 성과는 바로 국가 핵 무력 완성이라는 역사적 대업"이라며 핵 무력 완성을 공식화한 것이다. "평화를 사랑하는 책임 있는 핵 강국"이라는 표현도 등장했다.

하지만 핵 무력 완성을 선포하는 순간 김정은 위원장은 또 다른 숙제를 떠안아야 한다. 핵을 완성한 만큼 이제는 경제에 올인해서 인민들에게 성과를 보여줘야 한다는 거다. 김정은 위원장은 권력 승계 직후 자신의 전략노선을 '핵 무력과 경제의 병진 노선'으로 정하고 핵 완성과 경제 발전을 인민들에게 약속했다.

2013년 3월 말 김정은 위원장은 핵 무력이 완성되면 "국방비를 추가적으로 늘이지 않고도 전쟁억제력과 방위력의 효과를 결정적으로 높일 수 있게 되고 그러면 경제 건설과 인민 생활 향상에 힘을 집중할 수 있게 된다"고 강조했다. 그러면서 핵 무력 완성을 위해 허리띠를 좀 더 졸라매 달라고 요구했다. 그런데 5년이 지난 시점, 고통 분담을 요구했던 '핵 무력'을 완성했기에, 이제는 공언한 대로 경제적 성과와 생활 향상을 인민들에게 보여줘야 할 시점인 것이다.

특히 올해는 북한 정부 수립 70주년이다. 북한 말대로 '세계가 공인하는 전략국가'의 위상에 걸맞게 정부 수립을 기념해야 할 시점이므로 경제 사정이 나아져야 한다는 스트레스가 분명 존재할 수밖에 없다. 그런 스트레스는 김정은의 신년사 곳곳에서 묻어난다.

김정은은 2018년 구호를 "혁명적인 총공세로 사회주의강국 건설의 모든 전선에서 새로운 승리를 쟁취하자"로 제시했다. 핵 무력 건설의 승리를 모든 경제 부문으로 확산시키는 '혁명적 총공세'를 벌여나갈 것을 주문하는 구호이다. 더구나 북한 경제 발전 5개년 전략 수행의 3년째인 올해에 경제 활성화의 돌파구를 마련해야 한다며 정치 군사적 성과보다는 구체적인 경제 성과가 무엇보다 절박하다는 점을 스스로 인정하고 있다.

그런데 경제 성과를 이루고 장마당을 위시한 북한 내부 경제가 돌아가기 위해서는 대북 제재가 먼저 조금이나마 느슨해져야 숨통이 트일 것이다. 또 경제 성장을 이루기 위해서는 외부로부터 돈이 들어와야 한다. 이 두 가지 목표를 이루기 위한 선택의 첫 번째는 미국과의 담판이고 두 번째는 중국, 러시아, 일본, 한국 등으로부터의 투자를 이끌어 내는 일일 것이다. 그런데 미국 트럼프 대통령은 제재 압박에서

요지부동이니, 탈출구로 한국을 택한 것으로 보인다. 마침 평창 올림픽이라는 인류 평화 이벤트는 좋은 계기가 된 것이다.

## 남북 접촉 급물살. 김정은에겐 역설?

이런 계산이고 보면 남북 간의 접촉과 교류는 급물살을 타게 될 것이다. 곧 열릴 평창 올림픽 참가를 논의할 남북 회담을 필두로 남북 간 교류와 접촉이 활발해질 것이다. 가히 2000년 남북 정상회담 이후 만개했던 남북 화해와 협력 시기가 다시 도래할 가능성이 높은 것이다.

그런데 역설적으로 남북 간 대화와 교류의 활성화가 오히려 김정은 위원장에게 해롭게 작용하고 나아가 그를 곤궁으로 몰지도 모른다는 생각도 든다. 앞서 언급한 것처럼 김정은의 아킬레스건은 경제다. 제재를 느슨하게 하기 위해 화해 분위기로 나온다는 건 그만큼 제재의 효과가 있다는 걸 북한 스스로 인정한 셈이다. 이번 신년사에서 자력과 자립을 11번 강조한 것도 결코 허투루 볼 일이 아니다.

그런데 경제를 살려야 한다는 김정은 위원장의 목표는 양날의 칼로 작용할 가능성이 높다. 2000년대 초반의 북한 경제 구조와 2018년 지금의 북한 경제 구조는 다르다. 북한에 400개가량의 장마당이 있고, 시장의 발달로 물자와 인력의 이동과 교역이 이뤄지고 있으며, 휴대 전화 등 통신의 발달로 북한 주민들 사이에 정보 교류도 빈번해졌다. 여기에 USB 등을 통한 외부 세상의 정보 유입은 북한 내에서 더 이상 뉴스거리도 아니게 되었다. 요컨대 북한 내에 '시장 경제 혹은 자본주의를 맛본 경제적 인간형'이 확산됐다는 점이다.

김정은 위원장이 집권한 이후 실시한 신년사에서 핵이란 단어는 42번 등장하지만 경제는 120번 나왔다는 분석도 있다. 핵보다도 경제를 더 중요하게 본다는 반증이고, 또 그만큼 김정은 위원장이 경제를 잘못 다뤘다는 걸 보여주는 부분이다.

북한이 그렇게 원하던 핵 무력을 완성했다고 하지만, 결국 김정은 권력 유지의 핵심은 시장이 어떻게 움직이느냐, 무엇을 선택하느냐에 달려있다고 볼 수 있다. 김정은 위원장이 경제를 살려서 시장을 맛본 주민들과 공존하느냐, 아니면 인민 경제 생활이 예상만큼 향상되지 않아 김정은 정권에 대한 인민들의 불신이 증대할 것이냐, 핵 무력이 완성된 현재 김정은에게 경제는 권력유지를 위한 진정한 시험대가 된 것이다.

2018.1.5.

직설과 비유로 기선 제압하기

# 남북 회담 대표의 '밀당' 수사학

남북 고위급 회담이 2018년 1월 9일 오전 판문점 평화의 집에서 열렸다. 2015년 12월 남북 차관급 회담 이후 25개월 만이다.

남북 회담이 열리면 내용과 합의도 중요하지만, 그에 못지않게 관심을 끄는 게 남북 회담 대표의 '모두 발언'이다. 회담 대표의 첫 발언을 들으면 회담이 어떻게 진행될지, 얼마나 진통을 겪을지 가늠할 수 있기 때문이다. 현란하면서도 비유적인 표현을 동원해 상대방의 기존 태도를 은근슬쩍 꼬집으며 기선 제압에 나서려 한다. 속담이나 한시, 날씨 등은 남북 대표들이 구사하는 '밀당 수사학(修辭學)'의 주요 소재다.

## 날씨

이번 고위급 회담에선 북측 리선권 대표가 날씨를 걸어 먼저 치고 나왔다. "온 강산이 꽁꽁 얼었다. 북남 관계는 더 동결됐다. 하지만 민심의 열망은 얼음장 밑으로 흐르는 물과 같다. 민심과 대세가 만나면 천심이라 했다. 천심을 받드는 자세로 회담에 임하자"며 얼어붙은 남북 관계의 책임이 남측에 있다는 식의 뉘앙스를 흘리더니 "성실한 자세로 진지하게 하면 회담은 잘 될 것"이라고 직설화법을 날린 것이다. 게다가 회담 자체를 아예 공개하자는 선전전으로 남측을 압박했다.

## 속담

남측 조명균 대표는 속담으로 응수했다. 그는 "시작이 반이라는 속담이 있다. 그런 마음으로 회담을 끌어갔으면 좋겠다"고 밝혔다. 오랜 단절 끝에 모처럼 만났으니 몽니 부리지 말고 쟁점을 잘 타협하자는 북에 대한 압박이다. 하지만 동시에, 평창올림픽뿐 아니라 핵 문제 등 우리 측 요구를 끈질기게 제기하겠다는 심산을 굳이 숨기지 않았다.

조명균 대표는 “동시에 상충되긴 합니다만 ‘첫술에, 첫 숟갈에 배부르랴’ 하는 그런 얘기도 있다”면서 “끈기를 갖고 하나하나 풀어가자”고 했다. 북측 입장만을 듣지는 않겠다는 입장을 분명히 밝힌 것이다. 일합을 겨룬 남북 대표. 이제 치열한 샅바싸움의 시작이다.

## 한시 인용

2015년 12월 남북 차관급 회담 때에는 우리 측이 한시를 인용하며 북측 태도를 비판했다. 당시 황부기 남측 대표는 백범 김구 선생의 애송시 ‘야설’을 언급했다.

답설야중거(踏雪野中去) 눈 덮인 들판 걸어갈 때는
불수호란행(不須胡亂行) 어지러이 걷지 말라
금일아행적(今日我行跡) 오늘 내가 걸어간 발자국은
수작후인정(遂作後人程) 뒷사람의 이정표가 되리라

제발 후손을 위해 어지럽게 걷지 말고, 좌충우돌하지 말고, 한반도와 남북 관계를 순조롭게 하자는 뼈를 말 속에 담은 것이다. 북측 전종수 대표는 “장벽을 허물어 대통로를 열자”며 남측의 5.24 조치 등 각종 대북 제재를 우회적으로 비판했지만 수사학의 주목도에서는 남측의 우세였다.

## 절기와 고사성어 그리고 직설

남북 관계가 좋았던 2000년대 초반 남북 회담에서는 덕담이 자주 오갔다. '고장난명(孤掌難鳴)'이라고 한 손으론 박수소리가 나지 않으니 협력하자는 덕담, 간밤에 '용꿈'을 꿨다는 길몽, '길동무가 좋으면 먼 길도 가깝다'는 비유 등으로 남북 회담 대표의 수사학은 더욱 현란해 졌다.

하지만 북한 핵 문제가 돌출된 이후 열렸던 2002년 10월 평양 남북 장관급 회담장의 분위기는 냉랭했다. 남측 대표가 먼저 24절기와 날씨를 언급하며 작심하고 몰아붙였다.

> **南 정세현** : "날씨를 보니 하늘이 내려앉았는데, 비가 오려는지 날씨만큼이나 마음이 무겁다. 이제 곧 서리 내리는 상강인데, 서리가 내리면 한 해 농사를 갈무리해야 하는데."

북측도 지지 않고 응수했다.

> **北 김령성** : "바깥 날씨가 어떻든, 서풍이 불든 비가 오든, 우리는 갈 길을 갔다. 바깥 날씨가 어떻든 우리 민족끼리 손을 더 굳게 잡고 해결해 나가자."

미국이나 외부 정세 신경 쓰지 말고, 우리 민족끼리 잘하자는 북측의 속내를 여과 없이 드러낸 것이다. 여기에 남측이 어떻게 대꾸할까 궁금했는데, 북측 대표를 한 마디로 쏘아붙인다.

**南 정세현** : "바깥은 너무 추운데 방 안이 따뜻하면 감기에 걸린다."

북한 핵개발로 촉발된 한반도 위기 국면으로 자칫 남북 관계가 불투명해질 수 있으니 정신 차리라는 경고인 셈이다. 당시 회담은 언중유골의 '모두 발언'만큼이나 진통을 겪었다. 결국 '한반도 평화와 안전을 보장하기 위하여 공동으로 노력하며, 핵 문제를 비롯한 모든 문제를 대화를 통해서 해결한다.'는 문구를 넣는 데 합의했다. 하지만 합의는 결국 합의에 그치고 말았다.

지난 18년 동안 수많은 남북 회담이 있었고, 현란한 수사와 레토릭은 그때마다 언론의 헤드라인을 장식했다. 이번 회담과 이후에 있을 남북 회담에서는 화려한 수사만큼, 회담 내용도 알찼으면 하는 바람이다.

2018.1.9.

# 미국 못 가고 한국행 무산된 '北 국가원수', 이번엔?

북한이 김영남 최고인민회의 상임위원장을 평창 겨울 올림픽에 고위급 대표단장으로 파견한다고 2018년 2월 4일 통보했다. 통일부는 북한이 통지문을 통해 김 위원장 등 고위급 대표단 파견 방침을 전달했다고 밝혔다. 김 위원장을 단장으로 하고 단원 3명, 지원 인원 18명으로 구성된 고위급 대표단이 2월 9일부터 11일까지 남측을 방문할 계획이다.

## 항공사 몸수색 당해 미국 못 가고

18년 전 일이다. 2000년 9월 4일 독일 프랑크푸르트 국제공항. 인구 2천만 나라의 국가수반 일행이 미 아메리칸 항공사 탑승 수속을 받고 있었다. 그런데 보안 검색이 매우 엄격했다. 칠순의 국가수반도 예외는 아니었다. 규정에 따라 손으로 몸수색을 하고 겉옷과 신발도 벗겼다.

"일국의 국가 원수를 몸수색 하다니… 새로운 천 년을 축하하고 인류의 발전과 세계 평화를 논의하려는 UN 밀레니엄 정상회의에 참석하기 위한 사절단을, 그것도 미 국무부가 정식으로 비자를 내고 미국 대통령의 초청을 받아 가는 국가 원수급 인사를 이렇게 대우하다니."

해당 국가는 분개했다. 몸수색에 항의해 탑승을 거부했고 결국 비행기편 예약은 취소됐다. 이후 주장은 엇갈린다. 아메리칸 항공 측은 다른 뉴욕행 비행기를 제공했다고 주장하지만, 해당 국가는 아메리칸 항공 측이 불량국가 운운하면서 철저한 검색 입장을 고수해 결국 미국행을 포기했다고 말한다.

북한 김영남 최고인민회의 상임위원장의 미국 방문이 무산된 순간이다. 당시 미국은 "김영남이 뉴욕에 오면 상당한 수준의 고위급 대화를 할 계획이었고 이를 통해 미사일 문제 등 북미 관계에 극적인 돌파구가 마련될 것으로 기대"한 걸로 알려졌다.

표면상으론 항공사의 엄격한 보안 검색 때문에 북미 관계의 전기가 무산된 것이다.

### 김정일에 앞서 서울에 올 수도 있었는데…

항공사 홀대라는 표면적 이유로 미국행이 불발된 김영남 상임위원장은 북한에선 김정일 국방위원장 다음 가는 권력 2인자이다. 게다가 김영남은 북한 최고 지도자 김정일의 격을 높이기 위한 훌륭한 명분이자 장치이기도 하다.

남북 정상회담 개최를 위한 2000년 3월 베이징 남북 특사 회담. 당시 북한이 '김대중 대통령-김정일 위원장 정상회담'이라는 표현에 반대해 어려움을 겪었다고 회담에 참석한 임동원 전 국정원장이 술회했다. 북한의 국가수반은 김영남이라며 '김대중-김영남 정상회담'을 하고 이 기회에 김대중 대통령이 김정일 위원장과의 상봉을 한다고 표기해야 한다고 주장한 것이다. 남측으로서는 결코 받아들일 수 없는 주장이었고 결국 그렇게 되지도 않았지만 북한이 김정일을 높이기 위한 명분과 장치로 김영남을 얼마나 잘 활용하는지 보여주는 사례다.

그런 김영남 상임위원장이 사실 남한에 올 뻔했다. 남북은 당시 정상회담에서 김정일 서울 답방에 합의했다. 하지만 방문 시기를 명확히 하자는 남측의 요구에 김정일 위원장은 "벌써부터 논의하는 건 시기상조"라며 부정적 입장을 내비쳤다. 대신 "김영남 상임위원장이 먼저 서울을 방문할 수 있을 것"이라고 밝혔다. 실제로 2000년 9월 김용순 북한 특사가 남한에 왔을 때 "김정일 서울 답방은 꽃피는 4~5월 경 추진하기로 하고 이에 앞서 김영남 상임위원장의 12월 서울 방문을 논의했다"고 임동원 전 국정원장은 밝혔다. 하지만 이것도 결국 성사되지 못했다.

## 평창에 오는 북 김영남, 북미 접촉은?

1928년에 태어나 북한 헌법상 국가수반에 오른 김영남 최고인민회의 상임위원장. 그는 외교관으로 정치에 입문해 1983년부터 1998년까지 북한 외교 수장을 지냈고, 명목상의 북한 국가원수 자리를 지킨 지 20년 동안 수많은 외교무대를 누볐지만 미국행은 불발됐고 한국행도 우여곡절 끝에 성사되지 않았다.

그런 김영남이 북한 대표단을 이끌고 2월 9일 평창에 온다. 2008년 베이징 올림픽과 2014년 러시아 소치 동계올림픽 등 북한 우방국에서 열리는 올림픽에 대표단장으로 참석해 정상 외교활동을 벌이기도 한 김영남이다.

하지만 올해 90세로 고령에다 김정은의 얼굴마담에 불과

하다는 평가도 있어 김영남 위원장이 이번 방문에서 의미 있는 외교 행보를 보이기는 어려울 것이라는 분석이 많다. 더구나 방한하는 미국 펜스 부통령은 김영남 위원장과 동선이 겹치지 않도록 해달라며 북미 고위급 사이의 우연한 조우마저도 차단하려고 한다. 핵보유국으로 인정받으려는 북한의 명목상 수반을 잠시라도 만나게 되는 외교적 파장을 철저히 피하려고 하는 것이다.

그런데 미국 틸러슨 국무장관은 조금 결이 다른 말을 내놓았다. 평창에서 북미 간의 접촉 가능성을 묻자 "그냥 지켜보자. 무슨 일이 일어날지 봐야 한다"고 한 것이다. 이번 평창에선 북미 간에 무슨 일이 일어날까?

2018.2.6.

# 서울에 온 김영남,
# 그리고 '백두혈통' 김여정

그가 왔다. 국가 원수 생활 20년을 했지만 미국 가려다 몸수색 수모를 당하고, 서울에 올 뻔 했지만 무산됐던 북한의 2인자 김영남. 그가 구순의 몸을 이끌고 남한 땅에 왔다. 하지만 스포트라이트는 정작 검정색 외투에 가방을 맨 30대 여성에게 쏟아졌다. 1987년 9월생, 올해 만 31세. 해방 이후 남한을 밟은 최초의 북한 '백두혈통' 김여정이다.

## "빨갱이들이 왔네" 그렇게 화해와 협력 시대 열렸다

2000년 7월 29일 낮 12시 45분. 중국 민항기 CA 123편이 김포공항에 착륙했다. 특별한 손님을 맞이하기 위해 당시 엄낙용 재정경제부 차관 등 정부 인사들이 공항 영접장에 나와 있었다. 공항 입국장 문이 열리고 일군의 북측 사람들이 모습을 드러내자 실내가 술렁이기 시작한다. 그때 우스개를 듬뿍 담은 작은 목소리가 귓등에 들려왔다.

"빨갱이들이 왔네."

이 농담을 들은 통일부 관리는 기겁했다.

"무슨 소리를 하는 거야? 혹시라도 북측 인사 귀에라도 들어가면 어떡하려고. 말 조심해."
"에이 민감하기는."

현장에 있던 한 기자의 돌발 농담이었지만, 그렇게 남북 화해 협력 시대를 여는 1차 남북 장관급 회담이 시작됐다. 당시 중국을 거쳐 서울에 온 전금진 북측 단장은 "용꿈을 꿨다"며 첫 회담에 대한 기대를 숨기지 않았고, 남측 박재규 수석대표도 "합작 영화사를 만들어 둘이서 주연을 하자"며 분위기를 끌어올렸다.

이후 남북은 2008년까지, 두 차례의 정상회담과 21차례의 남북 장관급 회담, 10여 차례의 남북 경협 추진위원회 회의, 남북 국방장관급 회의, 남북 적십자 회담과 16차례의 남북 이산가족 상봉 행사를 가졌다. 화해와 교류 협력이 봇문을 이뤘다. 말 그대로 남북화해협력 시대였다.

이후 이명박, 박근혜 정부를 거치면서 간간히 남북한 접촉과 교류가 이어졌지만 2000년대 초반과는 비교가 되지 않을 정도로 남북 관계는 얼어붙었다.

## 김일성의 손녀, 김정일의 딸, 김정은의 동생 김여정

2018년 2월 9일 낮 1시 46분 인천 국제공항. 북한 김여정이 남한 땅에 왔다. 북한 김정은 위원장의 전용기 '참매'를 타고 서해 직항로를 통해 인천 공항에 내렸다. 편명은 PRK-615편. 북한과 6.15 공동선언을 상징해 지은 비행기 편명이다. 북한 정권 2인자 김영남과 리선권, 최휘 위원장도 이 비행기로 함께 왔다. 18년 전 서울 김포공항에 내린 북한 대표단들과는 비교가 되지 않는 거물급 인사들이다.

김일성의 손녀, 김정일의 딸, 그리고 현 북한 최고 권력자 김정은의 여동생 김여정. 조명균 통일부 장관이 "귀한 분 오셔서 날씨도 따뜻하다"며 북측을 반겼고 환대를 받은 김여정 부부장은 다소 도도한 표정을 짓기도 하고 옅은 미소를 보이며 응대하기도 했다. 김영남 위원장에게는 "자리에 먼저 앉으라"고 권하며 활짝 웃는 모습을 보이기도 했다.

김여정 부부장은 북한 고위급 대표단과 함께 2월 10일 문재인 대통령을 만날 예정이다. 구두이든 친서형식이든 김정은 위원장의 메시지를 전달할 것이다. 북한의 접근이 평화공세인지, 진정한 태도변화인지 가늠하긴 쉽지 않다. 하지만 남한으로서는 결코 놓쳐서는 안 될 기회다.

미국이나 일본, 중국과 마찬가지로 대한민국도 북한의 비핵화가 정책 최우선 순위라는 건 부인할 수 없는 사실이다. 하지만 정책 달성을 위한 접근 방식이 주변국들과 일치할 수는 없다. 대한민국은 한발 더 나아가야 한다. 북한의 완전한 비핵화는 당연히 이뤄야 하고 더 나아가 한반도의 항구적 평화를 정착시키고 궁극적으로 통일을 지향하는 지상 과제를 갖고 있는 주체가 바로 대한민국이기 때문이다.

국내 보수와 진보 진영은 북한 대표단 방문을 두고 대립할 것이다. 북한의 의도를 놓고 첨예하게 의견 충돌할 것이다. 하지만 위에서 언급한 대한민국 정부의 과제는 보수 정부이든 진보 정부이든 결코 외면할 수 없고, 사라지지도 않는 지상 명제이다.

평창 올림픽 개막 전날에 대규모 군사 열병식을 연 북한. 자신들의 건군절 70주년 행사를 올해 2월 8일에 연 북한. 그래서 여기저기서 우려의 목소리가 나왔고, 혹시라도 대규모 군사 퍼레이드에서 긴장을 고조시키는 행동이나 신호가 나왔다면 평창 올림픽을 계기로 만들어진 남북 평화 무드에 찬물을 끼얹게 되는 건 당연했을 것이다.

하지만 북한은 열병식에 불렀던 외신의 초청을 취소하고, 열병식 규모도 줄이고 녹화 중계로 대체했다. 비록 화성 14형과 15형 등 ICBM급 미사일이 나왔지만 새로운 전략 무기는 등장시키지 않았다. 평창 올림픽 개막 전날 열병식을 개최해 위기를 고조시킨다는 한국과 미국 내 논란을 조금은 비켜가려는 의지를 보인 것이라는 평가도 가능한 부분이다.

하지만 북한에 대한 시각과 평가는 팽팽하게 엇갈린다. 미국 펜스 부통령은 “올림픽 메시지를 북한의 선전술이 납치하는 걸 용납하지 않겠다”고 했고, 일본 아베 총리는 “북한 미소 외교에 눈을 빼앗겨서는 안 된다”고 강조했다. 그럼에도 미국 트럼프 대통령은 “평창에서 무슨 일이 일어날지 지켜보자”고 했고 틸러슨 미 국무장관을 비롯한 미국의 주요 각료들도 북한 고위급 대표단의 방남을 두고 “일단 두고 보자”고 한다. 평창에서 과연 무슨 일이 일어날까? 그리고 평창 이후엔 한반도에 무슨 일이 일어날까?

2018.2.9.

새 길 열고 막힌 곳 뚫고, 남북 특사의 추억

# "김정은 특명 받고 왔습니다"

북한의 잠재적 미래 지도자 김여정은, 김정은 위원장 특사로 온 것이냐고 문 대통령이 묻자 "김정은 특명 받고 왔습니다."라고 거침없이 답했다. 2월 10일 청와대 방명록엔 특유의 김씨 일가 필체로 "통일 번영의 미래가 앞당겨지질 기대한다."고 썼다. '특사(特使)', 말 그대로 특별한 임무를 띠고 온 사람이다. 최고 지도자의 메시지를 가지고 온 사절이기에 특사 회담은 간접 정상회담 혹은 사실상의 정상회담이다.

## '김정일 답방 동선' 사전 답사한 김용순

2000년 추석 연휴가 시작되던 9월 11일 북한 김용순 노동당 비서가 남한을 방문한다는 통일부 발표는 남북 관계를 취재하던 기자들에겐 차라리 악몽이었다. “김용순이 온다고?” 북한에서 대남 관계를 총괄하는, 김정일 위원장으로부터 ‘용순 비서’라는 애칭(?)으로 불린 북한의 실세. 김용순 비서가 김정일 특사로 온다는 소식에 통일부 출입기자들은 고스란히 추석 연휴를 반납했다.

그런데 ‘특사’ 김용순의 일정과 동선이 묘했다. 남북 직항로로 김포공항에 내린 김용순 특사 일행은 방문 이튿날부터 제주와 경주, 포항으로 이어지는 강행군으로 남한 곳곳을 누볐다. 당시 언론은 김용순 비서가 ‘남쪽 땅’에서 뜻깊은 추석 명절을 보냈다고 썼다.

2000년 9월 12일 오전 제주도에 도착한 김용순 특사는 ‘민속자연사박물관’, ‘도깨비도로’, ‘애월읍 항몽유적지’ 등을 돌았다. 자연사박물관 대형 수족관에 있는 4.5미터의 산갈치를 보고 관심을 나타냈고, ‘도깨비도로’에선 오르막길처럼 보이면서 실제로는 자동차가 내려가는 ‘착시현상’에 놀랐다. 김용순은 “차가 내려가는 걸 직접 봐야지”라며 자신이 탔던 체어맨 1호의 시동을 끈 채 실험까지 했다. 9월 13일엔 공군기편으로 대구로 이동한 뒤 포항제철소로 향했다. 포항제철에 대한 브리핑을 받은 뒤 철판을 생산하는 제2열연공장과 쇳물을 뽑는 4고로 등 포철의 핵심설비를 견학했다.

이어 경주 보문단지를 방문했고 불국사와 석굴암 등 역사유적을 둘러봤다.

김용순 특사가 남한에서 움직인 동선은 김정일 위원장의 남한 답방 때 방문할 지역으로 비쳐졌다. 북한 사람들이 환상의 섬으로 여기는 제주도와 경제 발전의 상징인 포항제철, 그리고 천년 고도 경주. 김정일 위원장이 관심을 가졌을 법한 장소였다.

당시엔 김정일 답방이 언제 이뤄질까 하는 게 초미의 관심사였는데 김용순 특사 방문 때 이와 관련한 합의도 이뤄졌다. 김정일 국방위원장이 가까운 시기에 서울을 방문하며 이에 앞서 김영남 최고인민회의 상임위원장이 먼저 서울을 방문하기로 한 것이다. 남북 국방장관 회담, 이산가족 면회소 설치, 경의선 철도 연결, 경제 시찰단 파견 등 굵직한 합의도 뒤따랐다.

## "합의하면 뭐 해 지키지 않는데", 특사는 '열쇠'

2000년 남북 관계의 훈풍은 1년이 안 돼 역풍을 맞는다. 2001년 3월, 남북은 5차 남북 장관급 회담을 서울의 한 호텔에서 열기로 합의한다. 하지만 회담 첫날인 3월 13일. 회담장인 서울의 한 호텔에 난데없는 통보가 날아든다. 북한이 3월 13일 오전 우리 측에 전화 통지문을 보내 '여러 가지를 고려하여' 회담에 참석할 수 없게 됐다고 통보한 것이다. 여러 가지를 고려했다니 이게 무슨 말인가? 난데없는 일방적 통보에, 그것도 회담 당일 아침에 통보하는 무례함에 남측은 놀랐고 당황했다.

그 이후 남북 관계는 삐걱대기 시작했다. 반년간의 우여곡절 끝에 홍순영 장관을 수석 대표로 하는 5차 남북 장관급 회담이 9월에 열려 13개 항에 합의했지만 이는 또 다른 갈등의 시작이었다. 이산가족 방문단 교환, 경추위 개최 등 합의된 13개 사항들을 북측이 이행하지 않은 것이다.

우리 측은 합의 미이행에 대한 유감을 표명하면서 6차 회담을 열어 미이행 문제를 논의하자고 촉구했다. 하지만 이번엔 회담 장소가 평양이냐 금강산이냐 묘향산이냐 하는 문제로 기싸움을 벌였고, 우여곡절 끝에 6차 '금강산' 남북 장관급 회담을 11월에 열었지만 결국 참화를 불러왔다. 9.11테러 이후 남측이 발령한 비상조치를 두고 북측이 자신들을 겨냥한 군사 조치라고 해석하면서 가시 돋친 설전이 오갔고, 서로 얼굴만 붉힌 채 아무런 합의 없이 헤어진 것이다.

이후 남북 관계는 꽉 막혀버렸고, 별다른 돌파구도 없이 갈등만 고조됐다. 그사이 북한은 부시 행정부에 의해 악의 축으로 규정돼 긴장은 더 고조됐다. 이를 풀려고 한 게 특사 방북이었다. 임동원 특보가 2002년 4월 3일 대통령 특사 자격으로 방북한 것이다. 임동원 특사는 김정일 위원장에게 대통령 친서를 전달했고, 김용순 비서와의 회담에서 서로 긴장 상태가 조성되지 않도록 노력하며 경추위 회의 등으로 동결됐던 남북 관계를 원상회복하기로 합의한다. 이후 남북 관계는 조금은 순탄하게 굴러갔다. 그해 2002년 10월 2차 북핵 위기 발발 전까지.

## 고비마다 새 길 열고 막힌 곳 뚫는 특사, 이번엔?

이렇듯 새로운 길을 열고 막힌 곳을 뚫는 게 특사 회담의 묘미다. 북한은 김여정이라는 '백두혈통'을 특사로 보내 나름대로의 승부수를 던졌다. 김정은의 선수(先手)에 남한이 이제 어떻게 대응할지가 관건이다. 언론에선 대북 특사로 벌써 여러 인물을 거론한다.

하지만 문제는 대북 특사로 누구를 보낼까가 아니라 남한이 처한 상황이다. 남북 교류로 북한과의 관계를 풀어야 하지만 북핵 문제가 얽혀 있어 난제다. 핵 문제를 제쳐두고 북한과 대화에 나선다면 국제 공조가 흐트러질 것이다. 전례 없는 대북 제재로 북한이 고통을 받고 있다는 관측도 있는 데다, 최고의 압박이 최대의 관여라는 것이 미국의 입장이라 우리 정부의 행동반경은 그리 넓지 못하다.

문 대통령도 북한의 평양 초청에 대해 "남북 관계 발전을 위해서도 북미 간에 조기 대화가 반드시 필요하다"고 강조했다.

서울을 통해 워싱턴으로 가려는 북한, 핵 문제를 외면한 채 평양에 갈 수 없는 남한. 남한 특사의 평양 방문과 남북 정상 간의 만남, 이 모든 게 가능하려면 북핵 문제 해결을 위한 조그마한 단초라도 만들어야 하고, 이를 위해선 북한과 미국 사이에 어떤 움직임이 있어야 한다. 우리 정부의 활동 영역은 이 미묘한 공간을 메우는 역할일 텐데 묘수는 뭘까?

2018.2.14.

## "꽃피는 봄이 오면 南으로 가겠소"
## 이번엔 성사?

2018년 3월 5일 서해 직항로 편으로 방북한 대북 특사단이 1박 2일의 일정을 마치고 귀환했다. 정의용 국가안보실장과 서훈 국정원장 등 5명의 특사단은 북한에서 김정은 위원장을 면담하고 김영철 부위원장 등과 회담했다.

성과는 상당하다. 북한의 핵 포기 용의와 도발 중단 선언, 비핵화를 위한 미국과의 대화, 남북 정상 간 핫라인 구축 그리고 특히 눈에 띄는 건 김정은 위원장이 3차 남북 정상회담을 위해 4월에 판문점에 오겠다는 대목이다.

### "꽃피는 시절이 오면 남으로" 아버지와 달리 아들은?

2000년 6월 1차 남북 정상회담 합의 가운데 당시 가장 눈길을 끈 조항은 '김정일 위원장의 서울 방문'이다. '적절한 시기'에 김정일 위원장이 서울을 답방하기로 합의한 것이다. 김정일의 방남을 성사시켜 남북 정상회담을 정례화하고, 이를 통해 남북 관계를 최고 수준으로 격상시키고자 하는 전략인 것이다. 그래서 우리 측은 방남 시기를 확약해 달라고 김정일에 여러 차례 요구했고 이에 김정일 위원장이 이렇게 답한다.

"꽃피는 4월이나 5월에 방문하겠다. 그 전에 김영남 위원장을 먼저 보내지요."

그리고는 2000년 9월 김정일 위원장은 자신의 분신과도 같은 김용순 비서를 특사로 보내 남한 이곳저곳을 둘러보게 한다. 사실상 김정일 자신의 방문 코스를 사전 점검한 것이다. 하지만 김정일의 꽃피는 시절 남쪽 방문은 끝내 성사되지 못했다.

그런데 이번엔 아들인 김정은 위원장이 꽃피는 4월 남쪽에 오기로 합의했다. 판문점 남측 지역 평화의 집에서 4월 말 3차 남북 정상회담을 갖기로 정의용 특사 일행이 북한과 합의한 결과다.

6·25 전쟁 이후 북한 최고 지도자의 최초 남한 방문이다. 김구 선생이 1948년 조국 분단을 결코 용납할 수 없다며 넘

었던 그 38선을 이번엔 김일성의 손자이자 북한 최고 수뇌인 김정은이 넘어온다고 하니 가히 역사적인 일이다.

## "대화하는 동안 핵과 미사일 도발은 중단"

2000년 10월 하순 평양을 방문한 올브라이트 당시 미국 국무장관이 평양 능라도 경기장에 들어선다. 당시 북한이 자랑하던 대형 집체극 '아리랑' 관람을 위해서다. 공연이 한창 무르익는 순간 갑자기 올브라이트 눈앞에 깜짝 놀랄 광경이 펼쳐진다. 북한 미사일이 창공으로 날아오른 것이다. 대형 카드 섹션으로 미사일을 발사하는 장면을 실감나게 연출한 것이다. 이때 옆자리에서 관람하던 김정일 위원장은 의미심장한 말을 건넨다.

"지금 본 미사일 발사가 당신네 미국이 보는 마지막 미사일 발사가 될 거요."

당시 올브라이트 장관은 김정일 위원장과 6시간여 동안 회담을 했다. 그리고 양국은 평화구축이 공통의 관심사라며 11월 미국 대통령 선거 직전 북한은 중·장거리 미사일 프로그램을 동결하고 궁극적으로는 그것을 파기하기로 합의했다. (하지만 그 이후에도 미사일은 계속 쏘아 올려졌고, 김정은 시대가 왔다.)

이번 3.5특사 합의에서 김정은 위원장은 "대화가 지속되는 상황에선 핵실험과 탄도 미사일 발사 같은 추가 도발을 하지 않겠다."고 약속했다. 또 4월로 예정된 한미 훈련이 예전 수준으로 진행된다면 이해할 수 있다고도 했다. 대신 한반도 정세가 안정되면 훈련을 조절해 달라고 요구했다.

대화하는 동안 도발하지 않는 건 외교가의 불문율이다. '대화 시 추가 도발은 없다'는 김정은 위원장의 언명이 이번엔 행동으로 옮겨지기를 기대한다.

## "한반도 비핵화는 선대의 유훈"

이번 특사 방문 중 가장 주목하는 부분이 바로 김정은 위원장이 "비핵화는 선대의 유훈"이라고 말한 부분이다. 수령관과 주체사상을 내세운 북한에선 가부장적 위계질서는 국가질서 유지와 통치에 있어 매우 강력한 정당화 기제이다. 선대의 존엄을 절대시하면서 후대의 통치를 정당화하는 북한에서 '선대의 유훈'은 당 규약이나 헌법보다 더 강력한 위력을 발휘하고 있는 것이다.

북한 최고 지도자의 입에서 비핵화라는 단어가 나왔으니

일단 북미 간에, 남북 간에 한반도 평화를 위한 무릎맞춤의 계기가 마련됐다는 점에서 매우 긍정적이다. 더구나 북한이 "군사위협이 해소되고 체제 안전이 보장되면 핵을 보유할 이유가 없다"고 밝힌 만큼 협상의 단초는 마련한 셈이다.

하지만 과거 김정일 위원장도 한반도의 비핵화가 김일성 주석의 유훈이라고 수차례 공언했으며, 김정은 시대인 2016년 7월 북한 정부 대변인 성명에도 "비핵화가 선대의 유훈"이라는 언명이 등장한다. 2016년 당시 성명에는 "한반도 비핵화는 수령님과 장군님의 유훈이며 김정은 동지와 당과 군대, 인민의 드팀없는 의지"라고 밝혔다. 그러면서 비핵화를 위한 조건을 달았다. "남한에 있을지도 모를 미국의 핵무기를 철수시키고, 한반도 주변에 배치된 미국 핵무기 운반 수단도 없애고, 북한을 핵으로 타격하지 말 것이며, 궁극적으로 주한 미군을 철수시켜야 진정한 비핵화가 이뤄질 것"이라고 밝힌 것이다.

### 미국에 전할 추가 북한 메시지는?

이번 특사 합의는 한반도 기류를 바꿔놓을 결정적인 계기가 될 것이다. 특히 정의용 안보실장은 "미국에 전달할 북한의 추가적인 입장을 가지고 왔다"며 "앞으로 여러 가지 진전이 있을 것"이라고 밝혔다. 그 내용이 무엇인지는 발표되지 않았지만 트럼프 미국 대통령은 "헛된 길일지라도 일단 한번 가보기로 했다"며 북한과의 대화에 굉장히 적극적으로 나오고 있다. 미국 국무부도 "이런 날이 오리라고는 생각 못 했다"며 격하게 환영했다. 북한의 획기적인 태도 변화를 감지한 듯한 반응이다.

하지만 북한과의 본격적인 비핵화 협상이 시작되면 북한은 위에서 언급한 전제 조건을 들고 나올 가능성이 매우 높다. 따라서 이런 때일수록 더욱더 신중해야 한다. 살얼음판 위에서 돌다리를 두드리는 심정으로 하나씩 해결해 나가야 한다.

2018.3.7.

## 클린턴 못 간 길 트럼프가 간다?
## "5월 안에 김정은 만나겠다"

한국 시각으로 2018년 3월 9일. 정의용 안보실장 일행이 백악관을 방문한 날. 트럼프 미 대통령이 기자실에 깜짝 방문하더니 한국 안보실장이 곧 중대한 발표를 할 것이니까 기대하라고 말했다. 마치 백악관 공보실 직원처럼 말이다. 그리고 나온 정의용 안보 실장의 발표.

"김정은 북한 위원장이 트럼프 대통령을 초청했고, 트럼프 대통령은 5월 안에 김정은을 만날 용의가 있다고 말했다."

백악관은 장소와 날짜는 추후 정해지겠지만 트럼프 대통령과 김정은과의 정상회담이 열릴 예정이라는 걸 확인했다. 불과 몇 달 전 김정은이 핵 버튼으로 미국을 위협할 수 있다고 하자 내 책상위에 있는 핵 버튼이 더 크다며 반박했던 트럼프. 늙다리 미치광이의 체제 위협을 방관할 수 없다며 직격탄을 쏘아대던 북한 김정은에게 로켓맨 운운하며 조롱하던 미국 트럼프. 두 사람의 말 폭탄이 첫 만남 성사로 드라마틱하게 바뀐 것이다.

트럼프가 김정은을 만난다면 북미 간 최초의 정상회담이다. 한반도 지형을 근본적으로 바꿀, 말 그대로 게임 체인저인 트럼프와 김정은의 만남이 순탄하게 진행될까?

## 군복 차림의 조명록과 사진 찍은 클린턴

6.15 남북 정상회담 이후 해빙 무드가 무르익었던 2000년 10월 초순. 북한 군복을 입은 노병이 미국 워싱턴에 모습을 드러냈다. 북한 김정일 위원장이 가장 신임하던 군인 조명록 차수다.

조 차수는 군복 차림으로 백악관에 들어가 북한이 적으로 규정한 나라의 대통령 빌 클린턴과 만난다. 군복 입은 조명록과 양복 차림의 클린턴이 나란히 의자에 앉은 모습이 전 세계 언론을 강타했다.

사진만큼이나 북미 간 합의도 강렬했다. 10월 9일에서 12일까지 진행된 조명록 차수의 미국 방문에서는 굵직한 합의문이 도출된다. 적대 관계 종식, 평화 체제 수립, 경제 교류 협력, 미사일 문제 해결 등을 골자로 한 '북미 공동 코뮤니케'를 채택한 것이다.

무엇보다 당시 합의가 충격적인 건 클린턴 미 대통령이 연내에 방북하기로 한 사실이 포함된 것이다. 이를 위해 올브라이트 미국 국무장관이 평양을 사전 답사하기로 한다. 10월 하순 평양을 찾은 올브라이트는 유치원도 방문하고 아리랑 공연도 관람하면서, 북한과 미사일 발사 유예와 평화 정착 등 클린턴이 방북하면 논의해 마무리할 내용들을 사전에 조율했다.

하지만 그해 11월 미국 대통령 선거를 기점으로 상황이 급변한다. 민주당 앨 고어 후보가 아닌 공화당 부시 후보가 당선되면서 미국 내 정치 지형이 바뀐 것이다.

방북을 앞둔 클린턴 대통령은 임기 말이라는 부담감에 공화당이 다수인 미 의회의 반대 목소리, 부시 당선인 측근들의 평양 방문에 대한 부정적 입장 등이 겹치면서 결국 12월 28일 시간부족 등을 이유로 북한 방문 계획의 취소를 발표한다. 한반도 운명이 결정적 순간에서 다시 원점으로 회귀하게 된 것이다.

## 클린턴이 못 간 길 트럼프는 간다?

당시 클린턴은 임기 말이었지만 트럼프는 이제 임기 2년차에 접어든 대통령이다. 비록 이런저런 구설수에 시달리고 있지만 아직은 힘 있는 현직 대통령이다. 이런 상황은 트럼프가 의지를 갖고 김정은과 협상에 임할 수 있다는 걸 시사한다.

하지만 북한 측 변수는 더 커져있다. 2000년 당시 북한은 핵 개발 이전이었고, 미사일 개발 수준도 지금과 비교하면 미미하다. 하지만 2018년 지금 북한은 수차례의 핵실험을 거쳐 핵능력을 상당한 수준으로 고도화시켜 놓았고, 미사일도 ICBM급으로까지 진전시켜 놓은 상태이다. 때문에 비핵화 대 북미 수교 정상화를 두고 북미 간의 힘겨루기가 18년 전보다는 훨씬 힘들 것이라는 점은 어렵지 않게 예측할 수 있다.

트럼프도 자신의 트위터를 통해 "북한이 핵동결이 아닌 비핵화를 언급했고, 추가 도발을 안 한다고 한 건 매우 큰 진전"이라고 평가하면서도 "합의가 이뤄지기 전까지는 제재를 계속할 것"이라고 못 박고 있다.

김정은의 전격 제안과 트럼프의 깜짝 화답으로 성사된

북미 정상회담. 중국 왕이 외교부장이 한반도 상황을 비유한 고사 성어에는 많은 내용이 함축돼 있다. '빙동삼척 비일일지한(氷凍三尺 非一日之寒).' 얼음이 석 자나 얼어 있지만 이것은 하루 사이의 추위에 다 언 것이 아니다. 무슨 일을 이루기 위해서는 오랜 기간 동안 보이지 않는 노력과 과정이 있어야 한다는 뜻이다. 이제 "터널의 끝에 서광이 비치고 있다." 하지만 "앞길은 순조롭지만은 않을 수 있다"는 것 또한 경계해야 할 것이다.

2018.3.9.

제3부

# 도보다리 산책과 해적섬의 해후

평양에 선 폼페이오 ①

## 김정은 '깜짝 관람', 폼페이오 '자신만만' 이유

2018년 4월 1일 평양 동평양대극장. 〈봄이 온다〉는 남측 예술단의 첫 공연. 김명민의 피아노 선율에 이어 정인의 '오르막길'로 문을 열었다. 정인의 탁하면서도 힘 있는 목소리가 북한 관객들을 몰입시키더니 이어 등장한 알리는 독특한 음색으로 애절한 절규를 '펑펑' 토해냈다.

이어진 무대. 평양의 젊은이들을 충격으로 몰아넣은 노래가 시작됐다. 백지영의 '총 맞은 것처럼'과 '잊지 말아요'다.

> 총 맞은 것처럼 정신이 너무 없어
> 심장이 멈춰도 이렇게 아플 것 같진 않아
> 날 좀 치료해줘

도대체 제목이 왜 "총 맞은 것처럼"일까? 호기심에 듣던 노래는 이내 평양 젊은이들 사이의 인기곡으로 자리 잡았다.

아이러니한 에피소드도 있다. 2010년 북한 보위부가 남한의 '자본주의 날라리풍'을 집중 단속한 적이 있었다. 당시 평양 대학생의 방이나 가방을 뒤지면 한국 영화나 드라마, 노래를 담은 CD나 USB가 나왔는데 그 가운데 많이 적발된 것이 바로 백지영의 노래였다고 한다. 하도 많이 단속반에게 걸리다 보니 단속반원들 사이에서도 백지영의 노래가 유명했다고 한다.

공연이 끝난 뒤 깜짝 등장이 있었다. 김정은 위원장 부부가 동평양대극장 귀빈석에서 공연을 관람한 사실이 확인된 것이다. 4월 3일에 열릴 남북 합동 공연을 관람할 것으로 전망했지만 예상은 보기 좋게 빗나갔다.

김 위원장은 백지영의 무대가 인상적이었는지 '가수 백지영이 남측에서 어느 정도 위치의 가수인가'라고 관심을 표하기도 하고, 윤상 음악감독 등과 인사를 나눈 뒤 '짧은 기간 동안 훌륭한 공연을 만들어 줘 고맙다'고 감사의 인사를 전하기도 했다. 그리고는 자리를 떴다. 자신이 예상과 달리 남측 단독 공연에 온 이유를 이렇게 해명하면서.

"4월 초 정치 일정이 복잡하여 시간을 내지 못할 것 같아 오늘 늦더라도 평양에 초청한 남측예술단의 공연을 보기 위하여 나왔소."

김정은 시대 평양에서의 첫 남북 합동 공연이라는 상징적인 이벤트를 포기할 만큼 중요한 정치 일정이 과연 무엇일까?

열흘 뒤인 2018년 4월 12일. 미 워싱턴 DC 의회 의사당 상원 인사 청문회장. 폼페이오 신임 국무장관 지명자는 선서를 하고 청문회에 나섰다. 청문위원의 이런저런 질문에 거침없이 대답해 나갔다. 자신은 결코 북한의 정권 교체를 요구한 적이 없다며 과거의 발언을 뒤집기도 하더니, 북한 김정은 위원장은 체제 안전을 약속하는 종잇조각 보증서 그 이상의 것을 원한다며, 마치 북한의 의중을 속속들이 알고 있는 것처럼 답변해 좌중을 놀라게 했다. 북미 정상회담에서 비핵화와 체제보장이라는 빅딜이 결코 간단치 않을 것이라는 게 모두의 예상인데도 지나칠 정도로 강한 자신감을 표출했다.

"미 행정부는 북한이 요구하는 그 조건을 적절히 설정할 수 있다고 낙관한다."

이렇게 자신만만한 폼페이오의 답변과 김정은 위원장의 깜짝 등장의 배경이 뭘까? 궁금증은 트럼프 대통령의 트위터로 일거에 해소됐다.

"폼페이오가 지난주 평양에서 김정은을 만났다."

폼페이오 CIA 국장의 극비 방북. 폼페이오는 4월 초 부활절 휴일을 이용해 극비리에 평양으로 날아가 트럼프 대통령 특사 자격으로 김정은 위원장과 만났다. 2000년 10월 올브라이트 당시 국무장관이 방북해 김정일 위원장과 회동한 이후 18년 만에 미국 최고위급 방북이다.

더구나 폼페이오의 방북은 남한의 서훈 국가정보원장과 북한의 김영철 통일전선부장이 협의해 주선했으며, 백악관이나 국무부 관리들이 아닌 미국의 정보 관련 인사들이 동행했다. 남한과 북한 그리고 미국의 스파이들이 은밀하게 움직여 18년 만의 미 최고위급 인사의 방북을 성사시킨 것이다.

트럼프의 트윗은 더 의미심장한 메시지를 담고 있다.

"회의는 순조로웠고 좋은 관계가 형성되었다. 정상회담을 위한 세부 일정도 잘 협의되고 있다. 비핵화는 북한뿐만 아니라 세계에도 위대한 일이 될 것이다."

정보 수장이자 핵 담판을 준비해야 할 국무장관 지명자의 극비 방북과 김정은 위원장과의 회동. 비핵화라는 넘기 힘든 관문을 통과해 역사적 대전환을 가져올 단초를 마련한 것인지, 그리고 과연 4월 말 남북 정상회담과 5말 6초로 예상되는 북미 정상회담까지 정세를 추동해 내는 동력을 확보한 것인지, 이제 전 세계의 이목은 일주일 앞으로 다가온 판문점 평화의 집 문재인-김정은 정상회담에 집중되고 있다.

2018.4.19.

판문점 정상회담 ①

## 김일성 서체로 쓴 '평화의 시대'

2018년 4월 27일 판문점. 굵은 뿔테 안경을 쓴 30대 중반의 북한 김정은 위원장이 판문점 평화의 집 탁자에 앉았다. 앞에는 금장 테두리에 한반도와 독도가 황금색으로 선명하게 새겨진 흰색 종이가 놓여 있다. 동생 김여정 부부장으로부터 건네받은 만년필을 손에 쥐더니 잠시 긴장한 듯 숨을 크게 내쉬고는, 방명록에 '일필휘지'로 써 내려간다.

"새로운 력사는 이제부터.
평화의 시대. 역사의 출발점에서."

할아버지 김일성 주석이 만들었고, 아버지 김정일 국방위원장이 즐겨 구사했던 바로 그 주석 서체로 간결하면서도 명료한 메시지를 담았다. 한반도와 전 세계를 향해 평화의 시

새로운 력사는 이제부터.
평화의 시대, 력사의
출발점에서

김정은
2018. 4. 27

김정은 판문점 방명록

대를 강조한 것이다. 시계를 다섯 달 전으로 되돌려 보자. 또 다른 일필휘지로 써 내려간 주석 서체가 전 세계를 놀라게 했다.

**"시험발사 승인한다.**
**당과 조국을 위해 용감히 쏘라."**

2017년 11월 28일 김정은 위원장은 자신들이 개발했다고 주장하는 ICBM, 화성 15형의 시험발사를 이렇게 승인한다. 이후 북한의 화성 15형 발사는 성공이니 실패니, 대기권 재진입 기술을 확보했느니 못했느니 하면서 국제 사회의 논란을 불러일으켰다. 그리고 무엇보다 미국을 직접 겨냥할 수 있다는 의미에서 미국 사회의 위기의식을 극대화시켰다. 이후 북미 간의 대결과 유엔 안보리를 포함한 국제 사회의 대북 제재와 압박이 거세졌다. 그랬던 김정은이, 미사일을 용감히 쏘라던 김정은이 불과 다섯 달 만에 평화를 이야기한 것이다. 다섯 달 만에 개과천선이라도 한 것일까? 무엇이 이런 전환을 가져오게 했을까?

미국은 자신들의 대북 압박 정책이 효과를 봤다고 이야기한다. 어느 때보다 강력한 대북 제재가 북한에 먹혔고, 김정은이 어쩔 수 없이 대화의 장으로 나올 수밖에 없게 됐나고 말한다. 이 주장은 한편으로 맞을 수 있지만, 한편으로는 온전한 설명이 되지 못한다. 북한은 한국전쟁 이후 수십 년 동안 국제 사회의 가혹한 제재를 받아왔고, 그 제재를 소위 자력갱생이라는 내핍으로 버텨왔기 때문이다.

그래서 북한 김정은의 태도 변화를 북한 내부 요인과 작동원리 등에서 찾는 게 오히려 합리적일 것이다. 그것을 '북한의 국가이익 추구'와 '김정은의 인정받기 욕구'로 해석한다.

모든 국가는 그 나라의 국가이익을 수호하고 확장시키기 위해 노력한다. 북한은 핵과 경제 병진 정책을 2013년 국가전략으로 설정했다. 핵 무력이 완성되면 경제에 모든 걸 쏟아붓겠다는 전략이었다. 2017년 11월 화성 15형 발사로 핵무력을 사실상 완성한 북한으로서는 당면 과제가 경제로 바뀌게 되는 것이 국가 전략상 자연스럽다. 김정은 위원장도 2018년 신년사에서 경제 개발을 위한 총력 정책을 공표했다.

또 다른 요인은 인정받기 욕구이다. 인간 모두는 타인으로부터 인정받고 싶은 욕구가 있다. 이에 착안한 『역사의 종말』의 저자 프랜시스 후쿠야마는 역사 발전의 동력을 '인간의 인정받기 위한 투쟁'으로 규정하기도 했다. 김정은 위원장도 마찬가지다. 경제력과 핵 무력을 모두 갖춘 강성 국가의 권력자가 되고자 하는 욕구와 김일성·김정일을 능가하는 권력자가 돼 대내외적으로 인정받는 최고 지도자가 되고자 하는 바람이 김정은에게 존재할 것이다. 따라서 미사일과 평화를 동시에 이야기하는 건, 2012년 권력 승계 이후 북한이 꾸준히 추구해 온 국가 전략과 김정은 위원장의 욕구가 합치된 것으로 해석할 수 있다.

문재인 정부의 의지와 노력으로 성사된 판문점 정상회담에서 남북은 역사의 대전환점이 될 '한반도 평화와 번영 통일을 위한 판문점 선언'을 전 세계에 알렸다. 더 이상 한반도에 전쟁은 없다고 천명했고, '완전한 비핵화'를 통해 핵 없는 한반도를 실현한다는 공동의 목표도 확인했다. 하지만 실천과정은 무척 험난할 것이다. 무엇보다 관건은 북한의 완전한 비핵화에 달려있다.

2018.4.29.

판문점 정상회담 ②

## '벤치 밀담'<br>완전한 비핵화 약속?

그냥 보면 봄날에 꽃길 산책 나온 어르신과 조카 정도로 보였다. 60대 중반의 신사는 무언가를 열심히 설명하고 진지하게 설득하고 또 달래는 것으로 보인다. 30대 중반의 젊은이는 때로는 얼굴을 붉히고 때로는 귀 기울여 경청하고, 또 무언가를 묻기도 한다. 전 세계가 주목한 이른바 '4.27 도보다리 산책'과 '벤치 밀담'이다. 두 정상이 함께 산책한 시간까지 포함하면 40분가량. 둘만이 아는 속 깊은 대화였다.

이어 발표된 4.27 판문점 선언에서 남북은 완전한 비핵화를 통해 핵 없는 한반도를 실현한다는 공동의 목표를 확인했다. 북한 최고 지도자가 처음으로 완전한 비핵화를 언급한 것이다. 하지만 판문점 선언에서 비핵화의 구체적 시점을 못 박지 못했기에 말 포장에 그친 것이라는 부정적 해석이 나오

2018년 4월 27일 판문점 남북 정상회담에서 도보다리 회담을 마치고 회담장으로 돌아오는
문재인 대통령과 김정은 북한 국무위원장

는 것도 사실이다.

일주일 전인 2018년 4월 20일. 김정은 위원장은 당 중앙위 전원회의를 열고 핵-경제 발전 2단계 전략 노선을 공표했다. 북한은 핵 무력을 완성했다고 다시 한번 강조했다. 핵 개발 공정도 모두 진행됐고, 핵 병기화 작업도 완결됐기 때문에 앞으로 핵실험과 미사일 시험 발사도 하지 않을 것이라며 함경도 풍계리 핵실험장도 폐기한다고 선언했다.

동시에 핵 위협이나 핵 도발이 없는 한 핵무기를 절대로 사용하지 않을 것이며 그 어떤 경우에도 핵무기와 핵기술을 이전하지 않을 것이라는 점도 밝혔다. 핵을 포기하는 게 아니라 NPT 체제의 핵보유국처럼 핵 국가의 독점적 지위를 누리겠다는 의미로도 읽힐 수 있는 대목이다. 때문에 핵동결이냐 핵보유국 선언이냐를 두고 해석이 분분하다. 결국 북한의 완전한 비핵화 의지는 다가올 북미 정상회담에서 핵 폐기를 위한 구체적인 조치와 시간표가 어떻게 나오느냐에 달려있다.

북한의 완전한 비핵화는 얼마나 걸릴까? 북한 핵무기와 핵물질, 핵 관련 시설, 이 세 가지가 비핵화의 주요 대상이다. 핵 시설은 영변 핵 단지에 원자로와 핵 재처리와 핵연료봉 시설 등이 있다. 영변 핵 단지엔 10년 전에는 건물이 5~6개 동에 불과했지만 지금은 300여 동으로 증가했다고 한다. 북한이 보유한 핵무기는 20~60기, 확보한 핵물질은 플루토늄 50킬로그램, 고농축우라늄 280킬로그램으로 추정하며 매년 플루토늄 6킬로그램, 고농축우라늄 40킬로그램 생산이 가능한 것으로 보고 있다.

완전한 비핵화를 위해서는 핵 시설의 완전폐쇄와 핵무기·ICBM의 해체나 해외 반출, 핵 물질의 이전 등이 필수적이다. 이를 위해서는 북한의 신고와 국제 사회의 검증과 사찰이 필요하다. 이 프로세스를 마치는 데 얼마의 기간이 걸릴지 예상하기 어렵다. 어떤 전문가는 최소 10년의 세월을 예상하기도 한다.

이를 위한 실무 협상 과정도 험난할 것이다. 북한의 신고를 그대로 믿을 수 없다며 상시 사찰과 검증을 요구하게 될 국제 사회와 자국 영토에 대한 상시 사찰은 주권 침해로 규정하게 될 북한이기 때문이다. 특히 기존 핵무기와 ICBM의 신속한 폐기나 이전이 이뤄지지 않은 채 사찰과 검증에 대한 줄다리기가 계속된다면 그 사이 북한은 핵을 보유한 채 기능할 수 있다.

이 모든 게 투명성 확보와 신뢰의 문제로 귀결된다. 미국 트럼프 대통령은 과거 행정부처럼 북한에 속지 않겠다고 하고 백악관 대변인은 북한 말을 곧이곧대로 믿을 만큼 순진하지도 않다고 말한 바 있다. 불신이다. 이에 김정은 위원장은 풍계리 핵실험장을 전문가와 언론을 불러 놓고 공개리에 폐쇄하겠다며 결코 자신의 말이 허언이 아님을 강조하고 있다.

핵 폐기에 따른 보상으로 체제 보장과 제재 해제를 요구하는 북한, 완전한 비핵화 때까지 압박과 제재를 멈출 수 없다는 미국. 두 나라의 불신을 불식시키고 신뢰 구축을 하는 것은 오롯이 문재인 대통령과 한국 정부의 몫이다. 미국이 불가침을 약속하면 왜 핵을 갖고 어렵게 살겠냐는 김정은 위원장의 의사를 미국에 그대로 전달할 수 있는 중재자가 문대통령이고, 한미 공조를 통한 트럼프의 뜻을 북한에 오해 없이 전달할 수 있는 게 한국 정부이기 때문이다.

2018.4.30.

판문점 정상회담 ③

# "민망스러워" 북한식 개혁·개방 나서나

서울 시간과 평양 시간이 나란히 걸린 판문점 평화의 집 회담장. 김정은 위원장이 평양냉면을 화제로 농담도 하며 어색할 법한 회담장의 분위기를 녹였다. 이런저런 환담을 하나 김 위원장이 문 대통령 방북 걱정을 한다.

"문 대통령이 북에 오시면 우리 교통이 불비해서 불편을 드릴 것 같습니다. 평창올림픽에 갔다 온 분들이 평창 고속열차가 다 좋다고 하더군요."

"남측의 이런 환경에 있다가 북에 오면 참 민망스러울 수 있겠습니다."

북한의 최고 영도자이자 수령인 김정은 위원장. 주체사상에서 무오류의 화신으로 그려지는 수령이 내놓은 말이라고는 믿기지 않는 대목이다. 아프리카나 남미 같은 저개발국의

문재인 대통령과 김정은 북한 국무위원장이 2018년 4월 판문점 회담에서 악수하고 있다.

국가수반이라면 혹시 할 수 있는 말을 '무오류의 북한 수령'이 내뱉은 것이다.

실제로 북한의 철도와 도로 사정은 매우 열악하다. 비단 철도, 도로뿐이겠는가? 북한의 경제는 수십 년 자력갱생 기간을 겪으면서 저개발된 상태이다. 11년 전인 2007년 10.4 남북 공동선언에선 낙후한 북한 경제를 개발하기 위한 각종 경협 사업이 총망라돼 있다.

서해평화협력지대 구상, 경제특구 건설, 해주항 활용, 문산–봉동 간 철도화물 수송, 개성–신의주 철도 및 개성–평양 고속도로 공동 이용을 위한 개보수, 강원도 고성 위에 위치한 안변과 평안도 남포에 조선협력단지 건설, 백두산 관광 실시와 이를 위한 서울–백두산 직항로 개설 등 열거하기도 어려울 정도이다.

이번 판문점 선언에서 "남과 북은 민족경제의 균형적 발전과 공동번영을 이룩하기 위하여 10.4 선언에서 합의된 사업들을 적극 추진해 나가며 1차적으로 동해선 및 경의선 철도와 도로들을 연결하고 현대화하여 활용하기 위한 실천적 대책들을 취해 나가기로 하였다."

판문점 선언이 제 궤도에 오른다면 이른바 남북 신경제협력 시대가 열리게 되는 것이다. 김정은 집권 이후 추구해

온 북한식 경제 개발 정책과 맞물린다면 북한의 개혁·개방까지도 가능할지도 모른다.

중국 시진핑 주석은 2015년 10월 북한 노동당 창건 70주년을 맞아 보낸 축전에서 "김정은 위원장이 경제 발전과 민생 개선에 적극적인 발전을 이뤘다"면서 "북한이 김정은 지도하에 '북한식 사회주의' 건설에 더 큰 성과를 이루길 바란다."고 강조했다. 북한 김정은 체제 등장 이후 추진한 각종 정책이 중국의 과거 개혁·개방 초기와 비슷하다고 중국이 판단하고 있는 건 아닌지 추측케 하는 대목이다.

실제로 북한 김정은 위원장은 인민생활 중시를 강조하면서 시장 경제 요소가 포함된 것으로 읽힐 수 있는 6.28 방침 및 5.30 조치 등 경제 관련 정책을 발표했다. 2013년 11월 21일엔 '외자 유치와 경제 개발을 목적으로 하는' 경제 개발구 13곳을 발표했다. 기존의 경제특구까지 합치면 20여 곳에 달한다. 경제 개발구와 경제특구가 목표로 잡은 외자 유치 규모는 15억 9,000만 달러(약 1조 6,800억 원)였다. 물론 핵과 미사일 개발 때문에 외국인 투자 유치는 아무런 성과도 없었다. 이 같은 김정은식 경제 개발 정책이 판문점 선언의 후속 조치와 맞물린다면 새로운 한반도 경제 지도를 그려볼 수도 있다. 관건은 돈이다. 한국건설산업연구원은 남북 경협이 확대될 때 북한 교통 등 인프라 구축에 들어갈 돈이 10년간 최대 270조 원이라고 추산했다. 금융위원회는 2014년에 북한 인프라 개발 비용을 150조 원으로 추산한 바 있다. 정부가 운용 중인 1조 6천억 원의 남북협력기금으로는 턱없이 부족하다. 그나마 경협을 위해 조성된 기금은 3,000억 원 정도에 불과하다.

결국 남북 경협과 북한 개발이 한 묶음이라고 본다면 남한의 투자도 필요하겠지만, 국제개발은행(IBRD)이나 아시아개발은행 같은 국제 사회의 투자가 이뤄져야 한다. 이는 북한이 국제 사회의 책임 있는 일원으로 나와야 가능한 것이고 북한도 자신들을 믿을 만한 나라, 정상적인 국가라는 걸 증명해야 가능한 일이다. 결국 신뢰의 문제이고, 다시 종착점은 북한의 완전한 비핵화 문제다. 남북 신경제 협력과 북한의 개혁·개방 등 험난한 과제들이 이뤄지기 위해서는 기-승-전-북한 비핵화로 귀결되는 것이다.

2018.5.1.

판문점 정상회담 ④

## 북한의 '소프트 파워' 리설주

예상했지만 그래도 깜짝 등장이었다. 2018년 4월 27일 오후 6시 15분. 판문점 선언이 발표된 직후 북한 김정은 위원장의 벤츠가 판문점 평화의 집 현관에 도착했다. 수행원이 차 문을 열어주려고 다가가는 순간, 갑자기 반대쪽 차문이 열리더니 살구색 정장을 입은 김 위원장의 부인 리설주 여사가 모습을 드러냈다.

북한 퍼스트레이디의 첫 한국 방문. 하늘색 단아한 옷차림의 김정숙 여사가 갓 서른을 넘긴 리설주 여사를 다정하게 반겨주었다. 하루 사이에 김 위원장과 친분을 많이 쌓았다는 문 대통령의 환대에 "남편께서 회담 갔다 오셔서 대통령님과 좋은 이야기도 많이 나누고 회담도 잘 됐다고 해 정말 기뻤습니다."라고 답한 리설주. 판문점 북측 지역 통일각에서 남편 김정은과 점심을 함께했다는 사실을 내비치면서 자신이 무대에 등장할 순서가 되자 나왔다는 걸 굳이 숨기지 않았다.

만찬장에서 초등학생이 부르는 고향의 봄을 입모양으로 따라 부르기도 하고, 행사 내내 겸손한 자세를 보여줘 좋은 인상을 남겼다. 북한 퍼스트레이디 리설주는 인민복 차림의 살 찐 김정은, 혹은 독재자의 모습을 가진 김정은의 부정적 이미지를 한 방에 날려주는 완벽한 보완재이다.

특히 리설주 여사가 김 위원장을 남편으로 부르는 것도 김정은 위원장 이미지에 플러스 효과다. 김정은의 생모이자 김정일의 부인인 고용희가 남편인 김정일 위원장을 '장군님'이라고 불렀던 것과 대조되는 부분이다. 통상 북한에서는 최고지도자에게 '장군님' 또는 '원수님'이라는 호칭을 사용하는데 리설주의 '남편' 호칭은 북한 퍼스트 패밀리도 유별나지 않다는 걸 은연중에 보여준 사례라 할 수 있다.

김정은의 베이징 방문 때 동행해 국제 사회에 데뷔한 리설주는 중국 퍼스트레이디 펑리위안 여사와 중국어로 담소를 나누는 모습이 포착되기도 했다. 중국 시진핑 부부와 김정은 부부는 여느 정상회담처럼 네 사람이 함께 사진을 찍기도 했고, 동석해 만찬과 오찬도 함께 했다.

한 국가의 최고 지도자가 다른 국가의 정상과 만날 때 배우자가 동석하는 건 국제 관례이다. 두 나라의 관계가 지극히 정상이라는 사실을 상징적으로 보여주는 장면이다. 지난 북중 정상회담에 이어 이번 남북 정상회담 때에도 퍼스트레이디 리설주가 동행한 건 북한 스스로 자신들도 국제 사회의 정상적인 국가라는 점을 강조한 것으로 해석할 수 있다.

리설주의 국제 사회 데뷔 화룡점정은 다가올 북미 정상회담일 가능성이 높다. 전 세계가 주목하는 트럼프-김정은의 만남은 가히 세기의 회담이 될 것이다. 그 자리에서 리설주가 동행한다면, 그래서 트럼프 부인 멜라니아와 나란히 선 리설주의 모습이 전 세계에 긴급 타전된다면 서구사회와 관련국들은 북한에 대한 이미지를 어떻게 가지게 될까?

2018.5.2.

## 판문점 이어
## 다롄에서 인생샷 찍는 김정은

김정은 위원장은 2018년 4월 27일 문재인 대통령과 함께 한 판문점 도보다리 산책이 그렇게 인상적이었을까? 북한 김정은 위원장이 꼭 열흘 만인 2018년 5월 7일 이번엔 중국의 3대 미항이자 북해의 진주라고 불리는 중국 다롄에서도 아름답기로 유명한 방추이다오에서 또 다시 인생 샷을 남겼다.

'유유자적' 수행원 몇 명만을 대동하고 함께 산책을 즐긴 상대는 미국과의 패권 경쟁을 굳이 숨기지 않는 중국의 국가주석 시진핑이다. 약 40일 전으로 시간을 되돌려 보자

북한 김정은 위원장은 3월 25일 생애 최초로 해외 순방에 나선다. 중국이다. 시진핑 주석은 당시 중국 베이징의 영빈관 댜오위타이에 있는 청나라 황제 행궁 양위안자이에서 김정은 위원장과 부부 동반으로 차를 마시며 우의를 나눴다.

북한이라는 말썽꾼, 불량국가의 주인을 청나라 황제가 즐겼던 바로 그 다원으로 불러 전 세계 외교무대에 데뷔시켜 준 것이다. 당시 김정은 위원장은 생애 최초라 할 수 있는 인생 샷을 미디어로부터 선물 받았다.

그리고 한 달 만인 4월 27일 판문점 남측 지역에서 도보다리 산책으로 또 하나의 역사적 인생 샷을 만든 김정은. 이번에 열흘 만에 다시 중국 랴오닝성 다롄항을 방문한 것이다.

중국 랴오닝성 다롄항. 19세기 말 청일 전쟁이후 러시아와 일본이 차례로 조차할 정도로 전략적 요충지이다. 특히 일본은 이곳을 거점으로 만주 정복에 나서기도 했다. 특히 인근엔 우리에게도 알려진 뤼순이 있다. 이토 히로부미를 저격한 하얼빈의 영웅 안중근 의사가 차디찬 감옥에 수감된 뒤 순국한 바로 그 뤼순이다.

최근엔 중국이 자국 내 최대 규모의 조선소가 있는 다롄항에서 항공모함을 직접 건조할 만큼 군사적인 요충지로도 부상했다. 중국이 해상으로 진출할 수 있는 몇 안 되는 해상기지이기도 하다. 김일성과 김정일도 종종 방문해 중국 측과 비밀회동을 가질 만큼 역사성도 있는 장소다. 이런 전략적인 장소에서 시진핑 주석과 김정은 위원장이 40여일 만에 다시 만나 회담한 것이다.

공교롭게도 김정은 위원장이 방문한 시기엔 중국의 해상 군사훈련이 진행 중이었고, 중국이 자신만만하게 만든 전략 자산인 항공모함 001A함의 첫 시험 항해까지 준비하고 있던 터였다. 중국 항공모함 001A함은 길이 315m, 너비 75m에 중국이 자랑하는 전투기인 젠-15 함재기를 40대 가량 실을 수 있는 7만 톤급의 전략 자산이다.

군사 굴기를 내세워 2050년엔 미국과 맞서겠다는 시진핑 주석의 중국몽. 이걸 실현하기 위한 군사인프라 시설 최전선에 북한 지도자를 불러 전격 회동한 메시지는 뭘까? 그것도 완전 비핵화와 체제 보장을 두고 북 미간에 샅바싸움을 한창인 때에.

먼저 미국에 대한 중국의 메시지이다. 중국이 군사적으로 미국에 맞설 만큼 능력이 있는 만큼 북한 체제에 대한 위협은 중국이 결코 좌시하지 않겠다는 무언의 압박으로, 미국은 더 이상 비핵화 협상에서 북한을 과도하게 몰아붙이지 말라는 메시지일 수도 있다. 시진핑 주석이 김정은 위원장에게 북한과는 관계는 '변함없는 순치(脣齒)의 관계'라는 점을 다시 한번 강조한 걸 보면 그 의중을 충분히 읽을 수 있다. 동시에 북한에 대한 메시지이기도 하다. 미국이 이란 핵 협정을 3년 만에 휴지 조각으로 바꾸고, 리비아가 선 핵폐기를 했다가 체제 보장도 못 받고 몰락한 사례 때문에 북한이 북미협상 이후를 걱정하는 건 분명하다. 혹시라도 미국의 체제 보장을 담보로 비핵화를 했다가 북한 정권만 망하는 것 아니냐는 우려인 것이다. 이런 북한에게 김정은의 체제, 북한의 안전은 중국이 지켜줄 터이니 비핵화 협상에 화끈하게 임하라는 메시지일 수도 있다. 이런 탓일까? 북한 김정은 위원장은 시진핑 주석과의 회담 직후 "중국과 북한은 하나로 이어져 있으며, 긴밀한 전략적 협동이 항구적 평화 안정 구축에 이바지 할 것"이라고 강조했다.

중국 시진핑 주석은 이 같은 함의를 담은 북중 정상회담 직후 곧바로 트럼프와 전화 통화를 했다. 트럼프 대통령이 완전하고 영구적인 북한 비핵화를 위한 대북 제재와 압박을 강조하자, 시 주석은 한반도 영구 비핵화엔 공감한다면서도 뼈있는 말도 잊지 않았다.

"북미 양국이 서로 마주 보고 가면서 상호 신뢰를 쌓고, 단계적으로 행동에 나서기를 원한다."면서 "미국이 북한의 합리적인 안보 우려를 고려하길 바란다."고 덧붙인 것이다. 북한이 염려하는 체제 안전 보장을 확실히 하라는 압박인 것이다.

다롄 회동으로 중국이라는 든든한 배경을 다시 한번 확

인한 김정은. 대미 협상력을 제고시켰다는 나름대로의 전략으로 이제 트럼프와의 진검 승부에 임할 것이다. 북한 내 억류된 한국계 미국인 3명의 석방이라는 '위대한 제스처'가 전 세계에 알려지면 사상 최초의 역사적인 북미 정상회담의 장소와 시기가 실체를 드러낼 것이다.

마주 앉게 될 두 협상가가 북한 핵 문제라는 전 세계의 불신 덩어리를 말 그래도 불식시키고 신뢰의 선순환을 만들어 낼 수 있을까? 이제 가시권에 접어든 북미 회담에서 김정은은 어떤 인생샷을 선보일까?

2018.5.9.

평양에 간 폼페이오 ②

# "수십 년 적국과 이젠 평화" 그리고 싱가포르

한 번은 극비리에 날아갔고 한 번은 공개리에 갔다. 폼페이오의 5월 9일 두 번째 평양행은 전용 비행기에 기자들까지 동승했다. 무언가 극적 이벤트가 있을 것이라는 걸 누구라도 짐작할 수 있었다. 평양 도착 전 기자들과의 환담에선 '위대한 제스처'를 언급했다. 폼페이오의 평양 체류 13시간, 무박 2일 장거리 비행 출장의 성과는 기대 이상이었다.

## "수십 년 동안 우리는 적국이었다. 이제 함께 평화로"

미 국무장관 전용비행기에서 내린 폼페이오 장관. 북한 노동당 김영철 부위원장이 반갑게 맞이한다. 북미 회담 준비 과정을 관리한 북한의 책임자이자 북한의 정보파트를 이끈 실세이다. 폼페이오 역시 미국 CIA 수장을 지낸 인물. 두 스파이 수장이 맞잡은 손을 북한 방송은 다큐멘터리처럼 편집해 북한 주민들에게도 공개했다.

김영철 부위원장이 마련한 환영 오찬에서 폼페이오 장관은 외교가의 오랜 레토릭인 '영원한 적도, 동지도 없다'는 말을 다시금 떠올렸다.

"수십 년 동안 우리는 적국이었다. 하지만 이제 우리는 갈등을 해결하고, 세계를 향한 위협을 치워버리며, 여러분의 나라가 자국민이 받을 자격이 있는 모든 기회를 누리도록 함께 협력할 수 있기를 희망한다."

그리고는 북한 김영철 부위원장을 훌륭한 파트너라고 추켜세웠다.

## 활짝 웃는 두 사람, 김정은과 폼페이오

내막을 모르고 보면 우정을 나눈 친구들이 오랜만에 해후한 것처럼 보인다. 폼페이오 장관은 김정은 위원장과 오른손으로 악수를 하면서, 왼손은 김 위원장의 팔 뒤쪽을 감싸 안았다. 김 위원장은 눈동자가 보이지 않을 정도의 큰 눈웃음에 이가 보일 정도로 파안대소하고 있다.

위대한 수령 김일성동지와
위대한 령도자 김정일동지
혁명사상 만세!

# 로동신문

조선로동당 중앙위원회기관지

당의 령도따라 내 나라,
내 조국을 더욱 부강하게 하기
위해 힘차게 일해나가자!

## 경애하는 최고령도자 김정은동지께서
## 미합중국 국무장관을 접견하시였다

2018년 5월 9일 폼페이오 미국 국무장관이 북한을 방문해 김정은 북한 국무위원장을 접견했다는 소식을 전한 노동신문

불과 40여 일 전 두 사람의 딱딱하고 공식적인 첫 번째 악수 때와는 너무나 비교가 된다. 그동안 진행된 북미 협상에서 무슨 일이 있었기에 이렇게 극적으로 변했을까?

김 위원장은 90분 동안 진행한 폼페이오 장관과의 두 번째 방북 회담에서 '만족한 합의'를 봤다고 조선중앙 통신은 전하고 있다. 다가올 북미 회담의 실무적인 문제와 절차, 방법 등을 놓고 심도 있게 논의했는데, 미국이 새로운 제안을 했고 거기에 만족했다는 것이다.

폼페이오 장관은 김정은 위원장에게 트럼프 대통령의 구두 메시지도 전달했다. 김정은 위원장은 감사하다고 표시하면서 예전 같으면 상상하기도 힘든 단어들을 구사했다.

"다가올 북미 회담이 훌륭한 미래를 건설하기 위한 훌륭한 첫 걸음을 떼는 역사적인 만남이 될 것이다."

폼페이오 특사와의 회담에서 북미 양측이 한반도 역사에 커다란 전환점에 될 빅딜에 상당부분 동의했다고 봐도 무방한 대목이다.

## 번쩍 든 두 팔, 손가락으로 그린 V

여명, 날이 밝기 직전 가장 어둡다는 새벽 3시. 미국 메릴랜드 앤드루스 공군기지. 도쿄와 앵커리지의 밤공기를 가르며 날아온 국무장관 비행기가 착륙했다. 이어서 UNITED STATES OF AMERICA 글자가 새겨진 미국 군용기가 거대한 성조기가 걸린 곳 앞에 멈춰 섰다. 북한에 억류됐다가 석방된 한국계 미국인 3명을 태운, 의료시설을 갖춘 보잉 C-40 비행기였다. 이들을 맞이하기 위해 트럼프 대통령 내외, 펜스 부통령 내외, 볼턴 보좌관 등 미국 수뇌부가 총출동했다.

길게는 30개월이 넘는 북한 억류 생활을 끝내고 돌아온 한국계 미국인 3명(김동철, 김상덕, 김학송)이 다시 미국 땅을 밟는 순간이다. 두 팔을 번쩍 들었고, 손가락으로는 승리의 V를 그렸다. 북한 땅에서의 억류 생활을 과연 끝낼 수 있을까 하는 희망조차 없었던 그들이 극적으로 변한 북미 관계 그리고 극적으로 변한 한반도 정세의 첫 수혜자가 된 것이다. 평양에서 폼페이오 장관의 전용기가 북한을 떠나기 겨우 한 시간 전에 이들에 대한 특별 사면이 단행될 만큼 억류자 석방은 극적이었다.

이들의 석방에 고무된 트럼프 대통령. 김정은 위원장에게 고맙다는 인사를 직접 전했다. 북미 회담이 열리기 전에 이들을 집으로 돌려 보내줘서 매우 감사하다고 밝혔다. 그리고 다가올 북미 회담에 대한 기대도 굳이 숨기지 않았다,

"우리 미국과 북한은 새로운 기반에서 관계를 시작하고 있다. 의미 있는 일을 할 수 있는 가능성이 매우 높다. 과거 북미 간에는 지금과 같은 관계가 있었던 적은 없었다. 굉장한 일들이 일어날 수 있고 이를 희망한다."

'훌륭한 역사적 첫걸음과 만족… 새로운 기반과 굉장한 일' 다가올 북미 정상회담에서 마주 앉을 두 협상가가 무릎 맞춤을 하기도 전에 벌써 엄청난 기대감을 표시한 것이다. 북미 간 사전 빅딜이 단단히 진행된 모양새다.

트럼프 대통령은 억류자 도착 이후 자신의 트위터로 북미 회담의 장소와 날짜를 전격 공개했다. 사흘 안에 밝히겠다고 하고서는 자신의 트위터로 세계적 뉴스를 미리 타전한 것이다.

'2018년 6월 12일 싱가포르' 한반도는 물론 전 세계와 역사에 남을 장소가 된 싱가포르. 북미 두 정상은 과연 어떤 모습일까? 과연 어떤 장면들이 눈앞에 펼쳐질까? 미증유의 북미 정상회담이 이제 한 달 앞으로 다가왔다.

2018.5.11.

## 폼페이오가 밝힌 '북한 번영' 플랜, 실현 가능성은?

폼페이오 미 국무장관이 2018년 5월 12일 강경화 외교장관과 함께 미 국무부 기자회견장에 섰다. 북한 번영에 대해 언급했다. "북한이 신속한 비핵화를 위해 과감한 행동을 취할 경우 미국은 북한이 한국의 친구들과 대등한 수준으로 번영을 달성하도록 북한과 협력할 준비가 돼 있다"고 말했다. "김정은 북한 위원장이 올바른 길을 선택한다면, 북한에 평화와 번영으로 가득 찬 미래가 있을 것"이라고도 밝혔다. 그러면서 미국의 한국에 대한 지원 역사까지 거론했다. 미국은 한국인들을 위해 어느 누구에게도 뒤지지 않는, 세계 최고의 지원을 한 업적이 있다고 강조한 것이다. 2차 대전 후 유럽 등에서 진행한 전후 복구 프로그램, 마셜플랜이다.

'북한번영' 마셜플랜의 구체적 내용은 미국 시사 프로그램에 출연해 소개했다. 미국의 세금을 들여 북한을 지원할 수는 없지만, 대북 제재를 풀어 미국 자본이 북한에 투입될 수 있도록 하겠다는 것이다. "북한은 농업 장비와 기술, 에너지가 절박하게 필요한 상황인데 김 위원장은 미국 기업인과 모험가, 자본 공급자 가운데 가장 훌륭한 인적 자원과 자본을 얻게 될 것"이라고 강조했다. 핵 폐기와 대북 직접 투자라는 핵-경제 빅딜 제안을 사실상 공표한 것이다.

그런데 이 같은 제의는 처음은 아니다. 북한에 대한 경제 지원과 재건을 제안한 사례는 북한 비핵화 협상의 역사와 같이할 정도로 많다. 대표적인 것만 보면 2002년 부시 행정부의 과감한 접근법(Bold Approach)과 2009년 이명박 정부의 그랜드 바긴(Grand Bargain) 제안이다. 이 두 정책은 당시에도 통 큰 제안이어서 성사 여부가 주목됐지만 결국 무위에 그쳤다. 왜 그랬을까?

## 2002년 11월 부시의 '과감한 접근(Bold Approach)'

2002년 11월 15일 부시 미국 대통령은 대북성명을 발표한다. 부시 대통령은 미국은 북한과 다른 미래를 갖기를 희망한다고 강조했고 미국은 북한을 침공할 의사가 없다는 점도 분명히 밝혔다. 경제 재건을 위한 협력 의사도 피력했다. 북한 주민의 생활을 상당히 향상시키는 중요한 조치들을 취할 준비가 돼 있다고도 강조했다. 북한에 대한 '과감한 접근(Bold Approach)'을 전개하겠다는 선언이었다.

성명에서 구체적으로 언급되지 않았지만 과감한 접근법은 북한이 핵 폐기를 한다면 북미 국교 수립과 북한 전력 공급을 위한 화력발전소 건설, 경제 제재의 해제, 아시아 개발은행 가입 지원 등 '북한 재건과 국제 사회 편입'이라는 포괄적인 내용이 포함됐던 것으로 알려졌다. "북미 관계를 근본적으로 개선해 북한의 개혁·개방을 재촉하는 목적"이 담긴 미국의 제안은 북한과 고위급 실무협의까지 진행됐지만 그러나 성사되지는 못했다.

부시 대통령은 당시 성명에서 북한이 농축우라늄 핵 개발이라는 은밀한 핵 프로그램을 추구하고 있다며 북미 제네바 합의에 따라 진행되던 대북 중유공급을 그해 12월부터 중단한다는 한반도 에너지 개발기구의 결정을 환영한다고 밝혔다. 북한의 핵 포기가 없으면 대화와 협상도 없다는 점을 강조한 것이다.

이 같은 언급에 북한은 압박을 통한 체제 전복의 의미가 더 많다고 판단했고, 과감한 접근법이라는 것은 부시 대통령의 시간벌기 전략으로 해석했다. 두 나라의 불신으로 '과감한 접근법'은 무위에 그친 것이다.

### 2009년 9월 MB 그랜드 바긴(Grand Bargain) 추진

2009년 9월 22일 뉴욕을 방문한 이명박 대통령은 북핵 프로그램 핵심 부분의 폐기와 동시에 대북 안전보장과 국제 지원을 본격화하는 일괄 타결, 그랜드 바긴(Grand Bargain) 추진을 제안한다. "북핵 완전 폐기라는 본질은 제쳐둔 채 핵 동결에 타협하고 보상하고, 북한이 다시 이를 어기는 패턴이 지난 20년간 되풀이됐다"며 근본적 해법으로 '통합된 접근법(Integrated Approach)'이 필요하다고 강조한 것이다.

그랜드 바긴은 북한이 북핵 개발을 '중지'가 아닌 '폐기' 단계로 나아간다면, 한국과 미국 등 5개국은 이에 상응하는 체제 안전보장과 국제 지원을 약속하겠다는 것이다. 이 방안의 핵심은 북한의 핵무기 개발 프로그램 가운데 가장 중요한 핵 연료봉이나 추출된 플루토늄 등을 먼저 국제 사회가 확인할 수 있는 절차와 방법을 거쳐 폐기해야 한다는 것이다. 북한이 이처럼 '되돌릴 수 없는(irreversible)' 행동을 단번에 보여주면 그에 맞춰 대규모 지원에 착수한다는 것이다. 북핵

'핵심 부분 폐기'는 미사용 핵연료봉 해외 반출, 영변의 5메가와트급 원자로 구성 장치의 폐기 등의 시나리오가 포함돼 있었다. 단계적 접근이 아닌 포괄적 접근으로 북핵 문제와 체제 보장을 동시에 추진한다는 것이다.

그런데 MB의 그랜드 바긴 제안은 처음부터 삐걱거렸다. 커트 캠벨 미 국무부 동아태 차관보는 그랜드 바긴 발표 직후 "진짜 정직하게 말해서 나는 그것을 모른다"고 말했고, 심지어 미국 정부의 한 고위 관리는 북한 핵 문제를 한 번에 해결한다는 것은 '무리'라고까지 지적했다. 미국 대북 정책의 실무 총책임자인 동아태 차관보가 모를 정도로 한미 간의 정책 공조가 전혀 이뤄지지 않은 것이다.

북한 역시 그랜드 바긴 제안을 일축했다. "일괄 타결안은 이미 규탄을 받고 폐기된 '비핵 개방 3000'을 그대로 답습한 것"이라고 비난하면서 "핵 문제는 철저히 북미 사이에 해결돼야 할 문제"라고 강조한 것이다.

북한은 물론 미국과의 교감도 없었던 MB의 그랜드 바긴 제안. 미국과의 정교한 정책 조율을 마친 뒤 이를 토대로 북한에 제안해야 한다는 정책 실행 방법론이 간과된 탓에 MB표 그랜드 바긴은 말 그대로 사장됐다.

## 폼페이오 '북한번영' 플랜은?

폼페이오의 '북한번영 발언'도 부시와 MB의 대북 제안과 내용과 맥락은 크게 다르지 않다. 하지만 당시엔 북미 사이에 믿음이 없었고, 신의를 저버리는 행동들이 뒤따랐기에 부시와 MB의 제안은 실행으로 옮겨지지 못했다.

북한과 미국은 비핵화와 경제 지원 및 관계 정상화를 위한 합의를 과거 2차례 문서화한 적이 있다. 2000년 북미 공동코뮤니케와 2012년 북미 간 2.29 합의가 바로 그것이다.

2000년 10월 상호 존중과 내정 불간섭을 위한 북미 공동코뮤니케가 발표됐지만 2001년 집권한 부시 행정부의 대북 강경책과 그에 맞선 북한의 핵 개발로 사문화됐고, 2012년 북미 2.29 합의에서 자주권 존중과 양국 관계 개선이라는 점에 동의했지만 이후 북한의 미사일 발사로 이 역시 사문서가 돼 버렸다. 불신, 신의를 저버린 행동으로 합의 자체가 무산된 것이다.

이번에는 다를 수 있을까? 다행스러운 것은 북한 최고 지도자의 의지를 트럼프 대통령의 특사인 폼페이오 장관이 두 번이나 평양을 방문해 직접 들었다는 점이며, 대북 체제 안전 보장과 경제 재건 약속이라는 미국의 '새로운 제안'에 북한

지도자가 만족감을 나타냈다는 점이다.

미국 폼페이오 장관이 '북한번영을 위한 협력'을 언급한 직후 북한 외무성은 공보를 통해 북한 풍계리 핵실험장 폐쇄를 5월 23일부터 25일까지 진행하겠다고 공개했다. 한국 미국 중국 영국 러시아 등 각국의 기자들도 초청한다고 발표했다. 적어도 지금까지는 북한과 미국이 서로 믿음을 깨뜨리지 않겠다는 걸 행동으로 보이고 있는 것이다.

2018.5.14.

## '사이비 우국 지사' 볼턴 vs '문제적 인물' 김계관

2018년 5월 16일 올드 보이가 귀환했다.

> 1994년 북미 제네바 합의 당시 북한 차석대표
> 1999년 북미 미사일 회담 북한 수석 대표
> 2004년부터 2008년까지 북핵 6자회담 북한 수석대표

굵직한 협상마다 등장했던 북한의 외교 일꾼. 94년 북미 제네바 합의를 타결시키고 2005년 9.19 공동성명을 이끌어 낸 화려한 전적을 자랑하는 북한의 대미 협상 야전 사령관. 올해 우리나이로 76살 노병의 갑작스런 등판이었다.

2016년 김정은 위원장의 주 북한 쿠바 대사관 방문 때 동행한 것을 마지막으로 공식 석상에서 모습을 보이지 않았던 북한 외무성 김계관 제1부상. 개인 명의의 담화를 발표하면서 직설적인 말을 쏟아냈다.

"북한의 일방적인 핵 포기를 강요한다면 북미 정상회담도 재고할 수 있다"

"북한은 핵을 포기했다가 처참한 말로를 걸은 리비아나 이라크가 아니라는 걸 너무나 잘 알고 있다"

"핵 개발의 초기 단계였던 리비아를 핵보유국인 북한과 대비하는 것 자체가 아둔하기 짝이 없다."

그러면서 존 볼턴 미 백악관 안보 보좌관을 겨냥했다. 리비아식 핵 폐기를 강조하는 '볼턴 같은 사이비 우국지사'의 말을 듣는다면 북미 관계는 파탄날 수도 있다고 경고한 것이다.

## '볼턴 대 김계관' 시즌 1

2002년 10월 북한의 고농축 우라늄 핵 개발 의혹이 불거지면서 위기가 고조됐다. 미국은 94년 제네바 합의를 북한이 위반했다며 북한을 강하게 몰아붙였다. 북한이 매우 필요로 했던, 그리고 경수로 건설과 함께 제네바 합의의 핵심이었던 대북 중유 지원을 중단한다는 초강수를 미국이 꺼내들었다. 결국 제네바 합의는 사문화됐다. 이 과정을 주도적으로 이끈 인물이 당시 미국 국무부 군축 및 국제안보담당 차관이었던 볼턴이었다.

말 폭탄도 주고받았다. 2003년 볼턴은 김정일 위원장을

'폭군 같은 독재자'라고 쏘아 붙였고, 북한은 최고 존엄을 모독했다며 볼턴을 '인간 쓰레기'에 '피에 굶주린 흡혈귀'로 표현하며 맹비난했다.

이런 볼턴이 2003년 당시 북핵 6자회담 미국 측 수석대표가 될 지도 모른다는 정보를 입수한 북한이 '볼턴만은 안 된다'고 항의한 것으로 알려졌고, 볼턴이 미국 수석대표가 될지 모른다는 우려에 김계관 부상은 2003년 8월 1차 6자회담에서는 모습을 드러내지 않았다. 이러저런 정황 때문인지 미국은 당시 제임스 켈리 국무부 동아태 차관보를 북핵 6자회담 수석 대표에 임명했다. 물론 북한의 항의가 통했는지는 확인되지 않는다.

## '볼턴 대 김계관' 시즌 2

볼턴이 참석하지 않는다는 걸 확인한 김계관 부상은 2004년 2차 북핵 6자회담 때부터 북한 측 수석대표로 꾸준히 6자회담에 나온다. 미국의 수석대표는 켈리 차관보와 크리스토퍼 힐 전 주한 미국 대사 등 대북 협상파들이 배턴(baton)을 이어받으며 6자회담을 이끈다.

몇 자례의 진통 끝에 6자회담 대표들은 2005년 가을 9.19

공동성명이라는 합의에 도달한다. 북한 핵 포기를 위한 행동 대 행동 스케줄이 포함된 합의안이다.

하지만 공교롭게도 같은 2005년 9월 북한을 패닉으로 몰아간 이른바 방코 델타 아시아(BDA) 사건이 터진다. 미국 재무부가 마카오 BDA 은행이 북한의 불법 자금 세탁을 돕고 있다며 이 은행 계좌를 동결시킨 것이다. 북한 소유 계좌 50여 개가 동결됐고 그 계좌에 들어있던 2,400만 달러도 얼어붙었다. 큰돈이 아닐 수도 있지만 김정일의 통치 자금이 묶였다는 상징성 때문에 북한 당국은 무척 당황했다. 김계관 당시 북한 6자회담 대표는 9.19 성명 이후에 나온 BDA 공세로 '피가 마른다'고 고통을 토로했을 정도다. (이후 북한은 2006년 핵실험 등으로 미국을 압박했고 그 대가로 BDA 제재 해제를 받아낸다.) 그런데 당시 북한에 대한 경제 제재를 주도한 인물 가운데 한 사람이 당시 유엔 주재 미국 대사로 재직하던 존 볼턴이다.

## 볼턴과 김계관의 악연 시즌 3인가?

두 차례의 사례에서 보듯 김계관 부상에게 볼턴은 눈엣 가시이다. 그래서 이번 김계관 부상의 개인 명의 담화는 리비아식 완전 비핵화를 주장하는 볼턴을 북미 회담 과정에서 빼라는 요구라고 해석해도 무방하다. 물론 북한 당국의 의중이 담긴 게 분명하다.

그렇다고 가만히 앉아 당할 볼턴이 아니다. 자신을 '사이비 우국지사'이라고 묘사한 김계관에 대해 문제의 인물이라며 바로 반박한 것이다. 한 언론 인터뷰에서 볼턴 보좌관은 "6자회담에서 항상 '문제 있는 인물'이던 6자회담 전문가"라고 김계관 부상을 묘사하며 직격탄을 날린 것이다.

북한이 노련한 대미협상 전문가를 다시 불러 낸 것이 단순히 '볼턴 배제' 메시지를 트럼프 행정부에 전달하기 위한 원 포인트 구원 등판인지, 아니면 현재까지 진행된 북미 간 물밑 협상의 틀 자체를 바꾸기 위한 시도인 건지, 해석이 분분하다.

미국 백악관은 일단 북한 비핵화는 정해진 틀은 없고 리비아식이 아닌 '트럼프 모델'로 진행될 것이라고 강조하고 있다. 판을 바로 깨지는 않겠다는 신중한 모습이다. 하지만 동시에 '트럼프 모델'이라는 새로운 표현으로 북한 비핵화 협상의 불가측성과 모호성을 높이려 할 가능성도 있다.

비핵화를 일방적으로 몰아붙이면 회담 자체를 무산시킬 수 있다며 압박하는 북한과 반발은 예상했다며 북한이 만남을 원치 않으면 그것 역시 괜찮다며 맞받아치는 미국. 두 정상이 6월 초 싱가포르 행 비행기를 타기까지, 세기의 회담을 앞둔 북한과 미국 간의 살얼음판 밀당이 본격 궤도에 올랐다.

2018.5.17.

'월드 클래스' 포커 게임 ①

# 고수의 판 휘어잡기

'협상의 달인'을 자칭하는 그의 말은 현란하다. 상대를 들었다 놨다 하면서 기를 살리기도 하고 은근히 슬쩍 꼬집기도 한다. 그의 말은 모호하다. 하겠다는 건지 안하겠다는 건지, 표현 그대로 믿으면 헷갈릴 때가 있다. 하지만 행간의 메시지는 비교적 명확하다.

2018년 5월 23일 미국 백악관에서 돌발 기자회견을 가진 트럼프 말이다.

## '성동격서 갈라치기'
## "나도 시진핑도 최고의 포커 선수"

문재인 대통령과 가진 기자회견에서 문 대통령을 능력자라고 한껏 치켜세우더니 갑자기 중국 시진핑 주석을 화제에 올린다. "중국 시진핑 주석은 세계 최고 수준의 포커 플레이어"라고 칭찬 아닌 칭찬을 늘어놓은 것이다. 시진핑 주석은 평소 속내를 잘 알 수가 없지만 좋은 친구라고 말해왔던 트럼프 대통령.

"시 주석은 월드 클래스의 포커 선수입니다. 물론 나도 마찬가지입니다."

시 주석도 자신도 '세계 최고' 포커 선수라며 한 자락을 깐 트럼프는 곧장 핵심을 찌른다.

"시진핑 주석과 김정은 위원장과의 두 번째 만남 이후에 북한 태도가 변했습니다. 내가 기분이 좋다고 말할 수 없습니다."

최근 북한이 김계관 외무성 부상을 내세워 북미 회담 재고론을 제기하면서 태도가 돌변했는데, 그 배후엔 중국이 있다고 몰아세운 것이다. 북미 협상을 앞둔 상황에서 중국에 대해 '나 트럼프가 무척 기분이 나쁘다'는 사실을 공개적으로 표명한 것이다. 동시에 김정은 위원장에게도 너무 중국만 믿지 말라는 경고장을 날린 것이다.

잇따른 트럼프의 '배후론'에 놀란 중국은 왕이 외교부장을 급히 워싱턴에 보냈고, 왕이 외교부장은 "대북 국제 제재를 충실하게 이행하고 있고, 한반도 비핵화를 위해 노력한다."며 미국의 불편한 심기를 달래야 했다.

### 포커페이스:
### "회담 안 해도 난 괜찮아… 그런데 북한도 그럴까?"

북한에 대해서는 포커페이스를 보이며 판 휘어잡기에 나섰다. 회담을 하지 않을 수도 있다는 북한의 위협에 한판 기 싸움을 벌인 것이다.

"미국이 원하는 회담의 어떤 조건들이 있는데 조건들이 충족되지 않으면 북미 회담이 열리지 않을 수도 있습니다."

북미 회담 연기 혹은 불발 가능성을 미국 대통령이 공개리에 언급한 것이다. 바로 옆에 앉은 문재인 대통령이 어떤 일이 있어도 북미 회담은 열릴 것이라고 말했는데 바로 그 면전에서 말이다. 심지어 한발 더 나아갔다.

"회담이 열리지 않아도 나는 괜찮습니다."

그러면서 (적어도 자신이 생각하는) 김정은 위원장의 아픈 구석을 찔렀다. 이번 회담은 미국보다 북한이 더 필요로

하는 회담이라는 트럼프 대통령.

"김정은 위원장이 25년 후, 아니 50년 후를 내다본다면, 그가 북한에 내린 결정에 매우 자부심을 갖게 될 겁니다."

회담이 열리면 경제 지원이다, 정권 보장이다, 평화 협정이다 등등 북한이 받을 게 더 많은 데 잘 생각하라며 한껏 블러핑을 한 것이다.

## 은근한 밀당
## "올인원이 좋지만 물리적으로 어렵기도 하고…"

그렇다고 북한의 체면을 일방적으로 깎아 내린 것도 아니다. 오히려 북한이 원하는 단계적인 비핵화에 대해 일정 정도 수용할 의사도 있음을 슬쩍 내비쳤다. 물론 말을 끝까지 들어야 이해할 수 있을 정도로 모호한 화법을 사용했지만.

트럼프 대통령의 말이다.

"물론 올인원 방식이 좋습니다. 그런데 그렇게 해야 될까? 나는 그래야 한다고 완전히 확언하고 싶지 않습니다. 올인원이 상당히 바람직한 건 맞습니다. 그런데 똑떨어지게 그렇게 할 수 없는 물리적 이유가 정말 존재합니다. 물리적 이유 때문에 아주 짧은 기간이 걸릴 수 있는데... 그렇더라도 그것은 본질적으로 올인원 방식입니다."

얼핏 들으면 무슨 말인지 헷갈리기 쉽다. 단순화시키면 '신속하고 압축적인 비핵화' 원칙을 고수하겠지만 북핵의 규모와 검증의 복잡성 등으로 어느 정도는 (북한이 요구하는) 단계적인 이행 방식을 수용할 수도 있음을 인정한 것이다. 뉴욕 타임스는 트럼프 대통령이 북한에 대해 요구한 '일괄해결' 방식에서 한걸음 물러나 북핵의 단계적 폐기 가능성을 열었다고 보도했다. 그렇다고 북한의 손을 들어준 것처럼 해석되는 건 싫었던 걸까? 다시 한번 모호한 발언을 날린다.

**"협상에 들어가면 100% 확실했던 것도 아닌 것이 되기도 하고, 기회를 잃은 것처럼 보이는 협상도 때로는 쉽게 타결될 때가 많습니다."**

북핵 게임판에서 북한 페이스에 말리지 않고 자신이 주도권을 잡겠다는 트럼프 대통령. 특유의 모호한 화법으로 회담 가능성과 불발 가능성을 동시에 드러내며 판을 휘어잡고 있다.

과연 6월 12일 예정대로 싱가포르에서 트럼프 김정은 두 협상가가 마주 앉게 될까? 두 럭비공 협상가의 밀당이 그렇게 여전히 살얼음판이다.

**2018.5.24.**

# 길주(吉州) 그러나 길하지 않은 곳, 폭발에 묻히다

2006년 10월 9일 오전 10시 35분 북한 북동쪽의 지축이 흔들렸다. 리히터 규모 3.9 북한 여성 아나운서의 감격에 찬 보도가 이어졌다.

"강성대국 건설의 일대 비약을 창조해 나가는 벅찬 시기에 지하 핵실험이 성공적으로 진행돼 인민에게 커다란 고무와 기쁨을 안겨 주었다."

북한 함경북도 길주군(吉州郡) 풍계리(豊溪里). 역사적으로 보면 고려시대 윤관이 북방 영토를 넓히면서 여진족을 정벌한 뒤 되찾아 이름 붙인 땅 길주. 조선 건국 초기 명재상인 황희는 "나이 일흔에 3,000리 밖 임금의 명을 받들고 길주에 오니, 멀고 먼 지역 땅이 아닌 곳이로다. 주인이 잘 대해주어서 늙은 얼굴 센 머리털에도 오히려 운치 있게 지내도다."라며 소감을 나타냈던 곳.

풍속이 중후하며 순박함을 좋아하는 길주. 하지만 꼭 그렇게 이름만큼 상서로운 곳은 아니었던 모양이다. 방랑 시인으로 유명한 김삿갓, 김병연이 노래한 패러디 글귀다.

> 길주(吉州) 길주 하나 길한 고을 아니요.
> 허가(許哥) 허가 하나 허가하지 않네.
> 명천(明川) 명천 하나 사람들은 밝지 못하고
> 어전(漁佃) 어전 하나 먹을 생선 없구나.

백두대간이 지나는 길목에 자리한 길주군에는 해발 2,000미터가 넘는 웅장한 산에 수많은 탑 모양의 봉우리들이 불쑥불쑥 솟아올라 마치 만물상처럼 보이는 만탑산이 있다. 길주군 시내에서 약 42킬로미터 떨어진 해발 2205미터의 만탑산은 상부는 화강암, 하부는 현무암으로 이뤄져 있으며 핵실험장은 만탑산과 주변 1000미터 이상의 봉우리로 둘러싸여 있다.

만탑산 계곡이 바로 베일에 감춰진 북한 핵 무력 연구 개발의 핵심인 '북한 북부 지하 핵실험장' 바로 풍계리 핵실험장이다. 지축을 흔드는 6차례의 핵실험으로 세계를 뒤흔들었던 풍계리. 이번엔 또 다른 폭발이 진행됐다.

2018년 5월 24일 오전 11시. "촬영 준비됐나?" 질문에 "준비됐다"고 답하자 "3, 2, 1" 카운트다운이 시작되고, 기폭장치를 누르자 만탑산을 흔드는 묵직한 굉음이 산속에 울려 퍼졌다. 갱도 입구에 있는 흙과 부서진 바위들이 쏟아져 나왔다.

입구 쪽에서 첫 폭음이 들린 이후, 안쪽으로 더 들어간 듯한 곳에서 두 번 정도 폭음이 울렸다. 굉음과 함께 짙은 연기가 계곡을 뒤덮다가 내려갔다. 연기가 걷히자 주변엔 부서져 나온 파편들이 가득했다. 현장에서 폭파를 지켜본 한 외신기자는 "흙과 바위들이 분출하는 모습이 인상적이었다."고 전했다.

풍계리 핵실험장의 폭파는 모두 5번에 걸쳐 진행됐다. 북쪽의 2번 갱도와 서쪽의 4번 갱도, 남쪽의 3번 갱도 순으로 폭파는 이뤄졌고 생활동과 군 막사 등 관련 시설들도 모두 폭파됐다. 이미 1차 핵실험 이후 방사능에 오염돼 폐쇄된 1번 갱도까지 포함하면 "북한은 핵실험장의 모든 갱도를 폭파했고 입구를 완전히 봉쇄했다. 지상의 관측 설비와 연구소, 경비 부대 건물 등도 철거했다. 경비 인원과 연구원들을 철수시키고 완전히 핵실험장 주변을 폐쇄했다." 지난 12년 동안 세계를 뒤흔들었던 풍계리 핵실험장이 역사 속으로 사라지게 된 것이다.

북한은 "사용가능한 3번과 4번 갱도까지 폭파시켰고, 폭파 당시 갱도 입구에서부터 50미터, 70미터, 200미터, 300미터 지점마다 양쪽에 다이너마이트를 심었다"면서 "폭파된 풍계리 핵실험장 복원은 불가능하다"고 주장한다. 북한은 또 풍계리 외에 다른 핵실험장이나 갱도는 존재하지 않기 때문에 앞으로 핵개발은 힘들다는 점도 은근히 강조하고 있다. 심지어 북한은 "핵개발 과정에 이란이나 시리아와 협력하지 않았다"면서 미국에게 점수를 따려는 듯한 모습도 보이기도 했다.

하지만 미국 CNN방송은 북한의 풍계리 핵실험장 폭파·폐기가 '증거를 인멸하기 위한 쇼'라고 평가 절하하는 보도를 했다. 북한에 대한 뿌리 깊은 불신이 반영된 것이다. 2006년 10월 북한이 1차 핵실험을 했을 때에도 비슷한 보도가 있었다. 당시 미국 언론은 "북한 1차 핵실험의 강도 등을 볼 때 조악한 수준의 실험"인데 그게 "실제 핵폭탄인지, 초보적인 장치(primitive device)인지는 불분명하다"고 보도했다. 심지어 "일부 전문가들은 북한이 재래식 폭발물을 터뜨려놓고 핵폭발로 가장하려 할 수도 있다"고 보도해 북한에 대한 불신을 그대로 전달했다.

## 풍계리 핵실험장이 완전한 폐기됐느냐를 놓고도 엇갈리는 평가

"갱도 내부에 들어가 봐야 하는데 그렇지 못했기 때문에 이번 폭파 영상만으로는 판단할 수 있는 내용이 없다"는 것이다. "외부 전문가의 참여 없이 진행된 이번 폭파로 풍계리 핵실험장이 완전히 폐기됐는지는 알 수 없다"는 것도 한계로 지적된다. 더 나아가 북한 핵 개발이 완성 단계에 이르렀기 때문에 앞으로 물리적인 핵실험은 필요 없고, 시뮬레이션만으로도 충분하다는 시각도 있다. 설령 풍계리 핵실험장을 폐쇄하더라도 북한은 핵 개발을 계속할 수 있다는 것이다.

그렇다고 하더라도 북한에서 핵실험장 폐기를 결정했고, 막사 등 관련시설까지 폭파하고 이를 외부에 공개한 것 자체는 의미 있다고 봐야 한다는 평가도 있다. 또한 북한이 전문가는 배제하고 언론만 풍계리에 초청한 것은 추후에 북한 핵 폐기 검증 과정에서 풍계리 현장 방문 조사의 명분이 갖춰질 수 있다는 반론도 있다.

6번의 핵실험으로 세계를 뒤흔들었던 풍계리 핵실험장. 거대한 굉음과 함께 먼지와 분진 속에 그 상징적인 모습은 역사 속으로 사라졌다. 하지만 풍계리 핵실험장을 둘러싼 논란은 북한의 완전하고 되돌릴 수 없는 비핵화가 완성될 때까지 계속 입길에 오르내릴 것이다.

2018.5.24.

* 이 글 작성에는 '신정일의 새로 쓰는 택리지 6: 북한 이시애 난의 진원지 길주(https://terms.naver.com/entry.nhn?docId=1721053&cid=43723&categoryId=43729, 검색일 2018.5.24.)'가 큰 도움이 되었습니다.

'월드 클래스' 포커 게임 ②

# 고수의 판 흔들기

극적인 취소 발표였다. 이번엔 트위터가 아니라 공식 서한이었다.

"친애하는 위원장에게.
싱가포르 회담을 무척 고대했지만 최근 북한의 성명이 엄청난 분노와 공개적인 적대감을 표출하고 있어서 이 시점에 회담을 하는 건 부적절하다고 판단했다. 6월 12일 싱가포르 북미 회담은 열리지 않게 됐음을 알려드린다."

한국시각으로 5월 24일 밤 10시 50분쯤이었다. 월드 클래스 포커 플레이어의 판 뒤집기였다.

## 북한은 미국 정치를 몰랐다

트럼프 대통령이 공개적으로 문제 삼은 건 23일 발표된 북한 외무성 최선희 부상의 담화였다. 북한 최선희 부상은 리비아식 핵 폐기를 주장하는 펜스 부통령을 강하게 비난했다. 최근 북한 언론에서 보기 힘든 거친 언사들이 동원됐다. 최선희 부상의 담화 일부를 인용해 보자.

"명색이 유일 초대국의 부통령이라면 세상 물정도 알고 대화 흐름도 알아야 할 텐데 횡설수설하며 주제넘게 놀아댔다. 미국 부통령의 입에서 이런 무지몽매한 소리가 나온 데 대해 놀라움을 금할 수 없다. 그가 얼마나 정치적으로 아둔한 얼뜨기인가를 짐작하고도 남음이 있다."

김계관 부상이 볼턴 보좌관을 '사이비 우국지사'로 몰아세운 것보다 단어의 강도가 더 세다. 그런데 이번엔 상대를 잘못 택했다. 펜스 부통령이 누구인가? 볼턴 보좌관은 말 그대로 백악관 참모에 불과하지만 펜스 부통령은 미국 권력 서열 2인자, 트럼프 대통령 유고시 미국을 책임져야 할 권력 승계 1순위이다. 더구나 트럼프 대통령의 막말 이미지를 상쇄시키기 위해 미국 공화당이 고민해서 삼고초려한 부통령 아닌가! 그런 펜스 부통령을 막말로 몰아세우다니. 안 그래도 트럼프가 북미 회담을 하는 걸 곱게 보지 않는 미 여론 주도층들은 이 같은 북한 행동에 상당히 불쾌했을 것이고 여론과 표심에 민감한 트럼프 대통령으로서는 이를 감안하지 않을 수 없었을 것이다. 이런 걸 보면 북한이 미국을 너무 모르는 건 아닐까 하는 의문이 들기도 한다.

더구나 김계관 부상이 볼턴을 몰아세운 건 북미 회담 협상장에서 그를 배석시키지 말고 회담 협의에서도 배제하라는 신호라고 해석을 할 수도 있지만 펜스는 도대체 왜 몰아세웠을까? 부통령이 정상회담에 참석하지도 않을 텐데 말이다. 실익도 없는 북한 최선희 부상의 뜬금포가 회담 취소라는 엄청난 화를 부른 것이다.

## 접점 못 찾던 사전 협의, 취소 명분 제공한 '뜬금포'

하지만 북미 간의 협의 내용을 좀 더 들여다보면 북한 최선희의 비난 성명을 트럼프 대통령과 미국이 절묘하게 활용한 모양새가 보인다.

미국은 트럼프 대통령까지 나서 북한이 원하는 단계적 비핵화를 조금은 수용할 수 있다는 태도를 보인 바 있다. 그동안 줄기차게 주장했던 일괄 핵 포기에서 반 발짝 물러난 아주 짧은 시간 내에 북한 비핵화를 단행하는 이른바 '신속한 비핵화(Rapid Denuclearization)'이다. 하지만 북한이 앞세운 단계적 비핵화를 어느 정도 수용했다는 느낌에 협상에서 밀린 것 아니냐는 부담감이 있었을 것이다. 게다가 북한이 핵 군축 운운하며 과거에 만든 핵무기는 조금은 오래 보유하겠다는 의도를 내비친 것도 미국으로선 탐탁지 않았을 것이다.

이 와중에 지난주로 예정됐던 사전 실무 회담에 북한이 아무런 통보도 없이 나타나지 않아 미국은 자신들이 바람 맞았다고 굉장히 불쾌해 했다. "북한에 수많은 연락을 시도했으나 아무런 응답도 없었다."

비핵화 의제에서 다소 양보하는 듯한 모양새에 실무협의에서 북한이 신뢰 부족까지 드러내자 트럼프 대통령이 게임판을 완전히 자기 쪽으로 당기기 위해 6.12 싱가포르 북미회담 취소라는 극약 처방으로 북한에게 한 방 먹인 것이다. 게다가 트럼프는 미국의 핵 능력은 너무 방대하고 강력해서 그 핵 능력이 사용되지 않기를 신께 기도한다는 으름장까지 내놓았다

## 북한은 트럼프를 몰랐다. 미국을 몰랐다

북한은 부랴부랴 다급해졌다. 김정은 위원장의 위임을 받아 김계관 부상이 뒤늦게 25일 아침 담화를 내고 읍소에 나섰다. 돌연 일방적으로 회담 취소를 발표한 것은 북한으로서는 뜻밖의 일이며 매우 유감스럽다며 회담 개최를 강하게 요구했다. 담화 일부를 인용해 보자.

> "미국이 제시한 '트럼프 방식'이 문제 해결의 현명한 방안이 되기를 은근히 기대하기도 했다. 김정은 위원장이 트럼프 대통령과 만나면 좋은 시작을 뗄 수 있을 것이라며 준비에 모든 노력을 기울였다"

보기에 따라서는 회담을 열어 달라고 매달리는 모양새로도 해석할 수 있는 내용이다. 북한은 어쨌든 "아무 때나 어떤 방식으로든 마주앉아 문제를 풀어나갈 용의가 있음"을 미국 측에 다시금 밝혔다.

## 월드 클래스의 판 휘어잡기

회담 취소라는 강수를 전격 발표한 트럼프. 하지만 말미엔 또 다시 여지를 열어둔다.

"북한이 마음을 바꾼다면 주저하지 말고 전화하거나 편지를 써주기 바란다. 북한은 평화와 번영과 부를 위한 좋은 기회를 놓쳤다. 참으로 슬픈 순간이다. … 하지만 북한이 건설적인 대화를 하기로 결정한다면 나는 기다릴 것이다. 예정됐던 회담이 열릴 수도 있고 아니면 조금 뒤에 열릴 수도 있다."

트럼프의 자서전 '거래의 기술'에서 말한 '테이블에서 기꺼이 퇴장하는' 협상 전술이다.

2018.5.25.

'월드클래스' 포커게임 ③

# '롤러코스터 데이'

이쯤 되면 부인할 수 없는 월드 클래스다. 세계 최고 수준의 포커게임으로 불러도 손색이 없다. 한반도 비핵화라는 판돈을 걸고 어느 한쪽도 쉽게 양보할 수 없는 협상이 반전에 또 반전, 파격으로 이어졌다. '롤러코스터 데이' 2018년 5월 26일의 이야기이다.

## 트럼프, 24시간 만에 또 판 뒤집기

깜짝 카드는 이번에도 트럼프 대통령이 먼저 선보였다. 전날 북한 김계관 부상은 미국과 언제든지 마주 앉을 용의가 있다는 김정은 위원장의 의중을 비교적 정중하게 전달했다.

북한 최선희 부상이 밝힌 '분노와 적개심' 때문에 6월

12일 싱가포르 북미 회담을 열 수 없게 됐다는 트럼프의 강수에 허를 찔린 북한이 8시간 심사숙고 끝에 내놓은 북한 김계관 부상의 담화이다.

트럼프 대통령은 그럴 줄 알았다는 듯이 화답하고 나왔다. 김계관의 발표가 "따뜻하고 생산적인 담화"라며 좋은 뉴스라고 예고편처럼 밝히더니, 회담 취소를 언급했던 자신의 말을 은근슬쩍 뒤집는다.

한국시각으로 오전 6시 37분 날린 트위터로 또 한 번 판을 뒤집은 것이다.

"북미 정상회담을 개최한다면 싱가포르에서 다음 달 12일 열릴 것이다. 미국은 북한과 회담 재개에 대해 매우 생산적인 대화를 나누고 있다. 필요하다면 회담 기간을 연장할 수도 있을 것이다."

회담 취소 발표라는 초강수를 날린 뒤 언제 그랬느냐는 듯 회담 재개를 이야기하는 것은 트럼프가 아니면 할 수 없는 "깜짝 놀랄만하고 어질어질한 반전"이다. 그리고는 능청스럽게 기자들에게 한마디 던진다.

"누구나 게임을 하는 것 아닌가. 당신들도 잘 알고 있을 텐데"

## 취소에서 재개 시사까지 물밑에서 무슨 일이?

'세기의 회담'이라 불리는 북미 회담이 단순히 '분노의 언어와 공손한 표현' 때문에 깨질 뻔했다가 다시 정상궤도로 유턴하는 것은 분명 아닐 것이다. 한반도 비핵화라는 핵심 의제를 두고 북미 간의 물밑 거래가 상당히 의견 접근을 봤기 때문에 다시 회담 재개를 논의한다고 판단하는 게 더 합리적일 것이다.

애초 미국과 북한은 일괄폐기 대 단계적-동시적 비핵화를 놓고 충돌했다. 트럼프는 '신속하고 압축적인 비핵화'라는 새로운 개념을 제시하면서 북한의 단계적 방안을 일정 정도 수용했다. 북한은 풍계리 실험장 폐쇄라는 조치로 앞으로 핵무기를 더 만들지 않겠다는 입장을 상징적으로 전달했다. 비핵화의 의지를 보였다는 것이다.

하지만 관건은 북한이 보유하고 있는 핵무기, 그러니까 이미 '만들어 놓은' 핵무기의 폐기이다. 북한은 '만들어 놓은 핵'은 협상 마지막 단계에서 폐기하기를 원한다. 미국이 어떤 대가를 줄지 또 그 대가를 끝까지 이행할지도 잘 모르고 덜컥 자신들의 마지막 카드를 없앨 수는 없다는 것이다.

하지만 미국은 '만들어 놓은 핵'을 먼저 폐기해 북한이 진정 비핵화의 의지가 있음을 보여 달라고 요구하는 것으로 관측된다. 그래야 확실한 보상도 할 수 있다고 반박하는 것이다. 이런 상황에서 회담 취소까지 갔다 다시 회담 재개로의 극적 유턴은 비핵화 방법론에 대한 양측의 계산이 어느 정도 접점을 찾았기 때문으로 분석된다.

이와 관련해 세라 샌더스 백악관 대변인은 “트럼프 대통령의 말대로 회담이 6월 12일 열린다면 백악관은 회담 준비가 돼 있을 것”이라고 말했다. 미 언론은 백악관 조 헤이긴 비서실 부실장을 필두로 선발대 30명이 곧 싱가포르로 떠나 회담 준비에 박차를 가할 예정이라고 보도하고 있다. 그런데 더 의미심장하게 다가오는 건 백악관 대변인이 무심한 듯 내뱉은 말이다.

“대통령은 싸구려 정치 쇼(cheap political stunt)를 하려는 게 아니라 오랜 기간 지속 가능하며 실질적인 해법을 추구한다.”

2018.5.26.

‘월드클래스’ 포커게임 ④

# ‘롤러코스터 데이’ 문-김 통일각 회담

‘롤러코스터 데이’ 2018년 5월 26일. 미국 트럼프 대통령이 ‘고위험 고수익’ 방식으로 판을 자기 쪽으로 끌어들이고 있을 때, 이번엔 또 다른 게임 플레이어가 은밀하게 그러나 파격적으로 움직였다. 문재인 대통령이다.

## 문재인, 판문점 북측 통일각에 가다

2018년 5월 26일 오후 3시. 다섯 대의 차량이 극비리에 군사 분계선을 넘어 판문점 북측 지역 통일각에 멈춘다.

북한 김여정 부부장이 대기하고 있다가 차에서 내리는 문재인 대통령을 환한 미소로 반긴다.

곧이어 통일각 내부에서 기다리던 김정은 북한 위원장이

문 대통령을 환대한다. 판문점 남측 평화의 집에서 열린 첫 번째 회담 이후 꼭 한 달 만이다.

## 문재인 대통령과 김정은 위원장 사이의 두 번째 판문점 회담

북한 김정은 위원장이 25일 오후 문 대통령에게 만남을 요청했고, 문 대통령이 이를 흔쾌히 수락하면서 성사된 회담이란다. 트럼프의 회담 취소 발표라는 강수에 김 위원장이 문 대통령에게 SOS를 친 것으로 해석할 수 있다.

백두산 사진을 배경으로 기념촬영을 한 남북 정상. 곧바로 2시간가량 머리를 맞댔다. 트럼프 대통령이 북미 회담 취소카드를 흔드는 속에 전격 이뤄진 문재인-김정은 두 번째 정상회담이기에 그만큼 한반도 정세가 긴박하고, 논의해야 할 사안이 엄중하다는 걸 반영했다.

핵심 의제가 비핵화 방안임은 너무나도 자명하다. 배석한 인물의 무게감도 그렇다. 서훈과 김영철, 두 사람은 남북 관계나 북미 관계가 교착상태에 빠질 때면 물밑에서 입장을 조율해 난관을 타개해 나갔던 인물이다.

더구나 서훈 원장은 CIA 국장을 역임한 폼페이오 미 국무장관과의 친분을 바탕으로, 김영철 북한 통일전선부장을 연결시켜 '南 국정원-美 CIA-北 통일전선부'라는 삼각 채널을 만들어 현재의 북미 관계를 구축하는데 절대적인 역할을 한 인물이다.

남북 정상은 비핵화 방안을 놓고 대립했던 북미 협상을 타개하기 위해, 서로의 견해를 청취하고 솔직하고 허심탄회한 대화를 나누면서 해결책을 찾는 데 주력했다. 문 대통령의 말이다.

"저는 지난주에 있었던 트럼프 미국 대통령과의 정상회담 결과를 설명하면서, 트럼프 대통령은 김 위원장이 완전한 비핵화를 결단하고 실천할 경우, 북한과의 적대 관계 종식과 경제협력에 대한 확고한 의지가 있다는 점을 전달했습니다.

특히 김 위원장과 트럼프 대통령 모두 북미 정상회담의 성공을 진심으로 바라고 있는 만큼 양측이 직접적인 소통을 통해 오해를 불식시키고, 정상회담에서 합의해야 할 의제에 대해 실무협상을 통해 충분한 사전 대화가 필요하다는 점을 강조했습니다."

북한 관영매체인 조선중앙통신도 양측의 논의가 깊게 그리고 순조롭게 이뤄졌음을 시사했다.

"북한 김정은 동지는 북미 관계 개선과 한반도의 항구적이며 공고한 평화체제 구축을 위해 앞으로도 적극 협력해 나가자고 말했으며,

양 정상은 한반도 비핵화 실현을 위해 공동 노력하기로 했다. 김정은 동지와 문재인 대통령은 회담에서 논의된 문제들에 대하여 만족한 합의를 보았다."

이 같은 합의는 서훈-김영철 라인이 밑그림을 그렸을 것이며, 미국 측에도 전달됐을 것으로 보인다. 미국에 끌려가는 것 아니냐는 의구심을 가진 북한에게 문재인 대통령이 비핵화 방안을 놓고 미국과 합의하면 한국이 보증인 역할을 할 수 있다는 점을 제시하면서 북미 회담에 적극적으로 임하라고 설득했을 것으로 관측된다.

2시간 회담을 마친 뒤 김정은 위원장은 러시아식으로 문재인 대통령을 세 차례 격하게 껴안았다. 김 위원장이 회담 결과에 무척 흡족했음을 방증하고 있다.

## 이번엔 북한의 '쐐기 박기' 카드

트럼프의 초강수에 취소 위기에 몰렸던 북미 회담. 이번엔 북한이 아예 북미 회담 개최 날짜를 못 박고 나왔다. 더 이상 트럼프 주도의 포커게임에 끌려다니지 않겠다는 북한식 반전 카드이다. 그것도 자신들의 관영매체를 통해 회담 개최 날짜를 처음으로 공개했다.

"김정은 동지는 6월 12일로 예정된 북미 수뇌 회담을 위해 많은 노력을 기울여 온 문재인 대통령의 노고에 사의를 표하시면서 역사적인 북미 수뇌 회담에 대한 확고한 의지를 피력하였다."

2018년 5월 26일을 전후해 펼쳐진 남북미 세 정상의 치열한 두뇌 싸움. "악화하던 한반도 정세가 빠르게 정상궤도로 돌아오고 원래 분위기로 돌아온 것은 매우 신기하고, 의외의 일"이라며 "어떠한 것보다 귀하고 가치 있는 행위"라고 중국 언론은 평가했다.

하지만 "산의 정상이 보일 때부터 한 걸음 한 걸음이 더욱 힘들어지듯이 한반도의 완전한 비핵화와 완전한 평화에 이르는 길이 결코 순탄하지 않을 것"이라는 문 대통령의 말처럼 6.12 싱가포르 북미 정상회담이 열리기까지 앞으로도 많은 반전이 있을 것이다.

그런 탓일까? 24시간 동안 일어난 우여곡절을 '대반전이자 호사다마'라고 표현한 중국 언론. 지켜보는 자신들도 조마조마했는지 눈이 어지러운 반전에 파격은 더 이상 없었으면 하는 바람을 이렇게 표현했다.

"중국인은 한반도 정세의 '롤러코스터'가 종점에 도착하기를 원한다."

2018.5.27.

미국에 간 김영철 ①

# 김정은의 눈물과 뉴욕 스카이라인

## '절대적 권위와 무오류' 수령의 눈물

해변에 서 있는 한 남자. 저 멀리 수평선을 바라보고 있다. 뺨에는 눈물이 타고 흐른다.

"강성국가를 만들기 위해 노력했지만 개혁이 순조롭게 되지 않는 답답함에 눈물을 흘린다."

북한 김정은 위원장이 등장한 북한 내부용 동영상의 모습이다. 일본 아사히신문이 2018년 5월 30일 보도한 내용이다. 최고 존엄의 지도자가 눈물을 흘리는 모습을 담은 동영상은 지난 4월 노동당 지방 조직이나 국영기업에 속한 말단 당 간부들을 대상으로 상영됐다고 한다.

북한 김정은 위원장. 김일성 주석의 손자로 현존 북한의 수령이다. 주체사상에서 수령은 절대적 권위와 무오류성을 지닌 존재이다. 오류가 없는 존재, 신적 존재에 버금가는 위상을 가진 수령이다. 그런 수령이 눈물을 흘린다?

북한 내 유일신이 이제 인간의 모습으로 땅에, 인민들 속으로 내려온 것일까?

그만큼 북한이 처한 현실이 답답하다는 걸 보여주는 지도 모른다.

아사히신문은 다가올 북미 정상회담을 앞두고 '핵 폐기' 필요성을 내부에 호소하고, 동요를 막기 위해 만들어진 것으로 보인다고 분석했다.

핵 무력을 민족 수호의 보검이라고 선전해 왔던 북한으로서는 무언가 정책 전환의 계기가 필요했고, 이를 위해 경제개혁의 성과가 나지 않아 답답해하는 김정은 위원장의 눈물을 보여주면서 "동요하지 말고 김정은을 따르라"는 메시지를 낸 것으로 해석된다고 아사히는 전했다.

하지만 북한이 핵 카드를 미국의 바람대로 포기할지, 아니면 시간 끌기로 핵 카드를 쥔 채 북한식의 경제 개혁에 나설지에 대한 평가는 여전히 엇갈린다.

## 스카이라인 보여주며 '어서 와 뉴욕은 처음이지?'

2018년 5월 31일 뉴욕 케네디 공항. 미국의 철통 경호와 국가 원수급 의전 속에 북한 김정은의 오른팔 김영철 부위원장이 미국 땅을 밟는다. 미국은 공항 계류장에서부터 경호 차량 4~5대로 김영철 부위원장이 묵을 숙소까지 에스코트했다.

그리고 이어진 환대. 고대 그리스 건축 양식을 본 딴 미국 뉴욕 맨해튼 38번가 코린트식 콘도미니엄. 미국 유엔 차석대사가 관저로 사용하는 55층짜리 건물에서 환영 만찬이 열렸다. 식사를 시작하기 전 김영철 부위원장은 뉴욕 고층 건물의 스카이라인을 바라보고 옆에 서 있는 폼페이오 장관은 통역에게 무언가를 열심히 설명하고 있다. 미 국무부는 굳이 속내를 숨기지 않았다. "상황이 흥미롭다"며 운을 뗀 국무부 고위 당국자는 "폼페이오 장관이 북한의 밝은 미래를 어떻게 그려나갈지에 대해 많이 얘기했다"고 덧붙였다. "굳이 언급하자면 '여기가 뉴욕이니 랜드마크를 보라'는 식의 아이디어였다"는 설명이다.

이어진 90분간의 만찬. 스테이크와 옥수수, 치즈 등 전형적인 미국 가정식 메뉴로 진행됐다는 보도가 나왔다. 미국에서 집으로 초대해 저녁 식사를 대접하는 건 친밀한 사이라는 의미로, 최고의 환대를 베푼 것이라는 평가가 나온다. 뉴욕 스카이라인을 보여주며 가정식 저녁 식사를 대접한 미국의 이유는 충분히 짐작이 된다.

한국 시각으로 5월 31일 밤 10시부터 약 140분간 진행된 폼페이오와 김영철의 북미 고위급 회담도 같은 장소에서 열렸다. 그리고 폼페이오 장관은 회담 직후 기자회견을 갖고 미국의 뜻을 분명하게 밝혔다.

"트럼프 대통령과 나는 미국의 목표를 매우 일관되고 분명하게 알려왔는데 그것은 완전하고 검증 가능하며 불가역적인 한반도의 비핵화이다. 이것은 북한 핵 프로그램의 모든 요소를 포함하는 것이며, 북한 체제 안전에 진정한 위협이 되는 것은 핵무기를 계속 가지고 있는 것이다."

그러면서 비핵화와 체제 보장을 맞바꾸는 빅딜의 윤곽도 제시했다.

"미국은 강하고 외부 세계와 연결된, 안전하고, 번영된 북한의 모습을 상상한다. 문화적 유산을 간직하면서도 국제 사회에 통합된 북한이다."

경제적 번영과 함께 국제 사회 편입을 비핵화의 대가로 약속한 것이다.

"북한이 과거에는 준비해 본 적이 없는 전략적 변화를 이뤄낼 수 있는 미래로 향한 길을 숙고하고 있다고 믿는다. 북한은 지난 수십 년 동안 걸어온 길과 근본적으로 다른 길을 선택해야 한다. 세계의 흐름을 바꿀 일생에 한 번뿐인 이 기회를 잡을 수 있으려면 김정은 위원장의 과감한 결단과 리더십이 필요하다."

미국의 입장은 명확해졌다. 이제 공은 그야말로 북한에게, 김정은 위원장으로 넘어갔다. 북한 김영철 부위원장은 그 해답의 단초를 담은 김정은의 친서를 가지고 미국 땅에 왔다. 우리 시각으로 6월 1일 밤늦게 이뤄질 김영철과 트럼프의 면담, 그 자리에서 김정은 위원장의 친서가 미국 트럼프 대통령에게 전달 될 것이고 미국은 이 친서를 통해 북한의 진정성을 파악하고 판단할 것이다.

트럼프 대통령도 상당히 기대한다고 밝힌 김정은의 친서. 북미 협상의 시작을 알리는 신호탄이 될 것인가? 회담 취소발표에 재개 협상까지 우여곡절을 겪은 북미 양측의 줄다리기가 이제 한 고비를 넘어가고 있다. 미국 표현대로 이제 양국은 "평화, 번영, 안보의 새 시대를 이끌 역사적 기회이자 흘려버리면 비극이 될 수 있는 결정적 순간"을 마주하고 있다.

2018.6.1.

미국에 간 김영철 ②

# 양복 입고 트럼프 예방. 김정은 '흰 봉투' 전달

## 1600 Pennsylvania Ave., Washington D.C.에 내리다.

현지시각 6월 1일 오후 1시 12분 검정색 SUV 차량이 백악관에 도착했다. 북한의 2인자, '김정은의 복심' 김영철 부위원장이 자신들의 적이라고 부르는 나라의 핵심 장소에 내렸다.

뉴욕에서 워싱턴까지 4시간가량을 차로 달려왔기에 오는 여정에 미국 일상의 모습을 차창 밖으로 지켜봤을 김영철 부위원장.

18년 전 조명록 총정치국장이 군복을 입고 나타난 것과는 달리 짙은 색 양복에 넥타이 차림으로 백악관에 들어섰다.

다소 긴장된 표정의 김영철 부위원장. 미국 백악관 존 켈리 비서실장이 맞이해 트럼프 대통령이 있는 집무실 오벌 오피스로 안내했다. 폼페이오 국무장관과 평양에 함께 갔던 앤드루 김 CIA 코리아 임무센터장과 마크 램버트 국무부 한국과장도 함께 건물 안으로 들어갔다.

하지만 김 부위원장과 동행한 최강일 북한 외무성 국장대행과 김성혜 통일전선부 통일전선책략실장은 건물 밖에서 대기했다.

그리고 이어진 트럼프 대통령 예방. 김영철 부위원장은 커다란 흰색 봉투에 든 김정은 위원장의 친서를 전달했다.

**"김 부위원장은 내가 지금 김정은 친서를 읽어보기를 원합니까?"**
**"나중에 읽으셔도 됩니다."**

트럼프 대통령은 그 자리에서 친서를 뜯어보지는 않았지만 매우 좋고 흥미로운 친서라고 평가했다. 약 80분가량 계속된 면담에서 양측은 열흘 후에 있을 싱가포르 북미 정상회담에 대해 최종적으로 의견을 나눴다.

미국에선 폼페이오 장관과 켈리 비서실장이 배석했다. 북한의 껄끄러운 감정을 의식했는지, 그리고 이를 미국이 배려했는지 알 수는 없지만, 리비아식 모델을 주장해 북한 비난 담화의 대상이 됐던 마이크 펜스 부통령과 볼턴 안보보좌관은 참석하지 않았다.

## '세기의 회담'
## 마지막 주춧돌을 놓는 면담이 성공적이었을까?

면담을 마치고 나온 김영철 부위원장의 표정이 한층 부드러워졌다. 배웅 나온 트럼프 대통령과 여유롭게 환담도 나누고, 동행했지만 백악관 건물 내부로는 들어가지 못한 최강일 외무성 국장대행과 김성혜 통전부 실장을 트럼프 대통령에게 소개하기도 했다.

인사를 받은 트럼프 대통령은 이들과 일일이 악수를 나눴고, 옆에 불러서 함께 기념사진을 촬영하기도 했다. 세계 최강대국 미국 대통령의 이례적인 북한 대표단 환대였다. 트럼프 대통령은 직접 김영철 부위원장이 차량에 오르도록 배려했고, 북한 대표단이 백악관을 떠날 때까지 자리를 지키는 파격도 보였다.

## 6월 12일 '빅딜 프로세스'가 시작된다

자신의 말대로 "북한에서 두 번째 힘센 사람(Second most powerful man)" 김영철 부위원장을 떠나보낸 트럼프 대통령은 열흘 후 싱가포르에서 김정은 북한 위원장을 만날 것이라고 기자들 앞에서 밝혔다. 한때 본인의 전격 취소발표로 혼돈에 빠졌던 세기의 회담, 싱가포르 북미 정상회담의 개최를 공식 확인한 것이다. 폼페이오 방북과 김영철 방미로 이뤄진 '비핵화와 체제 보장에 대한 사전 조율'이 마음에 들었는지 트럼프 대통령은 북한에 대한 립 서비스를 제공했다.

회담 중에는 새로운 대북 제재를 하지 않을 것이며 '최대의 압박(maximum pressure)'이라는 말이 더는 사용되질 않길 바란다고까지 밝혔다. 북한이 확실한 체제 보장을 원한다는 점을 의식한 듯 한국전쟁의 종전 문제도 언급했다.

"한국전쟁의 종전선언은 역사적으로 아주 중요한 일이다. 우리가 70년이 넘은 한국전쟁의 종전을 논의한다는 것을 믿을 수 있느냐?"

트럼프 대통령은 1953년 이후 65년간 정전상태인 한국전쟁에 대한 종전 문제도 논의하겠다고 밝히면서 북미 정상회담 전에 논의가 이뤄질 것이라고 말했다. 싱가포르에서 남북미 정상이 참여하는 종전선언이 나올 수도 있음을 시사한 것이다. 하지만 북한이 확실하고 완전하게 비핵화를 이뤄야 한다는 전제를 분명히 했다.

"김정은이 비핵화에 전념할 것이라고 믿는가?"
"그렇다고 생각한다. 그는 그것이 일어나기를 보고 싶어 한다. 그는 조심스럽게 하기를 원한다. 그는 달려가서 하려고 하지 않을 것이다. 하지만 내가 그에게 말했다. 우리는 제재를 가하고 있다. 매우 강력한 제재다. 그들이 하지 않는다면 제재를 해제하지 않을 것이다. 여러분들은 그게 얼마나 강력한지 봐왔다. 이란과 관련해서 그게 얼마나 강력한지 볼 수 있을 것이다. 그래서 우리는 제재를 가하고 있다. 어떤 시점에서 나는 북한에 대한 제재를 해제할 수 있는 날이 오기를 고대한다."

북한의 완전한 비핵화가 목표임을 분명히 한 것이다. 이 모든 게 '빅딜 프로세스'의 시작이라고 규정했다.

"6월 12일 빅딜이 시작될 것이다. 이날 사인을 하지 않을 것이며, 과정을 시작할 것이다. 우리는 시간을 갖고 천천히 갈 수도, 빨리 갈 수도 있다. 하지만 북한은 무언가 일어나길 희망하고 있고 그것을 만들어 낸다면 대단한 일이 될 것이다. 그 과정은 싱가포르에서 12일에 시작될 것이다."

그러면서 트럼프 대통령은 회담이 한 번이라고 말한 적이 없고 한 번에 합의가 성사된다고도 말하지 않았다며 회담이 계속 열릴 것임을 시사했다. 6월 12일 싱가포르 회담에서 북한 비핵화에 종지부를 찍는 합의가 나오지 않더라도 후속 회담을 열어 "결국에는 매우 긍정적인 결론에 도달"해 북한 비핵화를 이뤄내겠다는 의지를 표명한 것으로 해석된다.

"미국은 북한의 안전을 확실히 할 것이다. 북한은 위대한 나라가 될 수 있는 잠재력을 갖고 있다."

두 차례 방북과 한 차례 방미로 이어진 2인자들의 특사 외교와 친서 교환. 숨 가쁜 사전 조율 끝에 나온 '트럼프 모델'에 만족한다는 김정은 위원장. "회담은 매우 성공적일 것"이라는 트럼프 대통령.

우여곡절은 있었지만 회담 개최를 마지막으로 조율한 뒤 나온 당사자들의 발언은 일단 긍정적이다. 2018년 6월 12일 싱가포르. 역사적인 그리고 전례가 없었던 '한반도 빅딜 프로세스'가 이제 열흘 앞으로 다가왔다.

2018.6.2.

세기의 담판 ①

## '해적섬에서 평화로'
## 북미 6.12 센토사 회담

세기의 담판, 세기의 대화로 불리는 북미 정상회담의 장소와 시간이 확정됐다. 미국 백악관 대변인은 트럼프 대통령과 김정은 위원장이 싱가포르 현지시각 2018년 6월 12일 오전 9시에 만난다고 발표했다. 우리 시각으로 6월 12일 오전 10시. 정상회담으로는 유례가 없을 정도로 이른 시간부터 두 정상이 만나게 되는 것이다. 오전 단독 회담에 이어 오찬, 오후 확대 정상회담까지 가능한 시간 선택이다.

또 미국 동부 시각으로는 6월 11일 밤 9시다. 미국 방송의 프라임 타임 시간대이다. 트럼프 대통령에게는 최대한 시청자들을 확보할 수 있는 SHOW-TIME이다.

장소도 확정 발표됐다. 백악관 대변인이 트위터로 세계적 특종을 알렸다. 싱가포르의 휴양지 센토사섬 카펠라 호텔.

장소가 갖는 상징성도 만만치 않다. 그 유래는 비록 북미 정상회담과 관련이 없지만, 호사가들은 북한과 미국이라는 적대 관계인 두 나라의 관계를 빗대어 해석하기도 한다.

## 해적섬에서 '평화와 고요'가 되다

싱가포르 본섬에서 남쪽으로 800미터 가량 떨어진 곳에 위치한 센토사섬. 동서로 4킬로미터, 남북으로 1.6킬로미터 길이, 면적으로는 4.71제곱킬로미터의 작은 섬이다. 하지만 원래 이름은 무시무시하다. '블라캉 마티', 등 뒤에서 죽음을 맞이하는 섬이라는 뜻이란다. 해적의 은신처였다는 전설이 있다.

이 섬이 1960년대 영국에서 싱가포르로 넘겨지면서 관광지로 본격 개발되었다. 싱가포르의 국부 리콴유 총리가 이 섬을 관광지로 개발하면서 1972년 새로운 이름을 붙였다. 산스크리트어로 '만족'을 의미하는 단어, 말레이어로 '평화와 고요'를 뜻한다는 센토사로 작명한 것이다. 이후 세계 최대 규모의 해양 수족관과 골프장, 고급 리조트, 테마파크인 유니버셜 스튜디오 싱가포르 등이 잇따라 세워졌고, 연간 1,900만 명이 찾는 세계적인 관광지로 탈바꿈했다.

## 등 뒤에서 죽음을 맞이하는 섬에서 평화와 고요의 섬으로

북미 관계도 그랬다. 북한 핵 개발과 미국의 적대 정책으로 서로 불신하고 위협하는 관계였다. 북한은 미국을 철천지원수로 불렀고, 미국은 북한을 악의 축, 불량국가로 치부했다. 한국전쟁 이후 무력을 동원한 충돌만 없었지, 언제든지 상대방 등 뒤에서 해코지할 수 있는 대립 관계였다. 그런 두 나라가 핵 포기와 체제보장을 놓고 역사상 처음으로 정상회담을 갖기로 했다. 이제는 이름이 '평화와 고요'로 바뀐 바로 그 센토사섬에서 말이다. 서로 상대방을 죽일 듯이 비난하던 것에서 벗어나 평화를 이룩할 수 있을까? 센토사섬 이름이 갖는 유래에서 향후 북미 관계를 기대하고 유추하는 건 지나친 비약일까?

## 풍요를 상징하는 '새끼 염소' 카펠라 호텔

센토사섬 오른쪽 깊숙이 자리 잡은 카펠라 호텔. 트럼프 김정은 두 사람이 마주 앉아 세기의 담판을 할 회담장이다. 250여 미터 길이의 구불구불한 진입로를 거쳐야 호텔에 도착할 수 있고 수령이 높은 나무들에 둘러싸여 있어 주변 호텔 등에서도 카펠라 호텔로의 시야가 막혀 있다. 보안과 경호에 신경 쓸 수밖에 없는 두 나라 실무팀에게는 외부의 접근을 차단하기 쉬운 그야말로 최적의 회담 장소인 것이다.

19세기 싱가포르를 점령했던 영국군을 위한 막사에서 세계 최고급 호텔로 거듭난 카펠라 호텔. 영국의 세계적인 건축가 노먼 포스터가 디자인한 이 호텔은 110여 개의 객실을 갖춘 최고급 휴양시설이다. 붉은색 지붕에 콜로니얼 양식으로 지어진 5성급 호텔로, 리조트와 호텔, 골프 코스, 테마파크 등이 자리 잡고 있다. 경호와 보안이 최적이라서 회담 장소로 최종 선택됐지만, 그 이름이 갖는 상징성도 함께 다가온다.

'카펠라', 라틴어로 새끼 염소를 뜻한다. 그리스 신화에서는 카펠라가 신 중의 신, 신의 제왕인 제우스에게 젖을 먹인 염소 아말테이아를 상징한다고 한다. 어떤 연유에서인지는 모르지만, 제우스가 이 염소의 뿔을 부러뜨렸다고 한다. 아마 아무런 의도가 없었던 모양이다. 그래서인지 이 부러진 뿔에는 주인이 바라는 것은 무엇이든 채워주는 힘이 있었다고 한다. 그래서 이 뿔을 코르누코피아, 풍요의 뿔이라고 불렀다고 한다.

카펠라는 또 밤하늘의 빛나는 별자리 이름이기도 하다. 우주 상공의 마차부자리라는 별자리가 있다고 한다. 카펠라는 이 별자리에서 가장 밝은 별이라고 한다. 밤하늘에서 여섯 번째로 밝고, 북반부에서는 3번째로 밝은 별. 특히 초겨울에 잘 보이는 밝은 별이라고 한다.

북미 관계는 그동안 어두운 암흑기를 보냈다. 한반도도 늘 긴장이었다. 북미 정상회담이 이 암흑기를 거둬낼 수 있을까? 회담이 열리는 '카펠라' 그 이름처럼 밤하늘에서 반짝일 수 있을까? 미국을 적대하며 고난의 행군길을 걸었던 북한과 북한 주민들에게 과연 이 회담이 코르누코피아, 풍요의 뿔이 될 수 있을까?

이탈리아에선 카펠라가 '성당 안의 기도실'이라는 뜻이라고 한다. 북미 정상회담이 회담장 이름이 갖는 의미만큼 성과가 나기를 바라는 건 지나친 기대일까?

## 이번엔 팔라완비치 인생샷?

북한 김정은 위원장은 올해 들어 인생에 남을 만한 기념비적인 '인생샷'을 남겼다. 문재인 대통령과 4월 27일 판문점 회담을 가진 데 이어, 군사분계선 표식이 있는 도보다리에서 역사적인 산책을 했다. 이른바 도보다리 산책은 전 세계에 큰 파장을 일으켰다.

그리고 김정은 위원장의 중국 다롄 방문, 5월에 이뤄진 시진핑 중국 주석과의 두 번째 정상회담에서도 비슷한 그림을 연출했다. 중국 국가공인 AAAA급 관광지인 다롄 앞 방추이다오 해변가 산책이 바로 그것이다. 중국 시진핑 주석과 해변을 걸으면서 이런저런 담소를 나눈 장면이 전파를 탔고, 트럼프 대통령은 김정은 위원장이 두 번째 중국 방문 이후 태도가 바뀌었다며 중국 배후론을 공개적으로 제기하기도 했다.

판문점과 다롄에 이어 이번엔 싱가포르 센토사섬. 트럼프 대통령을 만날 김정은 위원장이 이번엔 어떤 인생샷을 남길까? 상상해 보면 카펠라 호텔에서 남서쪽으로 걸어서 5분 거리에 있는 아름다운 해변, 팔라완 비치가 북미 두 정상이 함께 산책할 장소로 유력해 보인다. 만약 팔라완 비치 산책이 이뤄진다면 두 정상의 허심탄회한 대화가 가능할 수도 있을 것이다. 이 해변에는 또 흔들다리라는 관광 명소도 있다고 한다.

어쨌든 싱가포르 정부는 회담이 열릴 센토사섬과 그 인근 지역을 특별행사 구역으로 지정했다. 6월 10일부터 14일까지다. 센토사섬은 물론 섬 크기와 맞먹는 인근 해역까지 모두 포함하고 있다. 보안과 경호를 위해 섬 자체와 둘러싼 바다까지 원천봉쇄하겠다는 것이다.

트럼프, 김정은 두 정상은 이르면 6월 10일 회담장인 싱가포르에 도착할 것으로 보인다. 회담 이틀 전이다. 이제 관심은 싱가포르 현지 시각으로 12일 오전 9시에 쏠려있다. 전 세계의 눈과 귀가 싱가포르 세기의 회담을 주목하고 있다.

2018.6.8.

세기의 담판 ②

## 김정은, 3대의 비행기로 싱가포르에 가다

53년 만이다. 할아버지 김일성 주석이 1965년 봄 인도네시아를 방문한 이후 북한 지도자로서는 처음으로 동남아시아 땅에 내렸다.

아버지 김정일도 1965년 김일성과 함께 인도네시아를 방문했으니 북한 지도자 3대가 모두 동남아 땅을 밟아 본 것이기도 하다.

2018년 6월 10일 오후 3시 36분. 싱가포르 창이 공항. 남색 인민복 차림에 굵은 뿔테 안경의 김정은 위원장이 에어차이나 항공기에서 내렸다.

싱가포르 외무장관의 영접을 받았다. 외국 정상이 방문할 때 자국의 외교부 장관이 영접하는 국제 사회의 의전 그대로였다.

## 평양에서 항공기 3대가 뜬 까닭은?

김정은 위원장의 싱가포르행은 가히 첩보작전을 방불케 했다. 6월 10일 이른 아침 평양에서 구 소련제 일류신 비행기가 날아올랐다. 하지만 이 비행기엔 큰 관심을 두지 않았다. 수송기였기 때문이다. 김정은 위원장이 5월 중국 다롄을 방문했을 때 이 비행기로 방탄 차량과 경호 물품을 실어 나른 사례가 있기에 김정은 위원장의 싱가포르 체류 때 필요한 물품을 실었을 것이라는 게 합리적 추론이었다.

하지만 이후 2시간은 혼돈이었다. 평양에서 중국 에어차이나 CA122편이 오전 8시 30분을 전후해 날아올랐다. 항로는 베이징 쪽이었다. 중국 고위직들이 주로 이용하는 보잉 747기였기에 김정은 위원장이 탔을 것으로 예상됐다. 단지 항로를 베이징 쪽으로 잡았기에 혹시? 아닌가? 하는 의문이 들 뿐이었다. 비행기는 베이징을 지나자 잠시 비행 레이더망에서 사라지더니 CA61편으로 이름을 바꿔 싱가포르 쪽으로 방향을 잡았다. 이 비행기에 탔구나!

하지만 또 다른 변수가 등장했다. 한 시간 후인 오전 9시 30분. 평양에서 비행기 한 대가 날아 싱가포르 쪽으로 기수를 잡은 것이다. 비행 항로를 추적하는 레이더엔 항공기 이름인 편명조차 나와 있지 않았다. 단지 비행기의 종류가 구소련에서 만든 일류신 62라는 것만 확인됐다. 김정은 위원장의 전용기 참매 1호다. 이후 평양발 두 비행기가 싱가포르 창이 공항에 도착하는 오후 3시를 넘은 시각까지 김정은 위원장이 어느 비행기에 탔는지는 오리무중이었다.

오후 3시 36분. 김정은 위원장이 도착했다는 현지 언론의 보도가 나오고 중국의 에어 차이나를 이용했다는 사실이 확인됐다. 일각에서는 김정은의 전용기가 노후 돼 안전에 문제가 있어서 중국 비행기를 이용했다는 분석을 내놓았다. 하지만 절반의 진실이다. 김정은 전용기도 아무런 문제없이 싱가포르 창이 공항에 도착했고 이 비행기에선 김정은의 여동생 김여정 부부장이 내렸다.

북한으로서는 북한 지도부가 총출동하는 싱가포르 북미회담에 한 비행기에 모든 정부 요인이 타는 게 부담스러웠을 것이다. 이에 김여정 부부장은 유사시를 대비해 자신들의 전용기인 참매 1호에 탑승한 것으로 보는 게 타당할 것이다. 마치 미국 대통령과 부통령이 한 비행기나 한 공간에 함께 있지 않는 것과 비슷하다. 혹시 모를 권력 공백을 막고 최소한의 정부 기능을 유지하기 위한 일종의 위험 분산책이다. 그렇게 김정은 위원장은 007작전을 연상케 하는 첩보 비행으로 역사적 담판을 위한 싱가포르에 안전하게 내렸다. 자신들도 여느 국가들처럼 권력 공백 방지와 정부 기능 유지를 위한 안전판이 있다는 걸 세계에 보여주면서.

## 외국에서 중국, 러시아가 아닌 국가 정상과 만나다

공항에서 숙소까지 철통 경호 40분. 김정은 위원장은 방탄 전용차 벤츠를 이용해 숙소인 세인트레지스 호텔에 도착했다. 3시간가량 휴식을 취하더니 저녁 7시 반. 싱가포르 대통령궁인 이스타나 궁으로 향한다. 리셴룽 총리와의 회담을 위해서다.

북한 지도자가 자국이 아닌 해외에서 다른 나라 정상을 만난 건 1984년 김일성 주석이 동독을 방문한 이후 34년 만이라고 한다. 동구권 국가와의 유대로 해외 순방을 자주 다닌 김일성 주석과는 달리 김정일 위원장은 중국, 러시아를 빼면 해외 순방을 거의 다니지 않았다.

저녁 7시 30분. 싱가포르 이스타나 궁. 싱가포르 정부는 김정은 위원장과 리셴룽 총리와의 만남을 페이스북으로 생중계했다. 두 정상은 상대편에게 자국의 각료들을 소개하고, 서로 악수를 나누었다. 여느 나라들의 정상회담 모습과 다르지 않았다. 이어진 환담. 두 정상이 마주 앉고, 좌우에는 자국의 각료들이 자연스럽게 배석했다.

**김정은 위원장** : 북미 정상회담을 위해 훌륭한 조건을 제공해 주시고 편의를 제공해 주셔서 우리가 아무런 불편 없이 왔습니다. 역사적인 북미 회담을 위해서 싱가포르 정부가 자기 집안일처럼 성심성의껏 제공해 주고 편의를 도모해 줘서 이제 북미 수뇌 상봉이 성과적으로 진행되게 됐는데 싱가포르 정부의 노력이 역사에 영원히 기록될 것이라고 생각합니다.

**리셴룽 총리** : 싱가포르에 오신 걸 환영합니다. 우리나라에서 북미 회담을 하기로 결정해 주셔서 감사합니다. 우리는 오랫동안 한반도의 정세 발전을 지켜봐 왔습니다. 동시에 한반도에 평화가 깃들도록 할 수 있는 그런 날이 꼭 오리라고 생각하고 있습니다. 한반도의 평화로운 미래를 기원합니다.

두 정상의 회담은 약 30분 만에 끝났다. 싱가포르 정부는 김정은 위원장 일행을 위한 만찬은 따로 제공하지 않았다. 싱가포르가 북한과 회담을 하는 게 아닌데다, 미국 트럼프 대통령이 도착하지 않은 만큼 회담 장소를 제공한 나라의 역할을 충실히 한 것으로 해석된다. 아침 이른 시각 출발부터 싱가포르 도착 이후 일정까지, 김정은 위원장의 일거수일투족은 전 세계의 주목을 끌었다.

그리고 밤 9시 22분 싱가포르 파야 레바르 공군기지. 또 다른 주인공인 미국 트럼프 대통령이 싱가포르에 도착했다. 세기의 담판, 역사적 회담에 대좌할 두 정상이 모두 싱가포르에 내렸다. '세기의 빅딜' 준비는 모두 끝났다. 이제 말 그대로 트럼프 대 김정은, 북미 양측의 진검 승부만 남았다.

2018.6.10.

세기의 담판 ③

# 김정은-트럼프 12초 악수, 70년 적대 관계 흔들다

현지시각 6월 12일 아침 8시 1분. 싱가포르 도심 샹그릴라 호텔. 세계 최강대국 대통령 전용차. 야수라고 불리는 캐딜락 원이 삼엄한 호위 속에 회담장으로 출발한다. 목적지는 6킬로미터 남짓 거리에 있는 센토사섬 카펠라 호텔.

11분 뒤 8시 12분. 500여 미터 떨어진 세인트 레지스 호텔. 김정은 위원장의 방탄 벤츠가 무장한 경호 차량 20여 대의 호위를 받으며 센토사섬으로 향한다.

세기의 담판이 열릴 카펠라 호텔 회담장 앞. 8시 53분. 긴장된 표정의 김정은 위원장이 왼손에 서류 가방, 오른손으로는 뿔테 안경을 든 채 차량에서 내린다. 싱가포르의 더운 날씨 탓에 안경에 습기가 가득 낀 모습이었다. 8시 59분 짙은 색 양복에 빨간 넥타이를 맨 트럼프 대통령이 차에서 내려

2018년 6월 12일 싱가포르에서 열린 북미 정상회담에서 김정은 북한 국무위원장과 트럼프 미국 대통령이 악수하고 있다.

기다리던 취재진을 한 번 쳐다보더니 회담 준비를 위해 들어선다.

아침 9시. 성조기와 인공기가 6개씩 나란히 걸린 회담장. 왼쪽에선 34세의 김정은 위원장, 오른쪽에선 72세의 트럼프 대통령이 상대를 향해 성큼성큼 걸어가더니 손을 맞잡는다. 서로 자기 쪽으로 당기려는 시도를 잠시 하는가 싶더니 이내 평정을 되찾고 악수한다.

"Nice to meet you.."
"만나 뵙게 돼서 기쁘게 생각합니다."

12초간의 악수. 짧은 이 순간의 악수가 1948년 한반도 분단 이후 70년간 적대적이었던 두 나라 관계를 근본적으로 흔들었다. 이어진 단독 환담. 트럼프 대통령이 말문을 연다.

"우리는 아주 굉장히 성공할 것으로 믿습니다. 그리고 만나게 돼 굉장히 영광스럽게 생각합니다. 훌륭한 관계를 가지고 있고, 전혀 의심 없이 좋은 관계를 맺을 것이라고 생각합니다."

말을 받은 김정은 위원장. 의미심장한 말을 전 세계를 향해 던진다.

"여기까지 오는 길이 그리 쉬운 길은 아니었습니다. 우리한텐 우리 발목을 잡는 과오가 있고, 그릇된 편견과 관행들이 때로는 우리 눈과 귀를 가리기도 했는데, 우리는 모든 것을 이겨내고 이 자리까지 왔습니다."

과거 자신들의 잘못, 특히 김정일 시대 비핵화에 대한 북한의 잘못된 행동에 대한 고해성사로 읽힐 수도 있는 대목이다. 자신은, 선친 김정일 시대와는 다른 프레임으로 핵 문제와 대외 관계를 추진해 나갈 것임을 암시하는 대목이기도 하다. 동시에 북한이라는 나라를 더 이상 색안경 끼고 봐서는 안 된다는, 국제 사회 한 일원으로 북한을 대우해 달라는 일종의 불만을 담은 중의적인 메시지로도 읽히는 대목이다. 이 말을 들은 트럼프 대통령. "That's true"라며 맞장구를 치더니 엄지를 세워 보였다.

이어진 확대 정상회담. 폼페이오 장관과 김영철 부위원장을 필두로 양측의 외교안보 라인이 배석했다. 볼턴 미 안보보좌관도 참석했다. 리비아식 해법을 강조했던 볼턴 미 안보보좌관. 그래서 북한으로부터 사이비 우국지사라는 비난을 받았던 바로 그 볼턴 보좌관이다. 회담 분위기는 부드러웠다. 트럼프 대통령이 말문을 먼저 열고 김정은 위원장이 화답했다.

"협력해서 성공을 이룰 것입니다. 그동안 해결하지 못했던 난제들을 풀 것이라고 생각합니다."

"오늘을 기회로 해서 함께 거대한 사업을 시작해 볼 결심이 서 있습니다."

세기의 회담은 158분 동안 이어졌고 회담이 끝난 두 정상은 함께 업무 오찬을 하며 우의를 다졌다. 한식과 양식, 싱가포르식이 조화된 화합의 코스 요리였다. 오찬을 마치고 두 정상은 회담장 앞 정원을 약 1분, 100보 정도 함께 산책하면서 우의를 다졌다. 도보다리 산책, 다롄 해변 산책과는 비교도 안될 만큼 짧았지만 북미 간 적대 관계를 녹이는 첫 발걸음, 100보 산책이었다.

오후 1시 41분. 서명식장의 육중한 문이 열리고 두 정상이 함께 걸어와 4개 항이 담긴 공동 성명을 앞에 두고 앉았다. 트럼프 대통령의 말에 김정은 위원장이 화답한다.

"북한, 한반도와의 관계가 과거와는 굉장히 달라질 것이라고 생각합니다."

"세상은 아마 중대한 변화를 보게 될 것입니다."

오후 1시 46분. 두 정상은 서명이 담긴 6.12 싱가포르 북미 공동 성명을 교환하는 것으로 회담 일정을 모두 마무리했다.

적대 관계 70년을 녹이는 285분간의 만남. 두 정상이 탄생시킨 북미 정상 간 공동성명은 ① 새로운 북미 관계 형성 ② 한반도 평화체제 수립 ③ 한반도의 완전한 비핵화 약속 ④ 미군 포로와 실종자 유해 즉각 송환 이라는 4가지 항목을 담고 있다.

지구상 유일한 냉전체제를 종식시키고 새로운 해빙기를 가져왔다는 평가를 받는 이번 싱가포르 북미 정상회담. 김정은 위원장의 말처럼 "많은 사람들이 공상과학영화의 한 장면이거나 판타지로 생각할 만큼" 이번 회담은 극적이고 또 기존 사고틀로는 예상하기 힘든 장면인 건 분명하다. 그럼에도 누가 더 협상을 잘했는지 손익은 따져 보아야 할 것이다. 협상의 달인이라는 70대 대통령과 예측 불허 30대 지도자의 진검승부 손익 계산서는 어떻게 될까?

2018.6.12.

세기의 담판 ④

# 북미 공동성명 '혹평'과 반격. 악마와의 전쟁

## 美 언론의 혹평 "이럴 거면 왜 대화했나?"

십자포화였다. 70년 적대 관계를 12초 악수와 100보 산책이라는 상징적인 장면으로 해빙시키는 극적인 연출에 환호하는 것도 잠시, 북미 정상의 공동성명이 발표되자 언론과 전문가들은 실망감을 쏟아냈다.

트럼프 대통령과 김정은 위원장이 서명한 공동성명은 4가지 항목을 담고 있다. ① 새로운 북미 관계 형성 ② 한반도 평화체제 수립 ③ 한반도의 완전한 비핵화 약속 ④ 6·25 전쟁 미군 포로와 실종자 유해 즉각 송환이라는 큰 항목으로 구성돼 있다.

언론과 전문가들은 역사적 첫 발걸음이라는 점은 인정하

지만, 한반도 비핵화에 대한 내용이 모호하다며 비판의 날을 세운 것이다.

**"애매모호한 구절을 반복했을 뿐"** _로버트 매닝
**"상징만 있고 내용이 없어"** _워싱턴 포스트
**"과거 북한과 맺은 어떤 합의보다 약해"** _아담 마운트
**"다시 북한 등에 올라탄 로데오 경기"** _마이클 그린
**"북한 정권의 합법성만 부여해 매우 실망"** _알렉산더 버시바우

한마디로 비핵화를 위한 구체적인 내용이나 시간표가 없다는 것이다. 심지어 CNN은 "궁극적으로 김정은이 승리했고 美 대통령과 같은 등급에 올라왔다"고 혹평했다.

미국 민주당의 비판은 더 거세다. 한마디로 미국의 리더십을 포기했다는 것이다. 미국 척 슈머 민주당 상원 원내대표는 김정은 위원장이 핵과 ICBM을 가지고 있는데, 트럼프 대통령은 보여주기식 사진 촬영을 했다고 비난했고, 낸시 펠로시 하원 원내대표도 일방적으로 양보만 했다고 몰아붙였다. 심지어 트럼프와 같은 공화당인 존 케네디 상원의원은 김정은 위원장을 설득하는 것은 상어에게 맨손으로 먹이를 주는 것이라고 경고하기도 했다.

이 같은 비판은 트럼프 대통령과 폼페이오 장관이 자초한 측면이 크다. 트럼프와 폼페이오는 회담 전날까지도 완전하

고 검증 가능하고 불가역적인 비핵화 이른바 CVID는 양보할 수 없는 목표라고 강조했기 때문이다.

폼페이오 장관은 무엇보다 검증을 나타내는 V가 중요하다고 강조해 불가역을 의미하는 I까지는 아니더라도 검증(V)과 관련한 절차나 행동 조치가 포함될 것이라는 기대를 키웠다. 리비아식 해법과 북핵과 ICBM의 해외 반출 후 폐기라는 방안을 강조했던 볼턴 보좌관도 확대 정상회담에 배석한 탓에 더 그렇다.

## 트럼프의 반격 "즉시 비핵화될 것"

비판이 쏟아지자 트럼프 대통령은 트위터를 통해 불만을 공개적으로 표출했다. 1년 전만 해도 전쟁은 안 된다며 북한과 만나라고 졸라대던 전문가와 정치인들이 북한 김정은 위원장과 만나 좋은 관계를 만들었더니, 이제는 북한을 만나서는 안 되며 만나지도 말라고 말을 바꾸고 있다며 반박하고 나선 것이다.

트럼프 대통령은 언론들과 잇따라 인터뷰를 강행하면서 북한의 완전한 비핵화는 달성할 수 있다고 강조한다. 김정은 위원장은 영리한 협상가이며 비핵화의 필요성을 알고 있기에 즉각적인 비핵화에 착수할 것이라는 점도 분명히 했다.

"김정은 위원장은 북한으로 돌아가서 사실상 곧바로 비핵화를 시작할 것이라고 믿습니다. 그러면 세계는 잠재적인 핵 재앙에서 한 발짝 뒤로 물러서게 됩니다."

## 이번 북미 공동성명은 과거 합의와는 다르다?

이 같은 미 언론과 트럼프 대통령의 시각 차이는 북미 정상회담 공동성명의 성격 때문에 초래된 것이다. 북미 정상 간의 합의문은 북한 비핵화와 체제 보장, 국교 정상화와 평화체제 구축 같은 최종 목표를 설정한 포괄적 합의이다.

이번 회담에서 미국은 그동안 사용했던 Bottom-Up(상향식)과는 다른 Top-Down(하향식) 방식을 채택했다. 실무자 협상을 통해 정책 방향을 결정하는 것과 달리 양국 정상이 단번에 결정을 내렸다는 의미다. 워싱턴 포스트는 "김 위원장의 말이 법과 다름없는 북한에서는 비핵화 등 확실한 목표를 세운다면 탑-다운 방식이 효과가 있을 수도 있다"고 설명했다.

북미 공동성명에서 김정은 위원장은 한반도의 완전한 비핵화에 대한 확고하고 흔들림 없는 의지를 재확인했다. 양

정상은 또 완전한 비핵화를 포함한 4가지 공동성명 조항들을 완전하고 신속하게 이행하기로 합의했다. 미국 입장에서는 이 문구를 토대로 북한 비핵화의 신속한 이행을 자신하고 있는 것이다.

여기에 트럼프 대통령은 북한이 미사일 엔진 실험장의 해체와 연구시설 폐쇄 같은 조치를 취할 것이라고 공언하고 있으며, 김정은 위원장의 미국 백악관 방문도 적절한 시기에 이뤄질 것이라고 강조하고 있다.

또 폼페이오 장관도 북한의 주요 비핵화를 2년 반 내에 달성할 수 있다는 점에 희망적이라고 밝히고 있다. 미국 협상 당사자가 비핵화에 대한 주요 시간표를 제시한 것이다.

이런 측면에서 비춰볼 때 양국 사이엔 공동성명에 담지 않은 더 많은 합의가 존재할 수 있다는 점을 추론할 수 있다. 美 랜드연구소 브루스 베넷 선임연구원도 여기에 주목했다. 트럼프 대통령과 김 위원장이 이미 초기조치를 비롯해 핵심적인 비핵화 단계들에 대해 합의를 이뤘으면서도 비공개에 부쳤을 수 있다며 이면 합의 가능성도 충분히 있다고 추정한 것이다.

## 이제부터는 '악마와의 전쟁'

6.12 북미 공동성명이 김정은의 승리문서인지, 비핵화와 평화체제 구축을 위한 청사진인지? 첫 번째 리트머스 시험지는 다가올 북미 고위급 실무접촉이 될 것이다. 북미 두 정상은 공동성명에서 이번 싱가포르 센토사섬 정상회담의 결과를 이행하기 위해 가능한 빠른 시일 안에 폼페이오 장관과 북한 고위인사와의 후속 협상을 진행하기로 합의했다.

이제 주사위는 던져졌다. 복잡하게 얽힌 북핵 문제를 생각한다면, 두 나라 정상이 만나 북미 관계 구축의 첫걸음을 내디딘 것만으로도 극적인 전환이다. 그러나 비핵화의 과정은 길고 험난할 것이다. 디테일에 숨어있는 악마가 비핵화 로드맵 작성을 위한 실무협상에서 수시로 그 모습을 드러낼 것이다. 자칫 그 과정에서 협상이 좌초할 위기에 처할 수도 있을 것이다.

이제 미 CSIS 빅터 차 한국 석좌의 말처럼 "역대 어느 대통령도 하지 못한 북한의 '고립 버블'에 구멍을 내, 전쟁의 위기에서 벗어나는 외교 과정이 이제 시작됐다."

2018.6.13.

제4부

# 역사적 여정
# 그러나 길고 험난한 길

세기의 담판 ⑤

## 김정은, 싱가포르 야경에서 무엇을 봤을까

2018년 6월 14일 오후 3시 9분 북한 조선 중앙 TV. 북한 1호 아나운서 리춘희의 감격에 찬 목소리가 전파를 탔다.

"조미 관계의 새 역사를 개척한 세기적 만남"

김정은 위원장과 트럼프 대통령의 사상 첫 정상회담을 기록한 42분짜리 기록영화, 다큐멘터리다. 김 위원장의 평양 출발부터 싱가포르 체류와 정상회담, 그리고 귀환까지 6월 10일부터 13일까지의 여정을 자세하게 담고 있다. 김 위원장 평양 출발 모습에선 '철천지 원쑤'인 미국의 최고 수뇌와 만나 체제 보장과 안전을 담보하게 될 역사적 회담을 갖게 된 터라, 감격에 겨워 눈물을 보이는 당 간부도 보였다.

하지만 더 인상적인 장면은 6월 11일 밤 2시간 동안 진행된 김 위원장의 싱가포르 깜짝 시찰이다. 북한 방송은 당시 상황을 세세하게 묘사하면서 싱가포르의 야경과 발전상을 가감 없이 북한 내부 주민들에게 전달한 것이다.

## 싱가포르 야경에서 무엇을 봤을까?
## 북 주민에게 무엇을 말하고 싶었을까?

2018년 6월 11일 밤 9시 4분. 싱가포르 세인트레지스 호텔. 인민복 차림의 김정은 위원장이 깜짝 외출에 나섰다. 동생인 김여정 당 부부장은 물론 리수용 당 부위원장, 김창선 부장, 리용호 외무상, 노광철 인민무력상 등도 합류했다.

'깜짝 외출' 첫 방문지는 유명 관광지 마리나 베이 샌즈의 식물원 '가든스 바이 더 베이'. 축구장 141개 크기와 맞먹는 101만 제곱미터 규모의 매립지에 조성된 초대형 식물원으로 도시를 공원으로 만들겠다는 싱가포르 정부의 계획을 상징적으로 보여주는 장소이다. 김정은 위원장은 이곳에서 싱가포르 각료들과 셀카를 찍기도 했다. 북한이 방송한 기록영화는 이곳을 이렇게 소개한다.

"싱가포르의 자랑인 이 화초원은 마리나만 주변에 간석지를 개간해 만든 화초원으로서 싱가포르에서 자라지 않는 식물들을 위주로 하여 잘해오는 세계적으로 가장 큰 온실들 가운데 하나입니다."

이어 방문한 마리나 베이 샌즈 호텔 스카이 파크. 57층 규모 건물 3개가 거대한 배 모양의 스카이 파크(Sky Park)를 떠받치고 있는, 싱가포르를 대표하는 랜드마크이다. 호텔 꼭대기에 있는 스카이 파크는 축구장 면적 2배인 1만 2천 제곱미터의 '공중 정원'으로, 싱가포르의 스카이라인을 360도로 감상할 수 있다. 약 300미터인 프랑스 파리 에펠탑을 옆으로 눕힌 것보다 길고 A380 점보제트 여객기 4.5대를 놓을 수 있다고 싱가포르는 자랑하고 있다.

북한 방송도 이곳을 찾은 김 위원장 일행의 동선을 보도하면서 싱가포르 야경을 화면 가득 담아 북한 주민들에게 그대로 보여줬다. 북한 방송에서 내보낸 김 위원장 소감도 예사롭지 않다.

"최고영도자 동지께서는 싱가포르가 듣던 그대로 건물마다 특색이 있다고 하시면서, 앞으로 여러 분야에서 싱가포르의 훌륭한 지식과 경험들을 많이 배우려 한다고 말씀하셨습니다. … 최고영도자 동지께서는 또 도시형성 전망계획에 대한 해설도 들으시었습니다."

김 위원장 싱가포르 참관의 백미는 싱가포르 항구일 것이다. 북한 방송은 김 위원장 싱가포르 항구 참관기를 이렇게 보도한다.

"최고영도자 동지께서는 싱가포르항도 참관하셨습니다. 세계에서 가장 분망한 항구로 이름 날리고 있는 싱가포르항. 세계의 530개 항로가 지나가는 항로이며 700여 개 항구와 연결돼 있는 이 항구는 화물취급 능력에서 세계적 수준의 큰 항구입니다."

싱가포르의 발전한 경제상을 전달한 것인데, 그래도 여기까지는 말 그대로 팩트(Fact) 전달이다. 하지만 이어지는 김 위원장의 말은 싱가포르 방문의 또 다른 목적을 느끼게 한다.

"최고영도자 동지께서는 항구 지역이 하나의 큰 도시를 방불케 한다고 오늘 참관을 통하여 싱가포르의 경제적 잠재력과 발전상을 잘 알게 되었다고 하시며 이번에 싱가포르에 대한 훌륭한 인상을 가지게 된다고 말씀하셨습니다."

김 위원장 일행의 싱가포르 깜짝 시찰은 많은 것을 시사한다. 김 위원장 스스로 "싱가포르의 경제적 잠재력과 발전상을 알게 되었고, 훌륭한 지식과 경험들을 배우려 한다."고 밝힌 점도 주목되지만 북한에서 법보다 위에 있는, 거역할 수 없는 권위를 가지는 최고 지도자의 말이 북한 주민들에게 그대로 전달된 것도 시사하는 바가 크다.

싱가포르는 정부 주도의 경제 개발로 세계적인 성공을 이룬 도시국가이다. 싱가포르 1인당 국내총생산은 6만 1,700여 달러로 세계 10위다. 남한 3만 2,000여 달러의 거의 2배다. 또 국부 리콴유 총리에 이어 아들 리센룽 총리로 이어지며 2대가 통치하고 있다.

김정은 입장에서는 아버지와 아들이 이어 정권을 유지하면서 경제 개발에 성공한 싱가포르가 매력적인 참고 모델이 될 수 있다. 김 위원장은 국가 전략을 핵-경제 병진 노선에서 '경제총력 노선'으로 바꿔 선포한 상태다. 북한 각지에 20여 개의 경제특구를 지정해 개발과 외자 유치에도 많은 노력을 기울이고 있다.

김 위원장이 예정에 없던 깜짝 시찰을 하고 이를 대대적으로 북한 주민들에게 보도한 것은 '경제 건설 총력'을 선포한 김정은의 개발 의지와 경제 발전에 대한 열망을 반영한 것으로 풀이된다. 싱가포르 일간지 스트레이츠타임스도 "싱가포르 자본주의의 결실을 탐색하러 김정은 일행이 야간 외출을 했다"고 전했다.

물론 싱가포르는 인구 약 580만 명의 도시 국가로, 인구 2천만의 북한에 싱가포르 모델을 그대로 적용하기는 쉽지 않다. 그럼에도 김정은은 정말 북한 개발을 위한 로드맵을 구상하고 있는 걸까? 중국 정부의 의지가 담겨있는 관영 매체 글로벌 타임스의 조언이 눈길을 끈다.

"덩샤오핑의 1978년 싱가포르 방문 때 중국은 오늘날의 북한처럼 상대적으로 폐쇄된 국가였다. 덩 전 주석이 개혁·개방을 시작했을 때 싱가포르 모델은 중국의 외국 자본과 산업화 추구에 필수적 역할을 했고, 중국이 싱가포르에서 배운 핵심 교훈은 개방 정책이었다."

"북한이 경제발전을 우선하기로 했는데 개방은 전진할 수 있는 최선이자 유일한 선택이다. 북한 정부가 싱가포르 모델을 따라 개방 정책을 취한다면 아시아의 산업구조에 곧 편입돼 경제도약을 이룰 것이다."

2018.6.15.

## 남북 회담 5일장 섰다.
## "남북은 이렇게 만나야 한다"

남북 철도·도로 연결을 위한 남북 회담이 2007년 1월 이후 10년 남짓 만에 다시 열렸다. 2018년 6월 26일 오전 10시 판문점 남측 지역 평화의 집에서 남북 철도협력 분과회의가 개최됐다. 4.27 판문점 선언에서 동해선과 경의선 남북 철도연결 및 북한 철도를 현대화하기 위한 논의를 진행하기로 합의한 데 따른 것이다.

남측 수석대표로 나선 김정렬 국토부 2차관은 "이렇게 단비가 흠뻑 내리는 데 남북 간 좋은 일이 있을 것 같다. 회의에서 철도 연결에 대해 또 철도 현대화에 대해 좋은 성과가 있을 것 같은 좋은 느낌을 받았다"고 말했다.

북측 단장인 김윤혁 철도성 부상은 "경제에서 철도는 경제의 선행관이라고도 말한다. 이렇게 만나기까지 많은 세월이 흘렀지만, 철도협력 사업에서는 쌍방의 마음과 의지는 변함없다"고 화답했다.

나흘 전인 6월 22일엔 남북 적십자 대표들이 금강산 호텔에서 마주 앉았다. 남북 100명씩의 이산가족들이 8월 하순 헤어진 가족들과 만나기로 합의했다.

한국전쟁의 포화가 멈춘 지 55년이 되는 2018년 6월. 유독 남북 사이에 회담이 많다. 6.12 싱가포르 북미 정상회담이라는 세기의 이벤트, 김정은-트럼프 사이의 역사적 회담처럼 전 세계의 스포트라이트는 받지 못했지만 요란하지 않게 남북 간의 대화가 이어진 것이다.

6월 1일 남북 고위급 회담을 시작으로 14일 남북 장성급 회담, 18일 남북 체육 회담, 22일 남북 적십자 회담이 줄줄이 개최됐다. 분야도 군사적 긴장 완화, 통일농구대회 같은 남북 교류, 이산가족 상봉이라는 인도적 사안 등 정치·군사뿐 아니라 사회 문화 분야까지 다양했다.

여기에 남북 경협 문제를 본격적으로 다룰 철도·도로 협력 분과 회의까지 6월 26일과 28일 잇따라 열리게 된 것이다. 6월 한 달에만 다양한 분야의 남북 대표들이 6차례 만난 것이다. 말 그대로 남북 회담 5일장이 섰다. 18년 전 2000년 9월에도 그랬다.

9.11~14 북한 김용순 특사 방남 / 서울 제주 포항 등 방문
9.20~23 남북 적십자 회담 / 금강산 해금강 호텔
9.25~26 남북 경제협력 1차 실무접촉 / 통일부 회담 사무국
9.25~26 남북 국방 장관 회담 / 제주 롯데호텔
9.27~30 3차 남북장관급 회담 / 제주 롯데호텔

2000년 9월 한 달 동안 굵직한 회담이 5차례 이어졌다. 그해 2000년에는 남북 회담이 모두 27차례 개최됐다. 김대중-김정일 정상회담 이후 남북 관계 훈풍이 그대로 반영된 것이다.

그런데 남북 간 다양한 분야의 회담이 가장 활발하게 개최된 때는 2007년이다. (비록 남북 기본합의서가 채택된 1992년에 남북 회담이 88차례 열렸지만 주로 정치·군사 분야에 집중돼 있어서 논외로 하자.) 2007년 한 해 동안 열린 남북 회담은 모두 55차례. 분야도 무척 다양했다.

많이 들어서 익숙한 남북 장관급 회담이나 이산가족 상봉을 위한 적십자 회담, 남북 단일팀 구성 논의 등은 당연히 포함됐다. 또 듣기에도 생소하고 이런 분야까지 협력해야 하나 싶기도 하지만, 남북한 동질성 회복과 공동 발전을 위해서는 꼭 필요한 분야도 많았다. 한번 나열해보자.

남북경공업 및 지하자원 개발 실무협의
안중근 의사 유해 공동 발굴 및 봉환을 위한 실무접촉
남북기상협력 실무접촉
베이징 올림픽 공동응원을 위한 경의선 열차 이용관련 실무접촉
남북보건의료 환경협력분과 위원회 회의

특히 대북 지원을 위한 남북 간 협의도 있었다. 북한 구제역 방역 지원을 위한 실무접촉과 북한 산림 병충해 방제 지원을 위한 실무협의가 대표적이다. 회담 종류뿐만 아니라 회담 장소도 남북 어느 한 곳에 집중되지 않고 분산돼 열렸다.

2007년 남북 사이의 각종 회담은 서울에서 3차례, 부산 1차례, 평양 6차례, 금강산 3차례 열렸고, 판문점에서도 모두 10차례 남측과 북측 지역을 오가며 개최됐다. 특히 개성에서는 정치, 경제, 사회 문화 등 분야를 가리지 않고 무려 32번이나 회담이 열렸다.

남측 지역에서는 서울의 쉐라톤워커힐 호텔과 그랜드 힐튼 호텔, 부산 웨스틴조선 호텔, 개성에 있는 남북경제협력협의사무소 등이 활용됐고, 북측 지역에선 평양 백화원초대소와 고려호텔, 개성 자남산여관, 봉동관, 중앙특구개발지도총국 개성공업지구사무소, 금강산 호텔 등이 이용됐다. 물론 판문점 남측 평화의 집과 북측 통일각도 회담 장소로 유용했

다. 이처럼 2007년은 남북 회담이 말 그대로 봇물을 이뤘다. 하지만 회담 개최 횟수가 많다고 해서, 다양한 분야의 회담이 남북 곳곳에서 열린다고 해서 남북 관계가 곧바로 획기적으로 진전되는 건 아니다. 군사적 대치와 긴장 상태로 언제든지 남북 관계가 원점으로 돌아갈 개연성은 존재한다. 아주 사소한 불씨 하나가 그동안 쌓아놓은 노력을 수포로 돌리기도 한다. 지난 시기 우리는 그러한 장면들은 많이 지켜보았다. 더구나 북한 핵 문제라는 난제 중의 난제가 있는 상황이고 보면 더욱 그렇다.

한 달 전인 5월 26일 판문점 북측 지역 통일각에서 문재인 대통령과 김정은 위원장의 두 번째 정상회담이 '번개'처럼 열렸다. 당시 두 정상이 한 말들이 이번엔 실현될 수 있을까?

**문재인 대통령** : "친구 간의 평범한 일상처럼 이루어진 이번 회담에 매우 큰 의미를 부여하고 싶습니다. 남북은 이렇게 만나야 한다는 것이 제 생각입니다. … 이번 회담이 필요에 따라 신속하고 격식 없이 개최된 것에 큰 의미가 있다고 평가하고, 앞으로도 필요한 경우 언제든지 서로 통신하거나 만나, 격의 없이 소통하기로 하였습니다."

**김정은 위원장** : "이때까지 많은 합의가 나왔지만… 우리가 여기서 교착돼서 넘어가지 못하면 안 되고, 또 못 넘어갈 것이 아니라는

것을 생각합니다. 얼마든지 충분히 자주 만나서 얘기도 하고, 같이 이렇게 한 곳에 앉아서 풀어가다 보면… (이것이) 약속을 이행하는 것에 대한 아주 중요한 실천 행동이라고 생각합니다."

2018.6.26.

평양에 간 폼페이오 ③

## 3차 방북 '돌파구 없었다' 비핵화 험로 예고

2018년 7월 6일 낮 평양 순안 비행장. 미 폼페이오 장관 일행이 트랩을 내려왔다. 폼페이오 장관의 세 번째 방북이다. 3월 말 첫 번째는 극비리에, 5월 초 두 번째는 공개적으로 방문한 게 특징이라면 이번 세 번째 방문은 1박 2일 숙박협상이라는 게 달라진 점이다. 미 외교안보라인의 핵심 실무진들도 동행했다. 북미 정상회담의 주역인 성 김 대사, 앤드루 김 CIA 코리아임무센터 센터장, 판문점 실무 회담 멤버인 앨리슨 후커 백악관 NSC 한반도 보좌관, 랜달 슈라이버 국방부 아시아·태평양 담당 차관보, 알렉스 웡 국무부 동아태 부차관보, 그리고 헤더 나워트 국무부 대변인이 바로 그들이다. 수행원들 면면을 봐도 이번 방문의 목적은 싱가포르 북미 정상회담 이후 20일 남짓 만에 열리는 북미 고위급 후속 회담임을 분명히 알 수 있다. 하지만 방북 전 미국 언론들은 북한을 믿지 못하겠다며 이런저런 의구심을 쏟아냈다.

**"북한이 농축 우라늄 생산을 늘리고 있다."** _미 NBC, 6월 30일
**"북 핵시설과 핵탄두 은폐, 강선에 비밀 우라늄 농축 시설 가동"** _워싱턴 포스트 , 7월 1일
**"북, 함흥 미사일 공장 확장 공사 중"** _월 스트리트 저널, 7월 2일
**"미 정보당국, 김정은 비핵화 의도 없다고 평가"** _미 CNN, 7월 2일

이 같은 언론 보도를 두고 이번 회담을 앞둔 미국이 북한에 대해 '모든 것을 알고 있으니 숨기지 말고 핵 리스트 작성에 협조하라'는 일종의 북한 외곽 때리기라는 분석과 함께 트럼프 행정부가 지나치게 북한에 양보할 것을 우려해 협상을 제대로 하라는 미국 내부의 견제와 불만 표출이라는 해석이 동시에 나왔다. 그만큼 이번 첫 고위급 후속 회담에 대한 관심이 크다는 걸 알 수 있다.

## "세금 내야겠네" 농담과 와이파이

폼페이오 장관의 상대는 여전히 북한 김영철 부위원장이었다. 직접 공항 영접도 나왔다. 일부 미국 언론에서 폼페이오의 협상 상대가 리용호 외무상으로 바뀔 것이라는 관측을 제

기했지만, 북미 정상회담의 산파인 두 정보수장 출신들이 그대로 협상의 틀을 이어간 것이다.

첫날 분위기는 화기애애했다. 폼페이오 장관이 '한 번 더 북한에 오면 세금을 내야겠다'고 했던 농담을 거론하자, 김영철 부위원장은 더 많이 올수록 서로에게 더 많은 신뢰를 쌓을 수 있다고 말했다.

북한은 이전 방북 때와는 달리 이런저런 편의 시설들을 적극적으로 제공했다. 특히 휴대폰으로 인터넷 사용이 가능하게 조치한 게 크게 다른 점이었다. 폼페이오 장관은 트위터에 백화원 영빈관에서 북측 인사들과 회담하는 사진, 성 김 대사 등과 서서 작전 회의를 하는 사진 등을 올려 현장 분위기를 생중계했다. 동행한 기자들도 폼페이오 장관과 김영철 부위원장이 첫날인 6일에는 2시간 45분 만에 회의를 끝냈으며 다음 회의는 7일 오전 9시에 열릴 예정이라며 관련 소식을 시시각각 전 세계로 타전했다. 또 오찬 메뉴 사진을 올리는가 하면, 기자들의 평양 시내 취재 모습 등도 실시간으로 알렸다.

첩보 작전처럼 모든 게 베일에 가려졌던, 그래서 방북 소식을 깜깜이로 기다려야만 했던 이전 방북 때와는 확연히 달라진 모습이다. 5월 2차 방북 당시에 동행한 워싱턴 포스트 캐럴 모렐 기자는 10시간 동안 호텔 로비에서 '대기'해야 했으며 휴대폰과 와이파이도 안 터지고 정부 경호원 없이는 호텔도 떠날 수 없는 고립 상태였다. 평양을 떠나기 전까지는 현장의 소식을 전송할 수도 없었고, 호텔 내 식료품점과 공예품점, 선물가게 등을 돌아다니며 시간을 보냈다고 당시를 회상했다.

## 북미 두 협상 대표의 '언중유골'

회담장 밖의 조건과 분위기와는 달리 7월 7일 속개된 이틀째 회담은 면도날 같은 긴장감 속에 시작됐다. 비핵화를 위한 후속 협상답게 서로의 힘겨루기가 팽팽했다. 선공은 김영철 부위원장이 시작했다.

"우리가 어제 매우 중요한 문제들에 관해 매우 심각한 논의를 했다. 그 생각 때문에 지난밤에 잘 못 주무신 것 아니냐."

말속에 뼈를 담은 인사말을 건넸다. 폼페이오 장관은 여유롭게 받는가 싶더니 이내 핵심으로 곧장 내달렸다.

"괜찮다. 잘 잤다. 우린 어제 좋은 대화를 했다. 감사드리고, 계속되는 오늘의 대화 역시 기대한다. 양국 관계를 구축해 나가면서 완전한 비핵화를 위한 이번 회담은 더 밝은 북한을 위해, 그리고 트럼프 대통령과 김정은 위원장이 우리에게 요구한 성공을 위해 극히 중대하다."

미국은 이번 회담의 목표를 '완전한 비핵화'를 위한 구체적 실행계획 도출이라는 점을 다시 한번 확인하면서, 더 밝은 북한을 위해 확실한 경제 보상을 약속한다는 점을 재차 강조한 것이다. 김영철 부위원장은 지지 않고 응수했다.

"물론 그것은 중요하다. 그렇더라도 내겐 분명히 해야 할 것들이 있다."

미국이 요구하는 비핵화 조치 이전에 북한으로서도 먼저 확인할 사항들이 있다는 점을 못 박은 것이다. 폼페이오 장관과 김영철 부위원장은 1박 2일 동안 9시간 넘게 머리를 맞대고 비핵화와 안전 보장에 대한 협상을 계속했다. 그리고 일단 비핵화를 위한 핵심 실무 그룹을 구성하는 데 양국은 합의했다고 미 국무부가 밝혔다.

## 김정은 못 만난 채 떠나고, 북한은 불만 토로하고

하지만 협상이 순탄치 않았음을, 이어질 후속 협상들이 살얼음판을 걷게 될 것임을 예고하는 장면이 잇따라 나왔다. 김정은 위원장과의 면담도 없이 평양을 떠난 폼페이오 장관은 도쿄에서 '비핵화를 위한 시간표에 일정한 진전이 있었다'고 말했다. 폼페이오 장관은 "복잡하긴 하지만 거의 모든 주요 이슈에서 진전을 이뤘다고 생각한다"며 "생산적인, 선의의 협상을 했다"고 평가했다. 구체적 성과로는 북한 동창리 미사일 엔진 실험장 해체를 위한 실무회담이 곧 열릴 것이며, 미 국방부가 오는 12일쯤 미군 유해 송환을 위한 논의를 판문점에서 북한과 가질 예정이라고 밝혔다.

하지만 이런 발표로 비판 여론을 잠재울 수는 없다. 북한 미사일 엔진 실험장 해체는 트럼프 대통령이 싱가포르 북미 정상회담 직후 곧 이뤄질 것이라고 호언장담한 항목이다. 비핵화의 의미 있는 진전으로 평가됐는데, 북한이 곧바로 행동으로 옮기는 게 아니라 이를 위한 실무 회담을 먼저 갖겠다는 게, 시간 끌기로 인식될 수 있는 부분이기 때문이다. 미군 유해 송환 역시 곧 이뤄질 이벤트로 예상됐는데, 판문점 협의가 남았다는 점도 썩 만족스럽지 않다. 특히 미국으로서는 북한이 비핵화를 위한 선제적 조치나 가시적인 시간표를 제시해 줄 것을 기대했는데 이 부분이 충족되지 않았다.

북한도 고위급 회담 직후 미국 측의 태도가 유감스럽다며 불만을 쏟아냈다. 그것도 외무성 대변인 담화를 통해서다.

"미국 측이 신뢰 조성에 도움이 되는 건설적 방안을 가져오리라고 기대했는데, 첫 북미 고위급 회담에서 나타난 미국의 태도와 입장은 실로 유감스럽기 그지 없다"는 것이다. 특히 "미국이 CVID요, 신고요, 검증이요 하면서 일방적이고 강도적인 비핵화 요구만을 들고 나왔다"고 비난했다. 그러면서 "단계적이고 동시 행동 원칙이 비핵화 실현의 지름길"이라고 강조했다. 북한으로서는 자신들이 핵실험장 폐쇄와 미사일 엔진 실험장 해체를 약속한 만큼 적어도 종전선언을 위한 일정을 제시하거나, 체제 보장 혹은 제재 해제를 위한 일종의 반대급부를 기대했을 텐데 이 부분이 없어 불만을 토로한 것이다.

결국 이번 북미 고위급 회담에선 핵심 의제인 북한의 완전한 비핵화를 어떻게 정의하고 이를 달성할 것인지 양쪽 입장이 팽팽했던 사실이 그대로 드러난 셈이다. 완전한 비핵화를 위해 언제, 어떻게, 어떤 단계를 밟아나갈지, '비핵화 로드맵'에 대한 세부논의는 쉽지 않았다. 미국 언론들은 예상대로 비판을 쏟아냈다.

**"북한이 협상에 찬물을 끼얹었다."** _미 CNN
**"미국의 기대치를 낮추려는 아주 나쁜 신호"** _월스트리트저널
**"북한은 미국이 원하는 비핵화의 의도 없다."** _워싱턴포스트

## 비핵화, Long and Winding Road

가장 덜 생산적이었던 폼페이오 세 번째 방북은 "북한과의 비핵화 협상이 길어지고 어려울 것이라는 뚜렷한 신호임이 분명하다." 하지만 미국은 "북한이 완전한 비핵화에 동의했다"는 점을 강조했고, 북한은 "북미 싱가포르 정상회담을 통해 맺은 신뢰가 앞으로 대화 과정을 통해 더욱 공고화될 것"이라는 기대를 표명했다. 비록 북한이 자신들의 비핵화 의지가 흔들릴 수도 있다고 경고장을 날렸지만, 양측 모두 회담의 틀 자체를 깨지는 않을 것이라는 입장을 밝힌 것이다.

앞으로 진행될 북미 간 후속 협의, 특히 이번 고위급 회담에서 합의한 '비핵화를 위한 실무 그룹 회담'이 비핵화 과정에서 드러날 '디테일의 악마'와 싸우게 될 것이다. 비핵화 여정, 멀고 험난한 길이 앞에 남았다.

2018.7.7.

## '돈 안 드는 일만 하겠다는 심산'이라니. 불편한 북측 엄포

2018년 8월 13일 오전 10시 판문점 북측 지역 통일각. 남북 고위급 회담 대표가 악수하고 덕담을 나눈다. 북측 리선권 단장이 "소싯적에 수수대로 말을 만들어서 뛰어다닐 때부터 한 것을 막역지우(莫逆之友)라고 하는데, 북과 남이 이제는 서로가 서로의 뜻을 거스르지 않고 함께 손잡고 나가는 시대가 됐구나 하는 이런 문제를 새삼 실감하게 됐다"며 분위기를 끌어 올렸다. 남측 조명균 수석 대표는 '한배를 타면 한마음이 된다'는 북한 속담을 인용하며 화답했다.

"북측에 한배를 타면 한마음이 된다는 속담이 있는 것으로 아는데, 1년 전만 해도 남북 관계가 상당히 긴장이 고조되고, 대결이 오고 가는 관계 속이었는데, 남북 정상이 관계 개선 의지를 표명해줘서 판문점 선언이 나오고 각 분야에서 사업을 진행 중이다. 막역지우라고 말씀하셨는데 서로 같은 마음으로 해 나가는 게 대단히 중요하다는 것을 다시 한번 느낀다."

이 말에 대한 리선권 북측 단장의 응답.

"한 배를 타면 운명을 같이한다는 것이다. 목숨이 왔다 갔다 하는 문제도 같이한다. 북남 관계 개선이 온 겨레의 일관된 견해이다. 관계 개선을 하면 민족의 전도가 열리는 것이고, 악화되면 민족의 앞날이 불운해진다."

말에 가시가 담겼는지 조금 듣기가 불편하다. 남북은 이후 70분간 전체회의를 가졌다. 이어 두 차례의 수석대표 접촉을 거쳐 오후 1시 35분에 회담을 마무리했다. 만남에서 회담 종료까지 걸린 시간은 3시간 35분. 남북이 얼굴을 마주 대고 앉은 시간은 전체회의 70분에 두 차례의 대표 접촉 10분, 종결 회의 9분, 모두 합쳐 89분이다.

남북 간의 물밑 접촉이 진행된 이후에 만난 고위급 회담이라 수월하게 합의에 이를 것이라는 예측은 많았다. 하지만 그렇다고 하더라도 회담은 너무나 신속했고 결과물은 간략했다. 이번 남북 고위급 회담 공동보도문은 3문장으로 정리됐다.

'남과 북은 2018년 8월 13일 판문점 통일각에서 역사적인 판문점 선언을 이행하기 위한 제4차 남북고위급 회담을 진행하였다'며 시기와 장소, 목적을 확인하더니 '회담에서 쌍방은 판문점 선언의 이행 상황을 점검하고 보다 적극적으로 실천해 나가기 위한 문제들을 진지하게 협의했다'면서 '회담에서는 또한 일정에 올라 있는 남북 정상회담을 9월 안에 평양에서 가지기로 합의했다'고 마무리한다.

3차 남북 정상회담을 9월 중에 평양에서 열기로 한 게 이번 회담의 가시적 성과. 하지만 당초 이번 회담에선 3차 남북 정상회담의 날짜를 8월 말에서 9월 초 사이에서 구체적으로 확정할 것으로 예상했는데 그렇게 하지는 못했다. 무슨 속사정이 있는 걸까?

그런데 이번 고위급 회담 종결회의 때 나온 북측 대표의 발언이 보면 더 불편해진다. 리선권 북측 단장은 회담을 끝내는 자리에서 이렇게 말한다.

> **"남북 회담과 개별접촉에서 제기한 문제들이 만약 해결되지 않는다면 예상치 않았던 문제들이 탄생될 수 있고, 또 일정에 오른 모든 문제들이 난항을 겪을 수 있다고 생각한다."**

듣기에 따라서는 엄포로 들릴 수도 있는 말이다. 남한이 기존 합의사항을 제대로 이행하지 않고 있으며, 만약 이를 해결하지 않으면 남북 관계 자체가 앞으로 힘들어질 수 있다는 협박성 말이기도 한 것이다.

이번 회담에는 김윤혁 철도성 부상과 박호영 국토환경보호성 부상 등이 대표단으로 함께 나왔다. 철도와 도로 분야 남북 경협 담당자들이다. 이런 상황을 종합하면 남측 정부가 경협에 적극적이지 못하다며 대놓고 압박한 것으로 볼 수 있는 것이다.

그런데 회담 이전부터 북한이 태도는 꺼림칙했다. 7월 31일 노동신문에선 '대북 제재라는 족쇄에 두 손과 두 발을 들이밀고 남북 관계까지 얽어매느냐'고 불평을 쏟아내더니 대남 선전 매체인 '우리민족끼리'는 8월 12일 "대북 제재에 편승해 철도와 도로 협력 사업에서도 '돈 안 드는 일'만 하겠다는 심산"이라며 남측 정부를 대놓고 비판했기 때문이다. 이제 남한은 '돈 드는 일'을 하라는 것인지.

남북 관계는 남한 정부와 북한 정부만의 문제가 아니다. 당국과 정치권, 국민, 여론 등이 모두 얽혀 있다. 더구나 북한 핵 문제라는 핵심 이슈가 걸린 상황이고 보면 관련 국가들의 시각과 입장, 국제 사회 여론 등등 모든 것이 난마처럼 얽혀 있는, 말 그대로 고차 방정식이다. 남한의 행동 하나, 북한의 몸짓 하나가 핵 문제라는 국제정치적 이슈를 쉽게 해결할 수 있게 하기도 하지만, 역으로 더 풀기 힘든 나락으로도 몰 수도 있다.

이런 상황에서 나온 북한의 태도는 그래서 불편하다. 특히 북한 선전 매체의 '돈 안 드는 일'이라는 표현은 더더욱 불편하다. 남북 경제협력 비용, 넓게는 북한 재건을 위한 자본 투자는 이해 당사국 모두가 함께 지혜를 짜내 해결해야 할 문제이다. 그런 문제를 마치 이제 돈 드는 일을 남한이 해야 할 때인데 하지 않아 문제라는 식의 북한의 태도는 누구에게도 도움이 되지 않는다. 더구나 남한에선 대북 퍼주기라는 부정적 인식이 여전히 남아 있는 상황에서 보면, 마치 빚을 갚으라는 식의 북한의 태도는 남북 관계에 어떠한 도움도 되지 않는다.

물론 북한으로서는 풍계리 핵실험장 폭파·폐쇄와 참전 미군의 유해 송환이라는 조치들을 취했음에도 미국의 움직임이 없다며 불만스러울 수 있다. 또 북한 정권 수립 70주년이라는 큰 이벤트를 맞아 북한 인민들에게 특히 경제적인 측면에서 가시적인 성과물을 보여주고 싶을 것이다. 그런 조바심이 드러날 수도 있을 것이다.

하지만 남북 관계는 위에서 언급한 것처럼 남북 당국 사이만의 문제가 결코 아니다. 그런 만큼 회담 상대방이자 한

민족인 남한에 대해 불평과 엄포성 발언을 쏟아내는 것이 비록 일회성 협상 전술일지라도 삼가야 한다.

평양 3차 남북 정상회담이 합의대로 열린다면 개최 날짜는 9월 중순이 될 가능성이 높다. 이 회담은 연내 종전선언이라는 판문점 선언의 합의를 이행하기 위한 중대한 분수령이 될 것이다. 물론 북한과 미국 사이의 비핵화 논의도 진전돼야 할 것이다. 그 과정에서 예상치 못한 돌발변수가 튀어나올 수도 있다. 평양 회담을 포함해 앞으로 있을 각종 회담에서 불편한 상황이 생기지 않았으면 하는 건 지나친 바람일까?

2018.8.13.

## "방북 취소와 북중 갈라치기"
## 2nd 롤러코스터 데이

불과 하루 전이었다. 폼페이오 장관은 8월24일 북한을 곧 방문할 것이라고 발표했다. 4차 방북이 될 이번 평양행에는 새로 임명된 스티븐 비건 대북정책 특별대표도 동행할 것이라고 밝혔다. 포드 자동차 부회장인 비건 대표는 한때 백악관 국가안보 보좌관으로 유력하게 거론될 정도로 미국 공화당 내에서는 외교 안보 정책에 영향력이 있는 인물이다. 미 의회에서 대북 관련 업무도 많이 경험했다. 비건 부회장을 대북정책 특별 대표로 임명하고 평양에 동행한다는 것은 그래서 의미가 적지 않았다. 북미 간의 핵 리스트 제출과 종전 선언 협상이 지지부진한 상황에서 이번 방북이 교착 상태를 풀 돌파구가 되리라는 기대와 거물급 대북 특별 대표의 임명으로 대북 비핵화 협상에 미국이 더 집중적으로 나서겠다는 의미로 읽혔기 때문이다.

그런데 이번에도 트위터였다. 방북 계획 발표 불과 하루 만에 트럼프 대통령은 폼페이오의 방북을 전격 취소했다. 트럼프 대통령은 "한반도 비핵화 측면에서 충분한 진전을 이루고 있다고 느끼지 않기 때문에 폼페이오 장관에게 이번에는 북한에 가지 말라고 요청했다"고 발표했다. 방북해 봤자 얻을 게 없다는 판단에 따른 전격적인 발표였다. 미국 내 대북 정책 핵심 인사들이 이 결정에 참여했고 트위터 발표문 조율에 폼페이오 장관도 참여한 걸 보면 미국이 방북을 하루 만에 취소할 만큼 중대한 상황 변화가 있었다는 걸 반증한다.

## "편지로 띄운 분위기 편지로 가라앉혔다"

이번 전격 취소 발표 배경에는 북한 김영철 부위원장의 편지가 있었다는 미 언론들의 보도가 잇따랐다. 워싱턴 포스트는 김영철 부위원장의 메시지는 분명하지는 않지만 방북 취소를 결정할 만큼 적대적인 내용을 담고 있다고 보도했다. 미 CNN은 조금 더 구체적이다. 북한 김영철 부위원장이 보낸 극비서한에는 "비핵화 협상이 다시 위기에 처할 수 있으며 무산 혹은 결단날 수도 있다고 경고했다"고 보도한 것이다.

"Denuclearization talks are again at stake and may fall apart."

지난 5월 말 커다란 흰색 봉투에 담긴 김정은 위원장의 친서를 트럼프 대통령에게 전달한 김영철 부위원장. 그가 공개리에 전달한 커다란 흰색 친서가 북미 싱가포르 정상회담을 제 궤도에 올려놓았다면 이번 극비 서한으로 북미 간 비핵화 협상을 난관에 봉착시킨 것이다.

김영철 편지에는 이런 표현도 등장한다고 한다.

"미국이 평화협정 체결을 향한 조치를 취하는 데 북한의 기대를 충족시키지 못하고 있으며, 이 때문에 협상이 앞으로 나아가지 못하고 있다고 느낀다."

"타협이 이뤄지지 않고 초기 협상이 어그러진다면 북한이 핵과 미사일 활동을 재개할 수도 있다."

북한은 나름대로 이런저런 조치를 했는데 미국이 아무런 반대급부 없이 지나치게 압박만 한다며 불만일 수도 있다. 교착 상태인 협상에서 우위를 점하기 위해 북한식의 으름장 외교를 구사하는 것으로도 이해할 수 있다. 하지만 미국을 향한 북한의 으름장 외교, 협박성 언어 사용이 오히려 역효과를 불러온 경우를 종종 목도해 왔다. 더구나 이번 북한식 표현은 2000년대 초반 2차 북한 핵 위기를 불러온 그때의 말들과 뉘앙스가 비슷해 불길하다.

2002년 10월 제임스 켈리 미 국무부 차관보가 평양을 찾는다. 부시 대통령의 '악의 축' 발언 등으로 촉발된 북미 간 위기 국면을 해소할 계기가 될 것이라는 일말의 기대가 있었다. 하지만 미국은 북한의 고농축 우라늄 핵 개발 의혹을 새롭게 제기하면서 집요하게 추궁했고, 이에 북한 강석주 부상이 강하게 반발했다. 그리고 발끈해서 내뱉은 한마디.

"북한은 핵무기를 가질 권리가 있고, 핵무기보다 더한 것도 가지게 되어 있다."

미국은 이 발언을 근거로 북한이 고농축 우라늄 핵개발을 시인했다며 강경 대응에 나섰고 북핵 2차 위기는 그렇게 시작됐다. 북한이 뒤늦게 "자신들도 핵무기를 가질 수 있는 권리가 있다는 원칙적 입장을 천명한 것"이라며 "핵 개발은 부시 행정부의 날조설"이라고 주장하고 나섰지만 쏟아진 물이었고 천기누설, 천하의 기밀은 이미 새어나간 뒤였다.

북한은 이후 다시 한번 으름장 외교를 구사한다. 2003년 4월 베이징에서 열린 북미중 3자 회담 당시 북한 리근 대표가 켈리 미국 대표를 회담장 복도에서 만나 빠른 어조로 준비해 간 메모를 읽는다.

"북한이 핵무기를 실험하거나, 이용하든가 수출하든가 그것은 미국의 다음 행보에 달렸다."

이 발언은 곧 이어질 본격 협상에서 북한이 우위를 점하려는 의도를 지닌 말로 해석할 수 있다. 북미 양자 협상 대비용 사전 발언이라는 것이다. 하지만 이 발언은 곧바로 북한의 핵보유 선언으로 이해됐고, 당시 미국 언론은 이를 대서특필했다.

김영철 부위원장이 보낸 편지의 구체적인 메시지가 무엇인지, 전후 맥락이 어떠한 지 확실하지 않다.

하지만 살얼음판을 걷는 협상 국면에서, 서로에 대한 불신이 여전한 상태에서 이런 저런 위협용 언사, 으름장 외교를 구사하는 건 득보다는 실이 많다는 걸 북한이 알아야 할 것 같다.

미 언론은 폼페이오의 방북 취소가 "교착된 협상에 대한 좌절감의 첫 공개적 신호"라며 "핵 위협은 끝났다고 말해 온 트럼프 대통령의 '극적인 톤의 변화'"라고 보도하는 걸 보면 더욱더 그렇다.

### “미중 무역 전쟁 때문에…” 북중 갈라치기

그러나 트럼프가 지난 5월에도 북미 정상회담 ‘취소카드’를 사용한 적이 있어 이번 폼페이오 방북 취소가 일종의 협상 전술일 가능성도 배제할 수 없다. 더구나 트럼프 대통령이 회담 취소를 발표하면서 중국에 대해 언급했기 때문에 더 그렇다. 북한을 압박하면서 한편으로는 더 큰 상대, 중국에 대응하기 위한 전략이라는 분석이 나오는 이유이다.북한 비핵화에 충분한 진전이 없다며 폼페이오 방북을 취소한 트럼프. 그러면서 동시에 중국을 겨냥했다.

“게다가 중국과의 훨씬 더 강경한 교역 입장 때문에 그들 중국이 예전만큼 비핵화 과정을 돕고 있다고 믿지 않는다.”

그러면서 폼페이오의 방북을 중국과의 무역 전쟁과 연계시켰다.

“폼페이오 장관은 아마 중국과의 무역 관계가 해결된 이후 가까운 장래에 북한에 갈 것으로 기대하고 있다.”

중국과의 무역 전쟁이 단기간에 끝날 것으로 기대하는 이는 많지 않다. 따라서 중국이, 또 북한이 비핵화와 관련해 (미국이 보기에) 의미 있는 태도 변화를 보이지 않는다면 폼페이오가 가까운 시일 안에 평양을 가는 건 힘들어 보인다.

트럼프의 중국 때리기는 9월 9일 전후로 예상되는 시진핑 중국 주석의 방북을 겨냥해 꺼내든 노골적인 옐로카드다. 중국 최고 지도자들이 방북을 하게 되면 대규모 경제지원이 뒤따랐다. 2005년 10월 후진타오 중국 주석은 북한을 방문해 김정일 위원장과 북중 관계 발전 4원칙을 천명했다. 고위층 상호 방문 전통 지속, 양국 교류 확대, 무역 협력을 통한 공동 발전 모색, 협력을 통한 공동이익 추구 등이다. 이를 통해 북중 관계를 실질적으로 도모하는 차원으로 전환시키려 했다. 북한이 2차 핵실험을 단행한 지 불과 다섯 달 만인 2009년 10월에는 원자바오 중국 총리가 평양을 찾아 대규모 지원을 약속하고 경협방안을 제시하기도 했다. 이런 과거 사례를 볼 때 트럼프 입장에서는 시진핑 방북으로 이뤄질 대북 지원으로 자칫 국제 사회의 제재 효과가 반감되는 것이 결코 탐탁하지 않을 것이다.

때문에 이번 폼페이오 방북 취소는 무역 전쟁이라는 중국의 아픈 고리를 파고들면서, 비핵화 협상에 있어서 북한에 대한 중국 영향력을 차단하고, 대북 경제지원을 매개로 한 북중 밀착을 견제하려는 '트럼프 식 갈라치기 전술'로 볼 수 있다. 오바마 시절 백악관 선임보좌관 에반 메데이로스는 "미중 무역 전쟁과 비핵화는 서로 밀접하게 연결된 사안"이라며 트럼프의 폼페이오 방북 취소 카드는 "북한과 중국에 대한 지렛대를 동시에 강화하려는 전형적인 몸부림"이라고 분석했다.

트럼프 대통령은 중국을 때리면서도 북한에 대해선 달래기를 시도했다. "김정은 위원장에게는 안부를 전하고 싶다"고 친밀감을 표시하기도 하고 "곧 만나길 고대하고 있다"는 부드러운 메시지를 보내기도 했다. 내가 중국 때문에 힘드니, 중국에 너무 의지하지 말고 미국과의 대화에 더 적극 나서라는 일종의 구밀복검(口蜜腹劍)인 셈이다.

'폼페이오 곧 방북'에서 '하루 만에 취소'라는 롤러코스터로 북미 비핵화 협상은 다시 분수령을 맞았다. 매티스 국방장관은 북한이 가장 예민하게 받아들이는 한미 군사훈련 재개 카드로 북한의 아킬레스건을 정조준하며 압박에 가세했다.

북핵 리스트 제출과 북한 핵의 60% 선폐기라는 요구까지 언론을 통해 흘러나오고 이에 맞선 북한이 종전선언과 제재 해제는 물론 평화체제라는 최종 요구까지 거론했다는 정황에서 보면 북한 핵 협상은 말 그대로 아슬아슬 살얼음판이다. 여기에 무역문제를 놓고 충돌하는 G2 간의 패권 다툼까지 주요 변수로 끼어들면서, 한반도 게임판은 더욱더 복잡하고 중층적인 고차 방정식으로 빠져드는 양상이다. 얽히고 설킨 북핵 함수를 풀기 위해서는 빅딜을 넘어선 더 대담한 타협이 필요하거나, 빅뱅에 버금가는 창조적인 방식이 동원돼야 하지 않을까. 고르디아스 매듭을 단칼에 잘라버린 알렉산드로스 대왕처럼.

2018.8.30.

북 비핵화 삐딱하게 보기 ①

# 마음 몰라줘 답답하다는데…
# 우려되는 '비핵화 의지'

## 김정은 "비핵화 의지에 의문 제기해 답답"

2018년 9월 5일 평양 노동당 중앙청사. 남측 특사단을 웃는 얼굴로 맞이한 북한 김정은 위원장. 이번 특사단 방북에서 남북은 3차 남북 정상회담을 평양에서 9월 18일부터 2박 3일 동안 열기로 합의했다.

남북관계의 동력을 다시 살리게 된 것이다. 하지만 김정은 위원장은 회담장에서 남측 특사단에게 국제사회의 태도를 이해하기 어렵다며 다소 불만 섞인 표정으로 하소연하듯 말을 이어나갔다.

"나의 비핵화 의지는 분명한데 왜 국제사회에서 의문을 제기하는지 답답하다."

북한 방송도 김 위원장의 비핵화 의지를 구체적인 표현과 수사를 동원해 한 번 더 강조하고 나섰다.

"최고 영도자께서는 조선반도에서 무력충돌 위험과 전쟁의 공포를 완전히 들어내고 이 땅을 핵무기도, 핵위협도 없는 평화의 터전으로 만들자는 것이 우리의 확고한 입장이며 자신의 의지라고 비핵화 의지를 거듭 확약하시면서 조선반도의 비핵화 실현을 위해 북과 남이 더 적극적으로 노력해 나가자고 말씀하셨다."

김정은 위원장의 비핵화 의지가 이렇게 확고하다는데 왜 국제사회에선 의구심이 나온다고 할까? 그 힌트를 2016년 7월 7일 나온 북한정부 대변인 성명에서 찾을 수 있을까?

북한 정부 대변인 성명 일부를 인용해 보자.

"핵이 없는 세상, 핵전쟁을 모르는 평화로운 세계에서 자유롭고 행복하게 살려는 것은 인류의 공통된 지향이고 염원이다. … 조선반도의 비핵화는 김일성 수령님과 김정일 장군님의 유훈이며 김정은 위원장의 영도에 따라 나아가는 우리 당과 군대 인민의 드팀없는 의지이다."

핵 없는 세상은 인간 본성에 버금가는 것일 뿐만 아니라, 북한이 목숨보다 중요하게 여긴다는 선대의 유훈이라는 것이다. 그래서 조선반도 비핵화의 의지가 충만하다는 것이다. 김정은 위원장이 남측 특사단을 만나 내놓은 레토릭과 차이가 없다.

하지만 성명을 더 읽어보면 고개를 갸우뚱하게 만드는 문구가 눈에 들어온다.

"명백히 하건대 우리가 주장하는 비핵화는 조선반도 전역의 비핵화이다. 여기에는 南핵폐기와 남조선 주변의 비핵화가 포함돼 있다. … 先 북한 비핵화가 아니라 북한에 대한 핵 위협 공갈의 근원부터 완전히 제거하는 데서 비핵화 조치는 시작돼야 한다."

성명은 이어 '미국이 남한에 배치한 핵무기를 공개하고, 남한 핵무기와 기지를 철폐하고, 한반도 주변에 핵 타격 전략 자산을 전개하지 말 것이며, 남한에서 핵 사용권을 쥐고 있는 미군의 철수를 선포하라'는 주장도 담고 있다.

비핵화 의지는 북한식 표현대로 '드팀없이' 충만하지만 미국의 위협 때문에 핵을 포기할 수  없다는 걸 강조하고 있는 것이다. 그리고 이 성명이 나온 지 불과 두 달 뒤 북한 풍계리 지축이 규모 5의 강도로 또 다시 흔들렸다. 2016년 9월 9일 오전 9시 30분. 북한 방송엔 우렁찬 아나운서의 목소리가 터져 나온다.

"핵 실험장에서 새로 연구한 핵탄두의 핵폭발 실험을 단행했다. … 우리의 존엄과 생존권을 보위하고 진정한 평화 수호를 위한 핵 무력의 질량적 강화 조치는 계속될 것이다."

### 김정은 "선의로 받아들였으면…"

북한 김정은은 남측 특사단에게 이런 불만도 털어 놓았다. 폭파 폐쇄한 풍계리 핵 실험장은 갱도 3분의 2가 완전히 붕괴해서 핵실험이 불가능하게 됐고 동창리도 유일한 미사일 시험장이라서 이를 해체한 건 향후 장거리탄 역시 완전히 중지한다는 걸 의미한다며 실질적이고 의미 있는 조치들인데 국제사회 평가가 왜 인색한지 모르겠다는 것이다. 그러면서 이렇게 한마디 덧붙인다.

"선의를 선의로 받아들였으면 좋겠다."

자신들은 비핵화를 위한 선제 조치를 취했는데 미국은 상응 조치가 없다는 것을 에둘러 강조한 것이다. 과연 그럴까? 미국 입장에서 보면 조금 서운할 수 있을 것 같다. 선의를 먼저 보인 것은 미국이기에 그렇다. 트럼프 대통령은 6월 12일 북미 싱가포르 정상회담 직후 북한의 아무런 조치가 없는데도 올 여름으로 예정됐던 한미연합 군사훈련을 취소했다.

한미연합 군사훈련은 무엇일까? 2017년 3월 31일에 나온 북한정부 비망록에선 이렇게 묘사하고 있다.

"미국은 방대한 침략무력을 총동원하여 핵전쟁의 도화선에 불을 달기 위한 북침합동 군사연습에 광분하였다. 미국은 모든 전략핵타격 수단들을 조선반도에 총집중하여 우리를 겨냥한 핵 선제공격 연습들에 열을 올렸다. 해마다 핵 항공모함 타격단들과 B-1B, B-52 전략폭격기들, F-22 스텔스전투기들 같은 미국의 핵전략자산들이 남조선에 쓸어들어 실전 훈련을 벌리는 포악무도한…"

트럼프 입장에서는 북한이 이토록 흥분하는, 또 속으로는 무서워하는 한미연합 군사훈련을 2018년 여름에는 취소했는데, 자신의 선의는 알아주지 않고 김정은이 오히려 선의를 몰라준다며 불평하는 게 마뜩찮을 수 있지도 않을까?

## 북미 정상 "변함없는 신뢰… 함께 해낼 것"

이런 저런 불만에 서로에 대한 의구심이 똬리를 튼 북미 협상. 교착된 만큼 돌파구가 필요하지만 특사단 방북으로도 상황이 확 바뀌지는 않은 듯하다.

폼페이오 장관은 북한 김정은이 남측 특사단에게 비핵화 의지를 밝히면서 미국의 상응조치를 촉구했다는 소식에 "북한이 해야 할 일이 엄청나게 많다."는 말로 대답했다. 듣기에 따라서는 북한 태도에 다소 불만을 표시한 것으로도 해석된다. 볼턴 미 백악관 안보보좌관도 "특사단의 평양 방문에 대한 내용을 종합적으로 전달받았고 상황을 잘 공유했다."라는 간단한 성명을 트위터를 통해 밝혔다.

그런데 김정은 위원장은 트럼프 대통령에 대한 신뢰는 확고하다고 강조했다. "자신은 그 누구에게도 트럼프에 대한 부정적 얘기를 한 적이 없고 트럼프에 대한 신뢰는 변함이 없다."는 것이다. 트럼프 대통령은 "변함없는 신뢰에 감사하다."며 "김정은 위원장과 함께 잘 해나갈 것"이라고 답했다. 하지만 두 정상의 신뢰가 행동으로 이어지지 않으면 사상누각일 뿐이다.

북미 두 정상의 신뢰를 묶어줄 행동조치의 분수령은 9월 18일 평양 남북 정상회담이 될 것이다. 트럼프 대통령이 문재인 대통령을 '수석 협상가'라고 칭한 것은 단순한 수사가 아닐 것이다.

이번 평양 회담에서 꽉 막힌 비핵화 협상을 풀 계기를 만들어 달라는 은유 섞인 기대이자 압박일 수도 있다.

김정은 위원장도 특사단을 만난 자리에서 "문 대통령과 함께 고심하고 모색한 진지한 노력과 과감한 결단이 극적인 순간과 좋은 합의를 이룩했다."고 강조해 평양 회담의 기대를 높이기도 했다.

트럼프 임기 내인 2021년 1월까지를 비핵화 시한으로 밝힌 김정은 위원장. 그의 말이 2016년 북한 정부 대변인의 성명처럼 많은 복선이 깔린 외교적 문서가 아닌 진정성이 담긴 언명이라는 사실을 증명할 시험대는 9월 18일 평양에서 열릴 남북 정상회담이 될 것이다.

2018.9.7.

북 비핵화 삐딱하게 보기 ②

## 핵이란 단어도, ICBM도 없었다. 이참에 통 큰 결정?

2018년 9월 9일 오전 평양 김일성 광장. 커다란 함성 소리와 함께 북한을 대표하는 각 군대들이 빼곡히 도열해 있다. 이윽고 열병식 행진이 시작됐고 하늘엔 북한 AN-2 저속 침투기들이 '70'이라는 숫자를 그리는 축하 비행으로 분위기를 띄웠다. 북한식 표현대로 열병종대들의 행진에 이어 각종 무기들이 선을 보였다.

신형 152㎜ 자주포와 KN-09 300㎜ 신형 방사포 등이 선을 보이더니 불새-3이라고 일컬어지는 대전차로켓 탑재 신형 장갑차 8대, 신형 대함미사일 6대 등이 북한 당정군의 주요 인사와 초청된 인사들이 서 있는 귀빈석, 이른바 주석단 앞으로 지나가고 '북한판 패트리엇'으로 알려진 유도미사일 KN-06, 번개 5호 6대가 모습을 드러낸다. 김정은 위원장은 김일성광장을 지나는 열병부대에게 경례를 붙이며 격려했다. 선보인 무기들은 이게 다였다.

외신 기자들이 혹시나 해서 기다리던 대형 ICBM이나 새로운 전략 무기는 열병식에 등장하지 않았고, 군악대 행진으로 열병식 순서는 넘어갔다. 북한이 말하는 조선 민주주의 인민 공화국 창건 70돌을 맞아 거행된 열병식과 평양시 군중시위의 모습이다.

정권수립 70년 기념 연설을 한 김영남 최고인민회의 상임위원장은 "외부세력의 온갖 침략 위협을 근원적으로 종식시키려는 당의 결단과 정력적인 활동에 의해 공화국은 최강의 국가 방위력을 갖춘 군사 강국으로 진화하였다."고 강조했지만 핵이나 핵무력에 대한 직접적인 언급을 하지 않았다. 대신 경제 건설에 대한 의욕을 보였다.

"사회주의 위업이 새로운 단계에 올라선 역사의 분수령에서 노동당은 경제 건설에 총력을 집중하자는 전략적 노선을 제시했다. 당원과 근로자들은 자력갱생정신과 과학기술의 위력으로 사회주의의 전면적 부흥을 위한 경제건설 대진군을 힘 있게 다그쳐 나가야 하겠습니다."

앞서 열린 정권 수립 70돌 경축 중앙보고대회에서도 김영남은 "나라의 전략적 지위가 최상의 경지로 올라서고 선면적 부흥의 새 시대가 열리고 있다."며 "경제 건설 대진군을 다그치자."고 강조한 바 있다.

평소 큰 행사나 주요 문건에 '핵무력은 통일조선의 보검'이라고 강조하던 북한의 주장은 이날 사라졌다. 전가의 보도처럼 강조하던 핵 무력은 모습이 보이지 않고 '전면적 부흥을 위한 경제 건설'이라는 새로운 구호가 등장한 것이다.

북한 스스로 핵 개발로 '전략적 지위'라는 걸 획득했고 이제는 경제 건설을 목표로 설정했기에 핵이라는 단어와 전략무기가 등장하지 않았다는 분석도 가능하다.

하지만 아무래도 교착상태에 빠진 미국과의 협상을 의식한 의도적인 몸 낮추기라는 평가가 주를 이룬다. 핵 무력도 안보이고 ICBM도 등장하지 않은 열병식은 북미 회담 재개를 위한 러브콜이라는 평가인 것이다.

세라 샌더스 백악관 대변인도 "북한이 처음으로 핵무기를 강조하지 않은 열병식을 했다."면서 "신뢰의 표시"라고 긍정적으로 평가했다. 백악관은 그러면서 김정은 위원장이 2차 북미 정상회담을 희망한다는 친서를 보내 왔으며, 이를 위해 양국이 일정을 조율 중이라고 밝혔다. 교착상태에 빠진 북미 핵 협상을 다시 톱다운 방식으로 돌파할 수 있는 길이 열리게 되는 것이다.

하지만 그렇다고 해서 북한과 북한 핵에 대한 불신이 사라지지는 않는다. 미국 NBC 방송은 "트럼프 대통령의 북한에 대한 훈훈한 트위터는 잊어라"라는 제목의 기사에서 "북한이 6월 북미 정상회담 이후에도 핵 활동을 계속해 왔으며 올해 5~8개가량의 핵무기를 만들었을 것"이라는 미국 관리 3명의 발언을 인용해 보도하고 있다. 랜드 연구소의 브루스 베넷 선임연구원도 "북한이 핵무기를 포기하거나 해체한 것은 없고, 5개에서 9개의 새로운 핵무기를 만들었을 것으로 보인다."고 주장했다. 김정은이 핵을 동결하지도, 비핵화하지도 않았으며 오히려 '핵 무기화'를 해온 것이라고 강조한 것이다. 미국 내에선 이 같은 불신이 여전하고 북미 간의 힘겨루기가 여전한 상황이다.

김정은 위원장은 중국 서열 3위 리잔수 상무위원장을 만난 자리에서 "북한은 싱가포르 북미 정상회담의 공동 인식을 견지하며 이를 위한 조처를 했다."며 미국도 이에 상응하는 행동을 보여주길 바란다고 말했다. 자신들이 핵 실험장 폭파 폐쇄 등의 조치를 취했기에 미국의 행동을 요구한 것이다.

김 위원장은 러시아 마트비엔코 상원 의장에겐 보다 구체적으로 이제는 미국이 답할 차례라는 입장을 밝혔다. 마트비엔코 의장은 "북한은 상호 조치에 응할 준비가 돼 있지만 상응하는 반응이 없이는 어떤 일방적 행보도 취할 계획이 없는 것으로 이해했다."고 설명한 것이다. 북한이 자신들의 조치에 대한 응답으로 미국으로부터 제재 완화와 같은 단계적이며 동시적 행보를 기다리고 있다는 것이다.

핵 실험장 폐쇄라는 선의를 보였으니 이제 미국이 답하라는 북한. 북한의 조치는 언제든 되돌릴 수 있는 조치로 이해하며 핵 리스트 제출을 재촉하는 미국. 연내 종전선언을 이끌어 내 한반도 평화 분위기를 정착시키려는 한국.

9월에 예정된 평양 남북 정상회담과 뉴욕 유엔 총회를 계기로 열릴 한미 정상회담, 그리고 가시권에 들어온 북미 2차 정상회담. 하지만 북한과 미국 사이에 70년 동안 켜켜이 쌓인 불신의 벽이 조금이라도 없어지지 않으면 회담의 획기적인 진전을 기대하기는 어렵다.

그래서 생각해 본다. 북한 창건 70년이라는 큰 이벤트에 ICBM이라는 전략 무기를 제외시키고, 핵무력이라는 단어조차 없애버린 북한이 이참에 한 번 더 통 크게 나가면 어떨까 하는 것이다. 각종 문건에 명시된 핵보유국이라는 단어를 삭제하는 것이다.

북한은 당 규약과 헌법에서 핵보유국임을 분명히 하고 있다. 모든 주민들이 생활 지침으로 여겨 거의 외우다시피 하는 '당의 유일적 영도체계 확립 10대 원칙' 서문에도 핵보유국이라고 적혀있다. 각종 법령과 주요 문건에 적시한 핵보유국이라는 문구를 삭제하면서 북한이 자신들의 비핵화 의지를 과시한다면, 미국에 종전선언을 요구하는 게 조금 더 유리해 지지 않을까?

어차피 종전선언도 북한식 표현대로 정치적 의지의 표현일진대, 북한도 각종 문건에 적시된 핵보유국이라는 문구를 삭제해 비핵화 의지를 표현한다면 교착상태에 빠진 북미 관계에 신뢰의 단초를 제공할 수 있지 않을까 하는 상상이다. 물론 미국은 주는 것도 없는데 북한만 손해볼 수 없다는 북한 내부의 반발이 예상되기는 한다. 하지만 정말로 김정은 위원장이 비핵화 하려는 의지가 있다면 마음만 먹으면 언제든 바꿀 수 있는 각종 문건에서 '핵보유국' 넉 자를 지우는 건 그리 어렵지 않을 것이기 때문이다.

2018.9.12.

평양정상회담 ①

# '결사옹위' 사라지고 '평화번영'

2018년 9월 18일 북한의 국제 관문 평양 순안 공항. 미리 대기한 말쑥한 차림의 북한 남성들과 한복을 차려입은 여성들이 술렁이기 시작한다. 오전 9시 49분. 대한민국 대통령이 탄 비행기가 활주로에 내려앉고… 그렇게 9월의 평양 남북정상회담 일정이 시작됐다.

## "산천은 갈라지지 않았다."

2000년 6월 김대중 대통령이 비행기로 방북한 뒤 18년 만의 남한 대통령의 하늘 길 방북이었다. 하늘 길을 처음 연 김대중 대통령은 비행기 문이 열리자 잠시 북녘 산하를 묵묵히 바라본다.

"꿈에 그리던 북녘 산천, 평생 북녘 땅을 밟지 못할 것 같은 비감한 심정에 젖기도 했습니다. 너무나 긴 세월을 돌고 돌아 이제야 왔습니다."

평양 도착 성명에서 북한에 온 소감을 밝힌 김대중 대통령. 트랩을 천천히 내려와 김정일 위원장과 두 손으로 악수를 나눴다.

18년 뒤인 2018년 9월 18일. 평양 순안 공항에 착륙하기 직전 문재인 대통령.

"비행기에서 육지가 보일 때부터 내릴 때까지 북한 산천과 평양 시내를 죽 봤습니다. 보기에는 갈라진 땅이라고 전혀 느낄 수 없었습니다. 역시 우리 강산이라는 느낌이 들었습니다."

하늘 길로 평양에 온 남측 대통령들의 평양 소회는 그렇게 닮아 있었다. 하지만 강산이 2번 가까이 변할 만큼 세월이 흘렀다. 평양 순안 공항의 모습도, 북한 사람들의 태도도 바뀌었다.

2000년 여름. 평양 순안 공항의 첫 인상은 김일성 주석의 사진으로 남아있다. 비행기에서 내리자 공항 건물 위 한가운데 자리 잡은 김일성 주석의 커다란 초상화가 곧장 눈에 들어왔다. 초상화 좌우에는 붉은색 글씨가 선명한 평양이라는 간판이 한글과 영어로 배치돼 있었다.

이른바 글로벌 스탠더드는 찾아 볼 수 없었고 오히려 폐쇄된 북한이라는 느낌을 강하게 주고 있어 한편으론 씁쓸했다. 낡고 초라한 공항 청사는 과연 이곳이 한 나라의 국제 관문이 맞나 싶을 정도였다.

당시 평양에 함께 간 동료 기자는 공항 내에 에스컬레이터가 없다는 사실에 측은한 마음을 표현할 정도였다.

하지만 2018년 9월 18일의 평양 순안 공항은 달랐다. 2015년에 새로 지은 공항 신청사는 번듯했고, 청사 위에는 이곳이 평양임을 알리는 표시만 선명했다. 외국의 여느 국제 공항과 유사했다.

남측 대통령을 환영하기 위한 인파들 사이엔 푸른색 플래카드가 눈에 띄었다.

> 평양을 방문하는 문재인대통령을 열렬히 환영합니다!
> 민족의 단합된 힘으로 평화와 번영의 시대를 열어나가자

푸른색 바탕에 흰색 글씨. 북한하면 떠오르는 붉은 글씨가 아니었다. 남측을 배려한 것일까? 아니면 북한의 미적 감각이 나아진 것일까?

## 대통령과 대통령 각하

2000년 6월 공항에 내려 김정일 위원장과 두 손 맞잡고 인사를 나눈 김대중 대통령. 첫 만남을 가진 남북의 두 정상은 북한군의 사열을 위해 자리를 잡는다. 북한군 의장 대장이 두 정상 앞으로 절도 있게 걸어와 사열 준비 신고를 한다. 사열 신고를 받은 사람은 북한의 김정일 위원장.

"김대중 대통령을 영접하기 위하여 정렬하였습니다."

김대중 대통령을 환영하기 위해 정렬했다는 사실을 김정일 위원장에게 보고한 것이다. 18년이 지난 2018년 9월 18일엔 달랐다.

세 차례 포옹으로 인사를 나눈 문재인 대통령과 김정은 위원장 앞으로 의장 대장이 사열 신고를 위해 성큼성큼 발길을 옮긴다. 그리고 문재인 대통령 앞에서 바로 멈추더니 우렁찬 목소리로 사열 준비가 됐음을 신고한다.

"대통령 각하! 조선인민군 명예위병대는 각하를 영접하기 위하여 정렬하였습니다."

대한민국 대통령에게 각하라는 존칭을 붙이고, 최고의 예우를 뜻하는 예포 21발도 발사됐다. 북한의 예법이 달라진

2018년 9월 18일 평양에 도착한 문재인 대통령이 김정은 북한 국무위원장과 함께 평양 시민들에게 손을 흔들며 인사를 전하고 있다.

것일까? 그사이 남측을 배려하는 마음이 커진 것일까?

## "결사옹위" 빠지고 "평화번영"

공항 행사를 마치고 문 대통령의 숙소인 백화원 초대소로 이동하는 두 정상. 공항에선 각각 리무진을 타고 출발했지만 평양 중심지 입구인 버드나무거리 연못동에서 두 정상은 잠시 내린다. 환영 꽃다발을 받은 문재인 대통령과 김정은 위원장이 잠시 걷더니 북한이 마련한 오픈카, 무개차에 함께 오른다. 북한이 준비한 환영 카퍼레이드이다.

2016년 고층빌딩으로 화려하게 조성된 여명 거리를 비롯해 김일성 주석의 집무실이 있던 금성거리 등 북한의 주요 거리 곳곳을 카퍼레이드했다. 환영 나온 인파는 줄잡아 10만 명은 될 것 같다고 청와대는 전했다.

18년 전 김대중 김정일 두 정상은 공항에서 함께 리무진에 동승해 숙소인 백화원 초대소로 향했다. 두 사람의 깜짝 동승에 경호팀은 잠시 당황했고, 두 사람이 무슨 대화를 나눴을까 하는 궁금증은 지금도 남아 있다. 하지만 당시 두 정상은 60만 환영 인파들 앞에 직접 모습을 드러내는 카퍼레이드는 하지 않았다.

그런데 평양 주민들이 외치는 구호가 18년 전과는 달랐다. 조국통일이라는 외침은 18년 전이나 지금이나 비슷했지만, 사라진 구호와 새롭게 등장한 외침이 있다.

18년 전 김대중 대통령 방북 당시 북한 주민들은 김정일 위원장에 대한 충성 구호를 간간히 그러나 목 놓아 외쳤다.

**"김정일 결사옹위! 결사옹위!"**

하지만 이번엔 결사옹위 같은 충성 구호는 사라졌다. 대신 "평화번영"이라는 외침이 들려왔다. 환영 인파 속엔 한반도기를 든 사람도 눈에 띄었다. 연도에 늘어선 평양 주민들이 '평화와 번영'을 외치고, 문 대통령 환영한다는 플래카드에서도 평화와 번영의 시대를 열자고 강조한 북한. 핵보다는 경제가 더 중요하다는 걸 이제 깨달은 걸까? 진정성 있게 핵도 포기할 수 있다는 걸 내비친 걸까?

**2018.9.18.**

평양정상회담 ②

# '두 번의 9월 19일' 한 번은 비극, 이번엔?

## "전쟁 없는 한반도가 시작됐다"

2018년 9월 19일 오전 11시 40분. 문재인, 김정은 두 남북 정상이 기자회견장에 섰다. 9월 평양공동선언을 발표하는 자리. 문 대통령은 "남북이 한반도에서 전쟁을 일으킬 수 있는 모든 위협을 없애기로 합의했다."고 발표했다. 그리고 이렇게 선언했다.

"전쟁 없는 한반도가 시작됐다."

이 발표에 사실상의 종전 선언이라는 평가들이 나왔다. 문 대통령은 또 남과 북이 처음으로 비핵화 방안도 합의했다며 "이제 한반도의 영구 비핵화도 머지않았다."고 밝혔다.

김정은 위원장도 "수십 년 세월 지속돼 온 처절하고 비극적인 대결과 적대의 역사를 끝장내기 위한 군사분야 합의서를 채택했다."고 강조했다.

그러면서 핵 없는 한반도를 육성으로 언급했다.

**"조선반도를 핵무기도 핵위협도 없는 평화의 땅으로 만들기 위해 적극 노력해 나가기로 확약했다."**

## "15년 북핵문제 돌파구" 그러나

그때는 추석연휴 마지막 날이었다. 베이징에서 열리는 6자회담 취재를 위해 추석 연휴를 꼬박 날린 취재기자들은 입이 나올 대로 나와 있었다.

하지만 2년에 걸친 마라톤 회담 끝에, 그것도 6개 나라의 서로 다른 이해관계를 조율해, 이제 곧 북한 핵문제를 풀 해법이 도출된다는 기대감에 피곤함과 초조함은 조금 달랠 수 있었다.

한 베테랑 외교전문 기자는 "90년대 초반부터 15년 가까이 끌어온 북한 핵문제의 돌파구가 이제 보이기 시작했다. 복잡한 핵문제여서 어렵고 관심도 덜하겠지만 한 번쯤은 베이징에서 날아오는 뉴스에 귀를 기울여도 좋겠다."고 소회를 밝히기도 했다. 지금부터 13년 전인 2005년 9월 19일 발표된 6자회담 공동성명 이야기다.

### '9.19 공동성명'

북한 핵문제의 한 페이지를 장식한 남북과 미·일·중·러 6개국의 합의서이다. 북핵과 북미관계 개선을 포괄적으로 규정하면서도 행동 대 행동이라는 서로 상응하는 실천적인 해법 프로세스를 담고 있다.

* 북한은 모든 핵무기와 현존하는 핵 프로그램을 포기하고 조속한 시일 안에 NPT와 IAEA 안전조치에 복귀한다.
* 미국은 한반도 내 핵무기 부재 및 북한에 대한 공격 또는 침공 의사가 없음을 확인한다.
* 6개국은 에너지 교역 투자 분야에서 경제 협력을 증진하고 동북아 항구적 평화와 안정을 위해 공동 노력한다.

그렇게 그해 2005년 한가위는 북핵 해법 도출이라는 결실로 풍성했다. 그리고 6개국의 상호 조율된 조치는 2007년 2월 13일과 10월 3일 또 다른 후속 합의를 만들어 내면서, 실행계획을 더욱 구체화시킨다. 핵심은 북한에 100만 톤 상당의 중유나 대북 경제 지원을 제공하고 북한은 모든 핵 프로그램의 목록을 작성하며, 2007년 안에 모든 현존 핵시설을 불능화하고 모든 핵 프로그램의 완전하고 정확한 신고를 완료하는 것이다.

요즘 많이 들리는 이른바 핵 리스트 제출과 신고, 검증을 당시 6자회담 대표들도 합의한 것이다. 2008년 6월 영변 냉각탑 폭파라는 북핵 불능화의 상징적인 장면도 나왔지만 그때뿐이었다. 테러지원국 지정을 놓고 북미 간의 힘겨루기가 재개되고, 대북 중유 지원 중단조치에 폐연료봉 재처리로 맞서면서 역사적인 문건인 9.19 공동성명은 사실상 사문화되고 만다. 그리고 외교부의 표현대로 '6자 회담은 핵물질 및 핵시설 검증에 대한 북한의 비협조로 2008년 12월을 마지막으로 재개되지 못했다.'

## 반복되는 역사? 이번 9월 합의는?

9월 평양공동선언으로 이제 풍성한 가을을 맞이하자는 남과 북. 정부는 북한 비핵화를 위한 방안에 남북이 처음 합의했다며 큰 의미를 두고 있다. 이번에 합의한 북한 비핵화 프로세스는 이렇다.

북한이 동창리 엔진 시험장과 미사일 발사대를 유관국 전문가들의 참관 하에 영구적으로 폐기하고 → 미국은 상응 조치를 취하고 → 다시 북한은 영변 핵시설의 영구적 폐기 같은 추가 조치를 계속 취하기로 한 것이다.

트럼프 대통령은 남북의 합의에 매우 흥분된다며 환영했다. 엄청난 진전이 있었다고 평가했다. 폼페이오 국무장관은 즉각 협의에 나서자며 북한 대표를 오스트리아 빈에서 만나자고 했다. 국제 원자력 기구, IAEA가 있는 바로 그곳에서 비핵화 협상을 갖자는 것이다. 그리고 2021년 1월까지 비핵화를 완성하자며 시한도 제시했다. 남북 9월 평양공동선언으로 교착상태에 빠졌던 북미 협상은 곧장 재개될 계기를 잡은 것이다. 9월 남북 정상회담이 다시 북미 협상을 견인하는 선순환의 고리가 된 것이다.

하지만 북미 협상은 과연 순조로울지는 미지수다. 많은 전문가들은 미국의 기대에 미치지 못하다고 힐난하고 있다. 특히 핵문제와 관련해서는 세계에서 둘째가라면 서러워할 MIT의 저명한 학자 비핀 나랑은 "겨우 영변 때문에 미국이 상응조치를 하라고… 말장난("Should the US take corresponding measures" and just "Yongbyon"…Nice word play)이라고 직격탄을 날리기도 했다. 비핵화의 핵심인 핵 신고와 검증이 빠져 있는데다, 영변을 폐쇄하더라도 이미 북한 내 다른 핵 시설이 있다는 게 미국 정보 당국의 판단이어서 이걸로는 완전한 비핵화를 이루기 어렵다는 인식이 깔린 것이다. 때문에 이번 공동선언으로 "트럼프는 김정은과의 관계에 계속 열의를 갖게 되겠지만, 비핵화 진전에 대한 미국 관리들의 회의론도 계속될 것"이라는 영국 가디언의 분석은 뼈아프다.

역사에 기록될 두 번의 9월 19일. 첫 번째 9.19는 성과를 유지하지 못하고 끝났다. 과연 두 번째 9.19는 다른 길을 걷게 될 것인지, 북미 실무협상과 2차 북미 정상회담에 두 번째 9.19의 명운이 달려 있다.

2018.9.19.

평양정상회담 ③

## 대한민국 대통령, 15만 평양시민 앞에 서다

2018년 9월 19일 밤 10시 26분. 대동강 연꽃 모양을 한 거대한 경기장이 들썩였다. 8층 높이의 15만 석을 가득 메운 평양 시민들은 우레와 같은 박수와 함성을 쏟아냈다. 김정은 위원장이 단상에 섰다.

"평양시 각계층 인민들이 모두가 하나와 같은 모습, 하나 같은 마음으로 문 대통령과 남측 대표단을 따뜻하고 열렬하게 맞아주시는 모습을 보니 넘쳐나는 기쁨을 다 표현할 길이 없습니다. … 오늘 이 순간을 역사는 훌륭한 화폭으로 길이 전할 것입니다. 우리 모두 대통령에게 열광적인 박수와 환호를 보내줍시다."

대한민국이 1988년 서울 올림픽을 성공적으로 개최하자 북한도 뒤질세라 자신들의 스포츠 경제력을 과시하기 위해 지은 세계 최대 규모의 능라도 5.1 경기장. 그곳에 북한 최고

2018년 9월 19일 능라도 5.1 경기장에서 평양 시민에게 연설하는 문재인 대통령

지도자의 소개를 받고 선 대한민국의 대통령.

"평양시민 여러분. 북녘 동포 형제 여러분.

평양에서 여러분을 이렇게 만나게 돼 참으로 반갑습니다. 우리는 이렇게 함께 새로운 시대를 만들고 있습니다. 우리 두 정상은 한반도에서 더 이상 전쟁은 없을 것이며 새로운 평화의 시대가 열렸음을 8천만 우리 겨레와 전 세계에 엄숙히 천명했습니다. 백두에서 한라까지, 아름다운 우리 강산을 영구히 핵무기와 핵 위협이 없는 평화의 터전으로 만들어 후손들에게 물려주자고 확약했습니다. (중략)

평양시민 여러분, 동포 여러분. 우리 민족은 우수합니다. 우리 민족은 강인합니다. 우리 민족은 평화를 사랑합니다. 그리고 우리 민족은 함께 살아야 합니다. 우리는 5천 년을 함께 살고 70년을 헤어져 살았습니다.

나는 오늘 이 자리에서 지난 70년 적대를 완전히 청산하고 다시 하나가 되기 위한 평화의 큰 걸음을 내딛자고 제안합니다. 8천만 겨레의 손을 굳게 잡고 새로운 조국을 만들어 나갈 것입니다. 우리 함께 새로운 미래로 나아갑시다."

밤 10시 33분까지 약 7분 동안 이어진 대한민국 대통령의 첫 평양 시민 대중 연설. 15만 평양 시민들은 990자 302개의 낱말로 구성된 문 대통령의 연설에 귀를 기울이고, 또 13차례 커다란 박수와 함성으로 화답했다.

특히 문 대통령이 "어려운 시절에도 민족의 자존심을 지키며 끝끝내 스스로 일어서고자 하는 불굴의 용기를 보았다."라고 말한 부분에서 커다란 박수소리가 터졌다. 이른바 고난의 행군 시기를 잘 버텨낸 북한 주민의 자존심을 잘 살려준 것으로 읽혔다.

이 장면에선 2000년 여름 평양을 방문했을 때 '고난의 행군 시기를 어떻게 넘겼냐'고 물어보자 눈물짓던 당시 40대 중반의 김영수 안내원의 표정이 오버랩됐다. 김 선생은 당시 남에서 온 동생뻘 기자에게 "통일되면 자신의 중학생 아들들을 잘 보살펴 달라."는 말을 은밀하게 전하기도 했다.

그런 시기를 넘긴 북한 주민들이 새로운 미래를 함께 열어가자는 대한민국 대통령의 연설에서 무엇을 보았을까? 어떤 감정이 들었을까?

자유 아시아 방송(RFA)이 문 대통령 연설 후에 보도한 '북, 남한 대통령 평양 연설에 촉각'이라는 북한 내 소식통을 인용한 기사에서 그 일단을 엿볼 수 있다. 이 방송은 평양 주민들이 문 대통령의 연설에 긍정적인 반응을 보이고 있다고 전했다. 이 방송 보도에 따르면 문 대통령이 북한 주민들을 격려하는 대목에서는 눈물이 날 만큼 감동을 받았다고 소감을 밝힌 평양 시민도 있고, 겸손하고 진솔한 남한 대통령 모습과 연설을 듣는 순간 진짜 마음에서 우러난 박수를 쳤다는 행사참가자들이 적지 않았다고 한다. 심지어 8.15 광복 후 평양에 입성한 김일성이 군중 앞에서 개선 연설했던 장면이 떠올랐다는 반응을 보이는 시민도 있다고 이 방송은 전했다.

북한을 떠나 서울에 온 김00씨는 한 방송사 인터뷰에서 "문재인 대통령의 능라도 연설을 TV로 보면서 너무 많이 울었다."고 말했다. 북한에서 대한민국 대통령이 연설을 하고 '이제 꿈을 꿀 수 있다, 미래를 가질 수 있다.'는 게 북한 주민들에게 얼마나 기쁨으로 다가왔을까 생각했다."고 소감을 전했다. "진짜로 저런 일이 일어난다면 나도 고향에 빨리, 더욱 빠른 시일 내에 가볼 수 있지 않을까 하는 생각이 들어 그냥 눈물이 났다."고도 했다.

하지만 부정적인 반응도 있었다. 서울의 한 대학에 다니고 있는 탈북자 최00씨는 "북한 주민들은 문 대통령이 자신들을 억압하고 힘들게 하는 김정은 정권과 손을 잡고 평양을 방문하는 것은 오히려 북한 기득권을 강화해 나갈 수 있기에 이번 방북과 연설을 부정적으로 볼 것"이라고 말했다. 북한 내부에도 이런 의견을 가진 사람들이 있을 것이다. 따라서 지금 북한에 사는 사람들이 문 대통령의 연설을 어떻게 평가하는지 정확히 판단하기는 힘들다.

다만 북한 김정은 위원장이 대한민국 대통령의 대중 연설을 수용한 것은 그만큼 자신감을 나타낸 것은 아닐까 추측해

본다. 또 남쪽에서 온 대통령의 연설을 수용할 수 있을 만큼 북한 주민이 개방됐다는 걸 반증하는 건 아닐까 생각해 본다.

한 국회의원은 문 대통령의 연설에 큰 감동과 격한 전율이 몰려왔다고 전했다. 과거 사회주의권 지도자도 그렇게 많은 주민들 앞에서 대중연설을 한 적이 없다면서 문 대통령의 연설은 한반도가 새로운 시대로 대전환한다는 상징적인 사건이라고 평가했다.

1963년 6월 나는 베를린 시민이라고 외쳤던 케네디의 연설이 자유 수호의 의지를 고취시켰듯이, 남과 북 새로운 미래를 선언한 문 대통령의 연설이 평양 시민들의 심금을 울려 한반도의 평화와 번영을 가져올 단초가 될 수 있을까? 역사는 이 연설을 어떤 화폭으로 기록하게 될까?

2018.9.20.

## 자유아시아 방송
## 북 남한 대통령 평양 연설에 촉각

요즘 평양 시민들 속에서 남한 대통령이 평양 5.1경기장에서 행한 연설내용에 호응하는 분위기가 조성되고 있는 것으로 알려졌습니다. 이에 북한당국은 최고존엄의 위대성에 혹시 누가 될까 촉각을 곤두세우며 여론의 동향을 주시하고 있다고 소식통들은 밝혔습니다. 북한 내부 소식, 손혜민 기자가 전해드립니다.

역사상 처음으로 혁명의 수도 평양에서 남조선의 대통령이 15만 군중 앞에서 육성으로 연설하면서 15만 평양 시민들은 기립박수와 환호로 응답했습니다. 평양에 입성한 남한 지도자가 파격적인 내용으로 평양 시민에게 호소함으로써 뜨거운 반응을 얻어내자 당황한 북한당국이 비밀리에 여론의 동향을 살피고 있다고 현지 소식통들은 전했습니다.

평양시의 한 소식통은 26일 "지금 평양시에는 북남수뇌회담을 위해 평양을 방문한 남조선 대통령이 직접 평양 시민들 앞에서 육성으로 연설한 데 대한 긍정적인 반응이 계속 이어지고 있다"면서 "마치 광복 후 평양에 입성한 수령님(김일성)이 군중 앞에서 개선연설했던 장면이 떠올랐다는 반응을 보이는 시민도 있다."고 자유아시아방송에 밝혔습니다.

소식통은 "나 자신도 남조선대통령이 조선인민들에게 '어려운 시절에도 민족의 자존심을 지키며 끝끝내 스스로 일어서고자 하는 불굴의 의지를 보였다.'며 격려하는 대목에서는 눈물이 날 만큼 감동을 받았다."면서 "지금까지 남조선은 적대국이라고 교육받았지만 남조선 대통령이 진정성 있는 연설을 하고 (김정은)원수님과 두 손을 잡으며 웃는 모습을 보게 되니 같은 민족이라는 정을 느낄 수 있었다."고 말했습니다.

소식통은 이어서 "당시 능라도 5.1경기장에는 15만 명의 평양 시민이 집합했었다."면서 "이들은 모두 1호 행사참가자로 엄격히 선발된 사람들이지만 남조선 대통령의 연설에서 진심이 느껴진다는 말을 가족과 가까운 사람들에게 말한 것으로 전해지면서 사법당국을 긴장케 하고 있다."고 언급했습니다.

소식통은 그러면서 "평양민심이 남조선 대통령에게 기울고 있다고 판단한 보위성에서는 비밀리에 평양시 각 구역 인민반장들에게 주민 여론동향을 파악하라는 지시를 내렸다."면서 "보위성에서는 남한 대통령의 평양 연설 파장이 심상치 않다고 판단한 것 같다."고 강조했습니다.

이와 관련 평안북도의 한 주민 소식통은 "이번 추석을 보내려 평양에서 온 친척들과 남조선 대통령 이야기로 하루를 보냈다."면서 "남조선 대통령 연설에 평양 시민들이 박수를 치고 환호를 한 것은 사전에 조직된 1호 행사의 흐름이었지만 겸손하고 진솔한 남조선 대통령 모습과 연설을 듣는 순간 진짜 마음에서 우러난 박수를 쳤다는 행사참가자들이 적지 않다."고 지적했습니다.

https://www.rfa.org/korean/in_focus/ne-hm-09262018103226.html

평양정상회담 ④

# 백두산 천지에 선 남북 정상 '낮은 자세로'

## 한반도 최정상에 선 두 정상

2018년 9월 20일 아침 9시 33분. 남북 정상이 백두산 장군봉에서 두 손을 맞잡았다. 수정같이 맑은 공기 속에 하늘과 땅(天地)이 빛났고 백두산 천지(天池)도 빛을 내뿜었다. 장엄한 산세에 풍부한 자원으로 일찍이 한민족(韓民族)의 발상지인 백두산.

'아득한 옛날 환웅(桓雄)이 인간세계에 내려가고자 하자, 하느님이 태백(太伯) 곧 백두산이 인간을 널리 이롭게 할 만한 곳으로 여기시어, 천부인(天符印) 세 개를 주고 내려가서 다스리게 한 곳, 환웅께서는 무리 3,000을 거느리고 태백산 마루 박달나무 아래에 내리시어 그곳을 신시(神市)라 하시니…' (삼국유사)

2018년 9월 20일 백두산에 오른 문재인 대통령과 김정은 북한 국무위원장이 손을 잡아 올리고 있다.

'산줄기가 요동 들판을 가로지르며 일어나 백두산이 되니, 이 산은 조선 산맥의 한아비라…그 꼭대기에 못이 있으니 둘레가 800리로서 남으로 흘러 압록강이 되고, 동으로 나뉘어 두만강이 된다. 백두산은 분수령 남북으로 길게 뻗쳐 연지봉·소백산·설한등령·철령 등에 걸쳐 있거니와 한 가닥이 동남으로 내달으며 치솟아 도봉 삼각산을 이루고 그 사이를 한강이 흐르고 있다.' (김정호 대동여지도)

이렇듯 개국의 터전으로 숭배되어 왔던 민족의 영산(靈山) 백두산과 천지. 이곳에서 대한민국 문재인 대통령은 "새로운 역사를 썼다."고 말했고 북한 김정은 위원장은 "백두산 천지에 새 역사의 모습을 담그자."고 화답했다. 문재인 대통령은 "천지가 나무라지만 않는다면 손이라도 담가보고 싶다."며 직접 천지로 내려가 준비해 간 생수병에 천지의 물을 담았다. 김정은 위원장은 남측 대표단들도 대통령 모시고 사진 찍으라며 "제가 찍어드리면 어떻습니까?"라고 말을 건네기도 했다.

## 평양정상회담의 화룡점정 백두산 방문

사상 최초인 남북 정상의 백두산 회동에 대해 북한 조선중앙통신은 "삼천리 강토를 한 지맥으로 안고 거연히 솟아 빛나는 민족의 성산 백두산이 반만 년 민족사에 특기할 격동의 순간을 맞이했다."고 썼다. 천지를 다 담을 것 같은 격한 반응을 쏟아내는 북한 언론뿐 아니라 세계 언론들도 남북 정상의 백두산 회동을 평양 남북정상회담의 하이라이트로 조명했다. 남북 정상이 백두산에서 두 손을 맞잡고 번쩍 드는 꿈 같은 모습이 구름 한 점 없는 쾌청한 영상과 어우러졌기에 더 극적이었다.

## '낮은 자세, 솔직한 화법' 파장은?

백두산 천지, 한반도에서 가장 높은 곳에 함께 오른 남북 정상, 하지만 그들의 낮은 태도와 솔직한 화법도 언론의 주목을 끌었다. 문재인 대통령은 순안 공항 도착 직후 환영 나온 평양 시민들을 향해 90도 폴더식 인사를 선보였고 북한 주민들과 악수를 나누기도 했다. 백두산 방문을 위해 찾은 삼지연 공항에서는 북한 주민 수십 명과 일일이 손을 잡고 눈을 맞췄다.

북한 주민들로서는 상상하기 어려운 장면이었을 것이다. 탈북자 김00씨는 한 방송과의 인터뷰에서 "북한에서 대통령이라고 하면 다 우러러야 할 대상, 신처럼 모셔야 될 사람으로 생각하는데 문 대통령이 인사하는 것을 보면 북한 주민들이 너무 놀랄 일"이라고 말했다. "북한에서는 윗사람이 아랫

사람에게 90도 인사를 하는 것은 아주 깜짝 놀랄 일"이라며 "북한 주민들에게 엄청 새로운 인상을 심어줬고 '대한민국 대통령이 우리한테 인사를 하는데 세상에 대통령이 어떻게 우리한테 인사를 다 이렇게 하시지? 웬일이지?' 이런 생각을 했을 것"이라고 추측했다.

**김정은 위원장의 솔직 화법도 화제였다.**

9월 18일 문재인 대통령을 평양 숙소인 백화원초대소로 안내한 김정은 위원장 내외. 김 위원장은 누추한 곳에 모셨다며 겸양의 자세를 보였다.

"대통령께서는 세상 많은 나라들을 돌아보셨는데 발전된 나라들에 비하면 우리 숙소라는 것이 초라합니다. … 지난번 5월에 판문점 우리측 지역에 오실 때는 장소와 환경이 그래서 제대로 된 영접을 해 드리지 못하고 식사 한 끼도 대접해 드리지 못해서 늘 가슴에 걸리고 그래서 오늘을 기다리고 기다렸는데, 오늘 이렇게 오시니까 우리 수준은 낮아도 최대 성의를 다해서 성의, 마음을 보인 숙소이고 일정이고 하니까, 우리 마음으로 받아주시면 좋겠습니다."

문재인 대통령은 아파트에 사시는 분들까지도 열렬히 환영해 주니 가슴이 벅찼다며 최고의 의전이었다고 화답했다.

"평양 시민들이 열렬하게 환영해 주신 그 모습들을 우리 남쪽 국민들이 보게 된다면 아마 우리 남쪽 국민들도 굉장히 뿌듯해하고 감격해 할 것 같습니다. 그리고 이번 회담에 아주 풍성한 결실이 있겠구나, 이런 기대를 가지고 있습니다. … 오늘 아주 최고의 환영과 최고의 의전이라고 생각합니다. 다시 한번 감사합니다."

4월 27일 판문점 회담 때도 김 위원장은 '자신들의 교통이 불비해 불편을 드릴 것 같다'며 '남측의 환경에 있다가 북에 오면 민망스러울 수 있겠다'고 언급했다. 이 같은 화법은 북한의 낙후된 경제를 발전시키기 위해서는 남측의 지원이 필요하다는 걸 은연중에 드러낸 것이라는 분석이 많다. 또한 북한 경제를 이제는 발전시켜야겠다는 의지를 표현한 것이라는 해석도 있다. 북한 매체들은 "이번 남북정상회담을 평화번영의 새 시대에 뚜렷한 자욱을 아로새긴 민족사의 역사적 사변"이라며 또 다시 평화번영 구호를 들고 나왔다.

더 빠른 속도로 더 큰 성과를 바라는 북한 주민의 마음을 잊지 않겠다는 김정은 위원장. 판문점의 봄이 평양의 가을로 이어졌으니 이제는 풍성한 결실을 맺자는 문재인 대통령. 남북의 바람이 현실이 될 수 있는 해법은 해리 해리스 미국 대사의 말 속에 담겨 있다.

“북한이 핵 프로그램을 완전하게 폐기할 때까지 제재는 해제되지 않을 것이다. 북한은 긍정적으로 변화할 가능성이 무한하고 그런 기회를 얻게 됐다. 비핵화를 이행하면 가능하다.”

2018.9.22.

* 이 글 작성에는 한국민족문화대백과 ‘백두산’ 항목에 많은 도움을 받았습니다. 네이버 지식백과 https://terms.naver.com/entry.nhn?docId=3327237&cid=46617&categoryId=46617(검색일 2018.9.22.)

## ‘김정은의 인생극장’
## 어떤 선택이 기다릴까?

책이 가득한 서재에서 주민들에게 다가갔다. 편안해 보이는 소파에 앉아서 새해 포부를 밝혔다. 그의 앞에는 두 갈래 길이 있음을 스스로도 안다. 두 갈래 길 모두 가보지 못한 길이다. 아버지도 할아버지도 미국에 대해 이런저런 제안을 내놓은 적이 있지만 끝을 보지는 못했다. 김정은은 끝을 볼 수 있을까?

### ‘김정은의 인생극장’ 선택①
### “이참에 핵을 포기해 버릴까?”

북한 김정은 위원장은 1월 1일 신년사에서 완전한 비핵화를 육성으로 언급했다. 국제사회뿐만 아니라 북한 권력 엘리트와 북 주민들도 볼 수 있도록 생생하게 전파를 탔다.

"조선반도의 항구적이며 공고한 평화체제를 구축하고 완전한 비핵화로 나가려는 것은 우리 당과 공화국 정부의 불변한 입장이며 나의 확고한 의지입니다."

김정은이 자신의 입으로 '완전한' 비핵화라는 표현을 사용한 건 일단 그 자체로 의미가 있다. 미국이 내세우는 '완전하고 최종적인' 비핵화(FFVD)라는 요구와 유사한 탓에 김정은의 의중이 미국의 FFVD를 염두에 둔 것 아니냐는 관측도 가능하기 때문이다.

게다가 김정은은 지난해 6월 싱가포르에서 열린 북미 정상회담이 양국 관계를 극적으로 전환시키고 한반도 평화와 안전에 크게 기여했다고 평가하면서 자신은 '핵무기를 만들지도, 시험하지도, 사용하지도, 전파하지도 않을 것'이라고 역설했다.

불미스러운 과거사를 하루빨리 매듭짓고 새로운 관계 수립을 향해 나아갈 용의가 있다며 트럼프 대통령과 재회하기를 기대했다. 반드시 국제사회가 환영하는 결과를 만들기 위해 노력할 것이라고 강조하면서.

김정은이 2018년 야심차게 선언한 '책임 있는 핵 강국'이라는 표현도 2019년 신년사에서는 찾아볼 수 없었다. 이 같은 레토릭만 놓고 보면 김정은이 비핵화의 길을 걷지 않을까 하는 희망적인 전망을 품어볼 수도 있지 않을까?

## '김정은의 인생극장' 선택②
## "이참에 핵보유를 인정받아버릴까?"

하지만 정반대의 분석도 존재한다. 완전한 비핵화를 언급한 김정은 위원장이 미국이 선뜻 수용하기 어려운 전제를 깔았기 때문이다. 김정은은 한반도 긴장의 근원이라며 '외부로부터의 전략자산을 비롯한 전쟁장비 반입도 완전히 중지되어야 한다.'고 강조한 것이다.

미국 핵전략 자산의 한반도 전개를 중단하라는 요구이다. 쉽게 말해 미국의 핵우산도 철폐되어야 자신들도 비핵화를 할 수 있다는 논리이다. (바꿔 말하면 미국 핵우산이 있는 한 자신들의 핵도 포기할 수 없다는 것으로 이해할 수 있다.)

더구나 김정은이 '핵무기 만들지도, 시험하지도, 사용하지도, 전파하지도 않을 것'이라고 밝혔지만 이는 1986년 북한이 밝힌 조선반도 비핵 평화지대 제안과 1991년 남북이 합의한 한반도 비핵화 공동 선언보다 후퇴한 표현이다.

1986년 북한은 조선반도 비핵평화지대를 언급하면서 '핵무기의 시험과 생산, 저장과 반입을 하지 않을 것'을 제안했으며 1991년 한반도 비핵화 공동선언엔 '핵무기의 시험·제조·생산·접수·보유·저장·배비(配備)·사용의 금지'를 규정하고 있는데, 이번 김정은 신년사에는 '핵무기의 보유와 저장, 배비를 않겠다.'는 문구는 빠져있는 것이다. 자신들이 이미 개발한 핵무기는 그대로 가지고 있겠다는 논리가 가능한 것이다. 또 북한은 자신들의 핵 동결과 비확산 조치에 미국이 신뢰성 있는 조치와 상응하는 실천 행동으로 화답하라며, 미국이 제재와 압박으로 나간다면 자신들은 새로운 길을 모색하지 않을 수 없게 될 것이라고 강조하기도 했다.

이 같은 레토릭들은 비록 앞서 언급한 핵 강국이라는 표현은 없지만 행간에서, 그리고 우회적인 표현에서 자신들이 핵 국가임을 은연중에 드러내고 있는 것이다.

비핵화와 핵보유라는 양 갈래 길을 두 손에 들고 선택을 기다리는 김정은. 때마침 폼페이오 장관이 "궁극적으로는 미국민의 안전이 목표"라고 말해 완전한 비핵화보다는 북한 핵의 비확산에만 초점을 맞추는 것 아니냐는 의구심마저 일고 있는 게 현 단계 한반도 정세이다.

2차 북미 성상회담이 베트남에서 열릴 게 유력하다는 일본 언론들의 보도가 잇따르고 있다. 시기는 2월 설 전후에서 2월 말까지 다양한 관측이 나온다. 완전한 비핵화냐 핵 보유냐. 김정은의 인생극장이 어떻게 전개될지 한반도를 둘러싼 외교대첩, 이제 다시 시작이다.

2019.1.14

# 영변의 진달래꽃
# 이제 다시 꽃피울까?

트럼프 대통령은 2차 북미 정상회담을 2월 27일과 28일 베트남에서 개최하기로 했다고 2019년 2월 6일 신년 국정연설에서 공개했다. 그러면서 북미 사이에 영변 핵시설과 종전선언을 고리로 협상이 진행되고 있다는 관측들이 흘러나오고 있다.

## 영변의 추억: 공습 계획과 냉각탑 폭파

2016년 9월 미국 백악관. 오바마 대통령은 긴급 전략 회의를 주재했다. 북 미사일 발사 7초 내 탐지와 대북 사이버 공격 작전 등이 담긴 특별 접근 프로그램(Special Access Program)을 승인했다. 국방부와 정보기관들에겐 북한 핵과 미사일, 모든 핵 프로그램의 제거가 가능한지 파악하라고 지시했다. 예방적 대북 군사 옵션의 검토다. 북한의 5차 핵실험 직후 내려진 비상사태다.

미국 정보 수장은 대북 공습작전으로 북한 핵과 관련 시설 85%를 파괴할 수 있으며, 반격 받을 경우 남한 내 최소 수만 명의 사상자가 발생할 것이라고 보고했다. 오바마 대통령은 고심 끝에 이 계획을 접었다. (밥 우드워드의 저서 『공포』에서 발췌)

2년의 시간이 흐른 2018년 10월. 김정은 북한 위원장이 방북한 폼페이오 미 국무장관을 만나 플루토늄과 우라늄 농축시설의 폐기와 파기를 약속했다고 미국 측이 밝혔다.

김 위원장이 공언한 말이 사실이라면 폐쇄 대상지역은 우리에겐 소월의 진달래꽃으로 더 아련한 영변지역이다. 90년대 이후 북한 핵개발의 상징이 된 바로 그 영변이다. 90년대 초반 외과수술식 공습, 이른바 서지컬 스트라이크의 대상이기도 했고, 핵 없는 세상을 외쳤던 오바마까지 공습을 검토했던 바로 그 영변이다.

북한이 핵 무력 완성을 이루고, 스스로를 핵 국가로 부르는 데 있어 가장 큰 중심적 역할을 했던 바로 그 영변을 김정은 위원장이 자발적으로 폐쇄하겠다고 공언한 것이다.

1970년대 후반 5MW급 원자로를 시작으로 핵재처리 시설, 우라늄 농축 시설 등 390여 개의 건물과 시설이 착착 들어선 영변은 북한 핵 개발의 산실이다. 따라서 이곳을 폐쇄한다는 것 자체는 북한이 앞으로는 핵을 만들지 않겠다는 의지의 표명이라고 봐도 좋을 것이다. 흔히 말하는 북한 미래 핵의 포기로 해석할 수 있는 것이다.

물론 반론도 만만치 않다. 영변의 핵 시설은 건설된 지 오래돼 고철 수준이고 영변 우라늄 농축 시설은 2010년 대외 전시용으로 만들어진 시설이라는 것이다. 한마디로 영변 핵 시설은 이미 용도 폐기된 '북핵 역사 박물관'의 전시물에 불과한 것이라는 주장이다.

북한이 영변의 우라늄 농축시설까지 협상 대상에 포함시킨다 하더라도 그 역시 비핵화 대상의 작은 일부분일 뿐이라는 것이다. 그보다 훨씬 규모가 클 것으로 보이는 최소 1~2개의 은닉된 우라늄 농축 시설들과 거기서 생산된 핵물질과 수십 개의 핵무기도 비핵화 대상인데 이 부분에 대한 언급이 없어, 북한 비핵화 의지를 믿을 수 없다는 반론이 제기되고 있는 것이다.

## 종전의 기억: "한반도 전쟁 종료 선언 할 수 있다"

북한 핵 시설 폐기에 대한 상응조치로 거론되는 것이 한국 전쟁의 종식 선언이다. 비건 미 국무부 특별 대표는 2019년 1월 31일 연설에서 "트럼프 대통령은 전쟁을 끝낼 준비가 돼 있으며, 미국은 북한을 침공하지 않을 것이다. 또한 미국은 북한 정권의 전복을 추구하지 않는다."고 강조했다. 60년 넘게 이어지는 한국 전쟁의 일시 휴전 상태를 끝낼 용의가 있다는 표현이다. 비건 대표는 또 "미국의 대통령은 한반도에서 70년간의 전쟁과 적대감을 뛰어넘어야 할 시간이라는 점을 확신하고 있다."며 "이러한 갈등이 더는 계속될 이유가 없다."고 덧붙였다.

하지만 미국 정부의 대북 종전 선언 제안은 이번이 처음은 아니다. 2002년 한국을 방문한 부시 대통령은 대북 불침공 의사를 표명했고, 10여 년 전인 베트남 하노이에서 열린 2006년 APEC 정상회의에서도 부시 미국 대통령이 한국전 종전선언을 언급했다. 부시 대통령은 노무현 대통령과의 정상회담에서 "북한이 핵무기를 폐기할 경우 한반도 평화체제 구축을 위해 김정일 국방위원장과 한국전 종료를 선언하는 문서에 공동서명을 할 용의가 있다."고 밝힌 것이다. 최근 북한 비핵화의 상응 조치로 거론되는 종전 선언의 문서화가 이미 13년 전에 대북 제안으로 제시됐던 것이다.

북한은 2008년 영변 냉각탑 폭파라는 비핵화 퍼포먼스까지 보여줬지만 비핵화의 길은 외면했다. 북한이 확보한 핵물질에 대한 조사를 위해 2008년 하반기 미국이 핵 시료 채취를 요구했지만 북한이 이를 거부하면서 6자회담은 성과 없이 끝났고 한반도 핵 위기는 재연됐다. 북한은 이후 거듭된 핵 실험과 미사일 시험 발사로 핵 폭주를 계속했고, 미국의 종전 선언 표명 용의는 다시 수면 아래로 가라앉았다.

북한 비핵화를 둘러싸고 핵시설 폐기와 종전 선언이 다시금 북미 협상 테이블 위에 올라왔다. 2018년 6월 싱가포르 북미 정상회담과 수차례의 고위급 실무 협상, 그리고 비건 대북대표의 평양행까지, 북한 비핵화를 위한 협상 분위기는 그 어느 때보다 좋게 형성돼 있다.

때마침 트럼프 대통령은 2차 북미 정상회담을 2월 27일과 28일 베트남에서 개최하기로 했다고 신년 국정연설에서 공개했다. 트럼프의 말처럼 "대담하고 새로운 외교를 통한 한반도 평화를 향한 역사적인 노력"이 북한 핵 폐기와 한반도 비핵화로 결실을 맺을 수 있을지 2차 베트남 북미 정상회담이 이제 3주 앞으로 다가왔다.

2019.2.6.

# 『무기의 그늘』 속 다낭과 엉클호의 하노이

2019년 2월 하순으로 예정된 2차 북미 정상회담이 열릴 장소를 놓고 다낭이다, 하노이다, 설왕설래가 이어지고 있다. 어느 곳에서 열리든 두 지역 모두 베트남은 물론 미국과 한국, 북한 모두에게 무시하지 못할 역사와 관계를 지닌 곳이다.

## 『무기의 그늘』 속 다낭

"뭐…… 어디를 가는데?"

"다낭이요."

말하면서 영규는 다낭이 마치 영원히 닿지 못할 낙원과도 같이 여겨졌다. 근 여섯 달 동안 그가 보아온 것은 음산한 정글과 질척이는 늪지대의 흙탕물이나 끝없는 논과 그리고 시뻘건 먼지였다. 모두들 이런 지옥에서 빠져나가는 영규를 부러워하는 표정이 역력했다.

순간 쉿쉿하는 포탄의 바람 가르는 소리가 들여왔다. "온다." 병사들은 물속에 머리를 처박으며 다시 엎드렸다. 깡, 하는 메마른 폭음이 귀청을 짓쑤셨다. 3.5인치 로켓포였다.

황석영의 소설 『무기의 그늘』 한 부분이다. 베트남전쟁이 한창일 때 파병된 군인들에겐 다낭은 전투의 비참함을 피할 수 있는 파라다이스였나 보다. 『무기의 그늘』 한 토막을 더 인용해 보면,

종려의 가로수들이 지나가고 있었다. 깨끗한 프랑스 식민지식 건물들이 좌우에 보였다. 도시의 구획은 넓고 네모반듯했고, 무슨 그림엽서에 나오는 휴양지 같았다. 덧문의 나무창살들이 하얗게 반사되고 있었고 푸른 덩굴이 기어오르고 있었다. 길 좌우로 흰 아오자이를 입은 여학생들이 줄지어 내려왔다. 긴 머리에 가느다란 몸매에 꼭 끼는 아오자이는 아름다웠다.

1965년 3월 미 해병 2개 대대가 처음 상륙한 다낭은 한국의 참전부대인 청룡부대가 1965년 10월부터 1971년 12월까지 주둔했던 지역이다. 전투가 치열한 전선보다 상대적으로 안전하다고 하지만 황석영의 소설을 보면 당시 치안이 완벽하지는 않았던 것 같다.

"다낭은…… 큰가요?"
"섬이나 마찬가지야. 사방으로 적에게 둘러싸여 있다. 밤만 되면 시내에서도 게릴라의 습격을 받는다."

베트남에겐 민족 해방을 위해 한 치도 물러설 수 없는 전쟁, 미국으로서는 세계 패권 수호와 공산주의 확산을 저지하기 위한 이념전쟁, 한국으로서는 미국의 이념전쟁에 동조하면서도 파병을 통한 경제적인 이득을 위해 피를 흘린 전쟁. 관련국 모두가 결코 양보할 수 없는, 져서는 안 되는 베트남 전쟁이었다.

하지만 전쟁의 피해는 막대했다. 75년 종전까지 베트남 정부군 25만 명이 사망하고 60여만 명이 부상했다. 월맹의 경우는 희생이 더욱 커 90만 명의 군인이 사망하고 200만 명이 부상했다. 수백만 민간인이 폭격과 살상 행위로 목숨을 잃었다. 네이팜탄 폭격과 고엽제 살포로 베트남 국토는 황폐화됐다. 미군도 4만 7천 명이 군사 작전 중에 사망하고 30만 명이 부상했으며 10년이라는 전쟁기간 동안 들어간 전쟁비용만 무려 2천억 달러였다.

베트남에겐 상처뿐인 승리를, 수렁 속에서 헤맨 미국에겐 치욕스러운 패배를 안겨주고, 한국은 베트남 민간인 학살이라는 전쟁 범죄와 '라이 따이한' 문제라는 오명을 쓰게 된, 결국엔 모두가 손실을 본 악몽의 전쟁이었다.

전쟁의 아픔을 딛고 선 베트남 중부 해변 도시 다낭은 베트남 내 최고의 휴양지로 손꼽히며, 2017년 APEC 정상회의 같은 중요한 외교 행사를 치른 경험과 시설들을 갖추고 있다. 특히 APEC 정상회담이 열렸던 인터콘티넨털 다낭 선 페닌슐라 리조트는 바다에 접하고 있어서 경호상의 이점 때문에 트럼프와 김정은이 만날 유력한 회담장으로 거론되기도 한다.

베트남전쟁, 그 와중에 중심에 있었던 다낭이 이제 다시 한반도와 세계 평화를 위한 현장일 될 수 있을까, 전 세계 언론의 조명을 받게 된 건 그래서 역사의 아이러니다.

## 엉클호와 하노이

1958년 11월 말 베트남 하노이. 60대 후반의 호찌민 주석이 40대 중반인 북한 김일성 주석을 반갑게 껴안는다. 두 사람의 나이 차는 22살, 하지만 공개된 사진을 보면 호찌민 주석은 오랜 친구를 모처럼 만난 것처럼 친근한 정을 나눈다. 바로 전 해인 1957년 여름엔 호찌민 주석이 평양을 방문해 인민군 의장대 사열을 받았고 차량에 나란히 올라 평양 시민의 환호에 답했다.

1890년 태어나 일평생 베트남 민족 해방과 독립을 위해 애쓴 민족 지도자 호찌민. 호찌민은 1930년대 다산 정약용의 목민심서를 읽고 '백성을 사랑하는 깊은 애정이 넘치는 문집'이라는 점에 탄복해 다산의 기일마다 묵념을 올렸다고 한다. 호찌민 평전을 보면 1969년 그가 사망했을 때 "호찌민은 우주만큼 넓은 심장을 가진 사람이었으며, 아이들에 대한 가없는 사랑을 가진 사람으로 소박함의 모범"이라는 한 해외 언론의 평가를 접할 수 있다.

"자신이 죽으면 웅장한 장례식으로 인민의 돈과 시간을 낭비하지 말고 화장하라"는 유언으로 소박한 인품과 친근한 호 아저씨의 이미지를 남긴 호찌민 주석. (베트남 당국은 그러나 그의 유언을 따르지 않고 시신을 방부 처리해 마우솔레움이라는 웅장한 건물에 모시고 있다.)

호찌민은 김일성과 한 세대 가까운 나이 차이가 나지만, 많은 공통점이 있다. 젊었을 때 민족 해방을 위해 투쟁한 점, 그래서 해방된 조국에 돌아가 초대 지도자 위치에 오른 점, 외부 세력에 의해 조국의 북쪽 반쪽만 통치하게 된 점, 사후에 시신이 방부 처리돼 보존된 점 등이 그것이다.

북한과 베트남은 초대 지도자의 공통점에 힘입어 1950년 수교를 맺은 이래 사회주의 형제국으로 밀접한 관계를 유지했다. 두 나라 모두 이른바 '민족해방전쟁'의 참화를 겪었다. 하지만 양국의 발전 과정은 매우 달랐다.

북한은 주체사상이라는 폐쇄적 이념으로 권력 세습과 자력갱생에 몰두해 자신을 새장 속에 가두었지만, 베트남은 상호 견제와 감시를 이루는 권력 분점과 80년대 '도이 머이 정책'으로 알려진 개혁 개방 정책으로 세계 속에 도도히 뛰어들어 경제 발전을 이루게 된다.

베트남은 미국과는 전쟁의 원한과 상처를 극복해 '적에서 친구'가 됐다. 90년대 미국의 경제제재 해제 이후 국교 정상화 등으로 양국관계는 우호적으로 바뀌었으며 최근엔 중국의 남중국해 진출에 대응해 미국과의 협력 관계를 다지고 있다.

한국과의 관계도 마찬가지다. 한국의 월남전 참전으로 적성 국가였지만 92년 수교 이후 양국관계는 급속히 가까워졌다. 한국 기업체의 베트남 진출이 활발하고, 박항서 감독의 활약으로 과거의 모든 갈등을 용광로 속에 녹여 버릴 정도로 친근감을 느끼는 게 요즘의 양국관계다.

다낭이든 하노이든 2차 북미 정상회담이 바로 베트남에서 열린다는 것 자체가 세계사적 의미를 담고 있다. 2018년 4월 '경제 총력 노선'을 선포한 김정은 위원장을 보면, 사회주의 형제국에서 경제개발국으로 나아간 베트남이 2차 북미 정상회담 장소라는 상징성이 주는 함의가 결코 작지 않다는 것이다.

북한이 완전한 비핵화에 합의해 경제 정책의 롤 모델격인 베트남의 길을 걸을 수 있을지 2차 북미 정상 회담이 이제 10여 일 앞으로 다가왔다.

(이 글을 작성하는 동안 미국 백악관에서 2차 북미 정상회담은 하노이에서 개최된다고 발표했다.)

2019.2.10.

하노이 북미 정상회담 ①

# 만릿길 달려 260일 만의 만남

## 만릿길 달려 도착한 '개혁·개방' 베트남

천릿길 아니 만릿길이다. 평양에서 대륙을 지나 3일을 전용 열차로 달렸다. 2월 23일 오후 4시 반 평양을 출발해 약 66시간 만인 26일 오전 8시 10분(한국시간으로 오전 10시 10분) 베트남 국경 동당 역에 도착했다. 할아버지 김일성 시대 천리마 정신을 본인 시대에는 만리마 정신으로 개칭하더니 정말로 만 리, 4,000km를 넘게 달려 사회주의 형제국 베트남에 도착했다.

김정은 위원장이 집권 이후 두 번째 북미 정상회담을 위해 베트남을 찾았다. 1950년 수교한 북한과 베트남. 북한은 베트남전쟁 당시 현금 5,000만 달러와 대포, 수송 차량 같은 전쟁 물자를 베트남에 지원하면서 긴밀한 관계를 유지했다. 두 나라의 경제적 규모는 1986년 베트남의 개혁 개방 정책, 도이 머이 정책 추진 이후 급격하게 벌어진다.

1986년 GDP 260억 달러 수준이던 베트남은 개혁 개방 정책으로 2017년 현재 GDP 2,400억 달러 수준으로 성장하였고, 세계 40위권의 경제 중진국으로 자리매김했다.

비약적인 발전을 한 베트남은 2001년 김영남 북한 상임위원장의 베트남 방문 때 쌀 5,000톤을, 2002년엔 쩐 득 르엉 주석의 방북 때 또 쌀 5,000톤을 지원했으며 이후에도 수시로 북한에 인도적인 지원을 단행했다.

한때 북한이 전쟁 물자를 지원하던 사회주의 형제국 베트남이 눈부신 개혁 개방 정책으로 잘사는 나라가 됐고, 그런 나라로부터 식량을 지원받는 신세가 된 것에 북한의 속내가 착잡할 것 같기도 하다.

여전히 GDP 300억 달러 규모에 머무르고 있는 북한, 경제총력 노선을 선포한 김정은이기에 베트남의 경험을 이번 기회에 배우지 않겠느냐는 언론들의 희망 섞인 관측도 무리는 아닐 것이다.

도착 직후 두문불출하던 북한 대표단 일행이 회담 당일인 27일 오후 2시 40분 베트남 경제 발전의 상징인 하이퐁 산업단지를 찾았다. 방문한 곳은 빈패스트 자동차 공장.

베트남 토종 자동차를 본격 생산할 이곳은 그 자체로 베트남 산업 발전을 상징한다. 이 공장에선 기술과 노동의 집약체인 자동차 생산뿐 아니라 전기 오토바이 출시에 이어 전기 자동차까지 선보일 계획이라고 한다. 북한 대표단은 스마트폰을 만드는 공장 등 IT 산업 시설도 참관했다.

북한 대표단 일행은 이어 베트남의 대표적 관광지 하롱베이를 찾았다. 김정은이 외자 유치와 관광 산업 진흥을 위해 야심차게 개발하는 원산갈마 해안 관광 지구가 닮고 싶은 세계적인 휴양지이다. 북한 대표단은 이 세계적인 관광지가 어떻게 운영되고 있는지 배우고 싶었을 것이다.

그런데 정작 이 산업 시찰에 김정은 위원장 본인은 빠졌다. 리수용 국제담당 부위원장과 오수용 경제담당 부위원장, 김성남 부부장, 현송월 삼지연 관현악단장 등이 시찰에 참여했을 뿐이다.

김정은이 경제 총력 노선 성공을 위해 닮아야 하는 롤 모델을 눈앞에 두고도 참관을 미룬 걸 보면 2차 북미 정상회담의 무게가 그만큼 무겁다는 걸 알 수 있다.

## 260일 만의 만남 "내일은 바쁜 하루가 될 것"

2019년 2월 27일 오후 6시 28분. 성조기와 인공기가 각각 6개씩 걸려 있는 베트남 메트로폴 호텔 회담장. 굳은 표정의 트럼프 대통령과 김정은 위원장이 다가서더니 약 9초간 손을 맞잡는다. 싱가포르 1차 북미 정상회담 이후 260일 만이다.

1차 회담 땐 두 사람 모두 여유로운 표정을 지으며 수인사를 나눴지만 이날은 조금 달라 보였다. 특히 김정은 위원장은 굳은 표정을 굳이 숨기지 않았다. 탐색전 성격인 첫 번째 만남과 달리 이번 두 번째 만남에는 성과를 내야 한다는 중압감 때문일까?

단독 회담에 앞서 공개한 두 정상의 말 속에는 왠지 모를 가시가 돋쳐 있다. 트럼프 대통령은 "개인적으로 1차 회담은 성공적이라고 생각하지만 일각에서는 조금 더 속도를 냈으면 좋겠다며 덜 만족스럽다는 평가도 한다."고 은근 자락을 깐다.

김정은 위원장은 "불신과 오해의 눈초리도 있고 적대적인 것들이 우리가 가는 길을 막으려고 했다."며 "어느 때보다 많은 고민과 노력, 인내가 필요했던 기간으로 생각한다."

고 말했다. 듣기에 따라서는 그동안 진행 상황에 대한 불만을 우회적으로 표시한 걸로도 읽힌다.

하지만 본격 담판을 앞둔 두 정상, 훈훈하게 일합을 마무리한다. 트럼프 대통령은 "북한은 굉장히 무한한 경제적 잠재력이 있다. 북한 앞에 놀라운 미래가 펼쳐질 것이고 그걸 고대한다."며 비핵화 합의 이후에 대한 북한 경제 상황을 장밋빛으로 제시했다. 김정은 위원장 역시 "모든 사람이 반기는 훌륭한 결과가 만들어질 것이라고 확신하고 최선을 다하겠다."고 화답했다.

약 20분 정도의 단독회담을 가진 트럼프-김정은 두 정상은 저녁 7시 10분쯤부터 90분 동안 이른바 친교만찬(social dinner)을 하며 협상을 벌였다. 이 자리엔 북한에선 김영철 부위원장과 리용호 외무상이, 미국에서는 폼페이오 국무장관과 멀베이니 비서실장 대행이 동석했다. 이른바 3+3형식의 정상회담. 두 정상과 핵심 참모들만 참가한 형식이어서 북한 비핵화와 상응 조치를 놓고 심도 있는 대화가 가능했을 것으로 보인다.

"베트남은 지구상에서 흔치 않게 번영하고 있다"며 "북한도 비핵화한다면 매우 빨리 똑같이 될 것"이라는 트럼프 대통령. 하지만 기자들의 잇따른 질문에 속내를 쉽게 내주지 않았다. 특히 '한국전쟁 종전을 선언하느냐.'는 질문엔 "지켜보자."며 유보적인 태도를 취했다.

여기에 일본 언론은 이번 회담에서 북한 비핵화에 따른 상응 조치에 합의하더라도 일본은 경협이나 대북 지원에서 빠지겠다는 입장을 공공연히 밝히고 있어, 회담 전망을 예측하기는 여전히 어렵다. 특히 미국의 뜻을 거의 거스르지 않는 일본이라는 점에서, 북미 간 합의가 나오기도 전에 대북 지원에 나설 수 없다며 선을 긋는 의도가 무언지 혼란스럽기도 하다.

260일 만의 만남에 속을 감춘 채 덕담을 나눈 북미 두 정상, 친교만찬까지 하며 분위기를 잡은 만큼 비핵화와 상응 조치를 놓고 본격 핵 담판을 하게 될 28일은 트럼프 대통령의 말처럼 "아주 바쁜 하루"가 될 것이다.

2019.2.27.

하노이 북미 정상회담 ②

# '거래의 기술'과 "미국식 계산법"

## "우리한테는 시간이 귀중한데…"

2019년 2월 28일 오전 8시 55분 하노이 메트로폴 호텔 회담장. "훌륭한 대화가 좋은 결과로 이어질 수 있도록 노력하자."는 김정은 위원장의 말에 "북한은 좋은 잠재력이 있으니 돕고 싶다."는 화답으로 분위기를 끌어올린 트럼프 대통령. 불쑥 한마디 덧붙인다.

"처음부터 말했듯이 속도는 중요하지 않습니다."

이 말을 들은 김정은 위원장, 예상치 못한 발언인 듯 바로 뒤에 자리한 통역을 바라보며 혼잣말처럼 내뱉는다.

"우리한테는 시간이 귀중한데…"

경제 발전을 위해 하루속히 대북 제재를 풀어야 한다는 김정은의 속내가 드러난 걸까? 무심코 말을 뱉고 난 뒤 김정은은 '아차' 싶었을까? 자칭 '거래의 달인' 트럼프는 이 순간을 파고들더니 같은 말을 반복하면서 못을 박아 버린다.

"저희(미국)는 서두르지 않습니다. 서두르지 않습니다. 적절한 합의를 이끌어 내는 데 초점을 둘 겁니다."

트럼프는 자신의 책 『거래의 기술』에서 "협상에서 가장 나쁜 것은 타결 짓기 위해 필사적으로 보이는 것(The worst thing you can possibly do in a deal is seem desperate to make it)"이라고 썼다. 그런데 공교롭게도 김정은의 모습과 묘하게 겹친다.

두 정상은 약 35분간의 단독 회담을 마치고 정원을 산책하며 확대 회담장으로 이동했다. 싱가포르 1차 정상회담 당시 100보 산책과 유사한 장면이었다. 회담장 밖에 있던 김영철 부위원장과 폼페이오 장관 등을 만나 자연스럽게 대화하고 얼굴에 미소까지 띠고 있어 분위기는 나쁘지 않아 보였다.

이어진 확대정상회담. 하지만 두 정상이 자리를 잡자 묘한 상황이 연출됐다. 취재기자들이 갑자기 질문을 퍼부은 것이다. '비핵화할 준비가 돼 있느냐, 북한 인권문제를 논의하느냐.' 같은 민감한 현안을 두 정상에게 직접 묻더니 김정은을 향해 '평양 연락사무소 개설' 준비가 되어 있냐는 질문까지 나왔다.

참다못한 리용호 외무상이 '기자를 내보내는 게 어떻겠느냐.'고 말했지만 트럼프는 김정은의 답변이 듣고 싶다며 재촉했다. 김 위원장이 "환영할 만한 일"이라고 답변하는 장면이 그대로 생중계됐다. 정상회담에서 좀처럼 보기 힘든 장면이었다.

비핵화 의지가 없었다면 여기까지 오지 않았을 것이라는 김정은의 말에 회담 전망은 더 밝아 보였다. 예정된 시간을 30분가량 넘겼는데도, 또 두 정상이 업무 오찬장에 모습을 드러내지 않았는데도, 별다른 의심보다는 심도 깊은 논의 때문일 것이라는 관측이 이어졌다. 청와대도 "북미 정상이 오후에 합의문에 서명하면 휴지기에 있었던 남북 대화도 본격화할 것으로 예상한다."라며 긍정적으로 전망했다.

그런데 이게 무슨 일인가? 청와대의 언급이 있은 지 10여 분 만에 외신들은 '트럼프의 기자 회견이 예정보다 2시간 앞당겨졌으며 오찬과 서명식이 불투명하다.'는 소식을 쏟아 냈다. 트럼프와 김정은이 업무 오찬을 취소하고 회담장을 떠났다는 속보까지 나오면서 이상기류가 증폭됐다. 급기야 미국 백악관이 공식 입장을 밝혔다. "양측은 아무런 합의에 이르지 못했다."

하노이 북미 정상회담 결렬. 예상 밖의 장면은 있었지만 협상이 깨질 것이라고는 상상치 않았는데 몇 시간 만에 분위기가 급변한 것이다. 언론들은 '하노이 노딜' 뉴스를 전 세계로 타전했다.

2018년 5월 트럼프는 '협상을 해 보면 100퍼센트 확실했던 것도 안 되는 경우도 있다.'라면서 '조건이 맞지 않으면 협상장에서 걸어 나올 것'이라고 엄포를 놓았는데 그 말이 1년 만에 현실이 된 것이다.

### "북한은 더 통 크게 협상에 나서야."

결렬의 원인은 '영변+α'였다. 회담 결렬 후 기자회견에 나선 트럼프 대통령. 김정은 위원장이 영변 핵 시설 전체를 전적으로 해체할 용의를 보이면서 전면적인 대북 제재 해제를 요구했다고 밝혔다. 하지만 트럼프는 협상장에서 걸어 나오는 전략을 선택했다. 그가 극적인 협상 결렬을 선택한 이유가 함축된 발언 한 토막.

"그 나라를 매우 잘 안다. 미국은 그 나라 구석구석을 알고 있다(We know every inch of that country)."

영변 이외 지역에도 핵 시설이 존재하고, 무슨 시설이 어디에 있는지 미국이 속속들이 알고 있는데 영변 핵 폐기만 받고 제재를 풀 수는 없다는 것이다. 비록 북한이 영변이라는 거대한 핵 시설의 해체라는 매력적인 카드를 제시했지만, 미국이 원하는 완전한 비핵화와는 거리가 있기에 대북 제재도 풀 수 없다는 판단을 내린 것이다.

트럼프의 책 『거래의 기술』에는 크게 생각하기, 최악 예상하기, 선택의 폭 최대한 넓히기, 지렛대 활용하기, 거래를 재미있는 게임으로 만들기 같은 11가지 협상 원칙이 열거돼 있다. 하노이 협상을 '합의 없이 끝내는 것이 좋겠다는 판단을 내렸다.'는 트럼프. 기자회견장에서 자신의 협상 원칙을 분명하게 천명했다.

"나도 제재를 풀어주길 원한다. 그 나라가 성장하길 원하기 때문에… 하지만 우리가 한 단계만 얻어내고 모든 지렛대를 포기하면 다시 지렛대를 확보하는 데는 시간이 오래 걸린다… 우리는 우리가 얻어야 하는 것을(완전한 비핵화) 얻어야 한다. 왜냐하면 제재 해제는 '큰 양보(big give)' 이기 때문에… 그래서 우리는 북한의 제안으로부터 걸어 나와야 했다."

트럼프 대통령은 그러면서 김정은 위원장과의 1박 2일 하노이 회담은 매우 건설적인 논의였으며, 김정은도 훌륭한 자세를 보였다고 치켜세웠다. 그러면서 북한에 대해 더 통 큰 자세로 협상에 임할 것을 요구했다.

## "미국식 계산법 이해하기 힘들어"

합의 불발에 당혹한 북한. 트럼프가 하노이를 떠나고 한참이 지난 밤 12시 13분. 북한 대표단은 자신들의 숙소인 멜리아 호텔에 전 세계 기자를 불러 모았다. 기자 회견에 나선 리용호 외무상과 최선희 부상은 미국이 "천재일우의 기회를 놓쳤다."고 목소리를 높였다.

"영변 핵 단지 전체, 그 안에 있는 모든 플루토늄 시설과 모든 우라늄 시설을 포함한 모든 핵시설을 통째로 미국 전문가들의 입회하에 영구적으로 폐기하자는 역사적 제안을 내놓았다."

북한이 '역사적 제안' 대가로 요구한 건 제재를 일부 풀어 달라는 것.

"우리가 요구하는 건 전면적인 제재 해제가 아니라 일부 해제, 구체적으로는 유엔 제재 11건 가운데 2016~2017년 채택된 5건, 그

가운데 민수 경제와 인민 생활에 지장을 주는 항목들만 먼저 해제하라는 것이다."

북한은 또 "핵실험과 장거리 로켓 시험 발사를 영구적으로 중지한다는 확약도 문서 형태로 줄 용의"를 밝히면서 자신들의 안이 신뢰조성과 단계적 해결 원칙에 따른 현실적 제안이라고 강조했다.

북한의 이 같은 제안에 그러나 미국은 노(No)라고 답했다. 2016년 이전 채택된 대북 제재 결의안은 사실상 효과가 없었으며 2016년 이후 결정된 대북 제재가 북한에 커다란 압박으로 존재하는 상황에서 '대북 제재를 먼저 풀면 영변을 주겠다.'는 북한의 제안은 미국으로선 '완전한 비핵화 없는 제재 해제'일 뿐이기 때문이다.

하지만 북한은 미국이 '영변 핵 폐기 조치 외에 한 가지를 더 해야 한다.'고 끝까지 주장해 자신들의 제안을 차 버렸다며 '앞으로 이런 기회가 차려질지 장담하기 어렵다.'고 힐난했다. 결국 '하노이 노딜'은 미국과 북한이 바라보는 핵 폐기와 최종 목적지, 그리고 도달하기 위한 과정 모두가 천양지차임을 확인시켜 준 것이다.

미국의 이익이 최우선이라는 트럼프 대통령은 협상에 대해 이렇게 말했다.

"거래는 일종의 예술이다. 어떤 사람은 캔버스에 아름다운 그림을 그리고 또 훌륭한 시를 쓴다. 그러나 나는 뭔가 거래를 하는 것이 좋다. 그것도 큰 거래일수록 좋다. 나는 거래를 통해서 인생의 재미를 느낀다."

하지만 '하노이 노딜'이라는 예상 밖 상황에 직면한 김정은 위원장은 혼란스러운 모양이다. 최선희 부상의 말이다.

"이번 수뇌회담을 옆에서 보면서 김정은 국무위원장께서 미국식 계산법에 대해 이해가 잘 가지 않아 하는 듯한 느낌을 받았다… 민생과 관련된 제재의 부분 해제까지 어렵다는 미국을 보면서 김정은 위원장 동지께서 앞으로의 북미 거래에 대해 의욕을 잃지 않으셨는가 하는 느낌을 받았다."

트럼프식 '거래의 기술'을 이해하지 못한 김정은. 다시 미국과의 협상 테이블에 마주 앉을지 아니면 2019년 신년사에서 언급한 대로 새로운 길을 찾아 나설지, 한반도 상황은 이제 다시 안갯속이다.

2019.3.1.

노딜 이후 ①

## 최선희, 김정은식 외교 최전선에 서다

2019년 4월 12일 북한 노동당 중앙위원회 본부청사. 김일성과 김정일의 커다란 사진 아래 14명이 옹기종기 모여 있다. 김정은 위원장을 비롯한 북한 국무위원회의 단체 사진이다. 얼핏 보면 가족사진처럼 보이기도 하고, 미국 백악관을 배경으로 한 미국 드라마 '웨스트 윙'의 한 장면 같은 느낌도 난다.

2019년 4월에 구성된 제2기 북한 국무위원회 사진이다. 국무위원회는 2016년 6월 29일 열린 최고인민회의 제13기 4차 회의에서 신설된 국가 주권의 최고 정책 지도기관이다. 북한의 사회, 경제, 문화 등 대내 문제뿐 아니라 외교와 안보, 통일까지 아우르는 포괄적 정책결정기구다. 위원장과 부위원장, 위원들로 구성되는데, 이번 2기 국무위원회는 김정은 위원장을 포함해 모두 14명이다.

이 사진에서 유독 눈에 띄는 인물은 홍일점 최선희. 두 달 전인 2019년 2월 28일 심야 하노이 멜리아 호텔. 북미 정상회담 결렬 뒤 전 세계 기자에게 비상을 걸었던 북한 기자회견 때 대표로 참석한 최선희 외무성 부상이다.

**"수뇌회담을 옆에서 지켜보니 국무위원장 동지께서 미국식 계산법이 잘 이해가 안 가는 듯한 모습을 보였습니다. 이런 식의 거래에 대해 조금 의욕을 잃지 않으셨는가 하는 느낌을 제가 받았습니다."**

당시 최선희 부상은 김정은 위원장의 심경을 헤아리고 대변하는 발언으로 관심을 끌었다. 1964년 8월 생으로 올해 나이 55세. 최선희는 김일성 책임서기를 지낸 최영림 북한 내각 총리의 수양딸로 알려졌는데, 평양에서 어린 시절을 보낸 뒤 중국과 오스트리아, 몰타에서 중고등학교 시절을 보낸 것으로 전해지고 있다. 해외 유학 때의 경험으로 영어를 수준급으로 구사하며, 1980년 외무성에 입부한 뒤 대미 외교를 주로 담당했다.

2008년까지 진행된 북핵 6자회담에서는 북한 수석대표의 통역을 맡았으며 2010년엔 외무성 북아메리카국 부국장으로 발탁됐고, 6자회담 북측 차석대표로 다시 모습을 보이기도 했다.

2016년 외무성 국장이 된 최선희는 2018년 외무성 부상으로 승진한 데 이어, 2019년 올해 외무성 제 1부상에 올라 사실상 외무성 최고 실세가 됐다. 그리고 이번에 북한 권력의 핵심인 국무위원회까지 진입했다. 장관급인 국무위원 사이에서 그녀는 차관급인데, 이는 그만큼 김정은의 신임이 두텁다는 걸 반증한다.

흥미로운 건 최선희가 통역 업무를 담당하면서 모셨던 북한 대미 외교의 베테랑 김계관 제1 부상의 자리를 이번에 물려받았다는 것이다. 2016년 사망한 강석주와 더불어 북한 외교의 기둥으로 일컬어지던 김계관 제1부상의 뒤를 잇는 명실상부한 후계자로 인증을 받은 것이다. 또 김정은이 최선희를 발탁함으로써 북한 대미 외교의 세대교체도 자연스럽게 이뤄진 것이다.

한 대북 소식통은 "최선희에게는 두 명의 아버지가 있는데, 업무상의 아버지가 김계관, 수양아버지가 최영림 전 내각 총리"라며 "이제 최선희가 아버지들의 그림자에서 벗어나 홀로서기를 하고 있다."고 말했다며 한 언론이 전하고 있다. 또한 6자회담에서 그녀를 본 적이 있는 외교 소식통이 한 언론에 "최선희가 김계관의 말을 단순히 옮기는 게 아니라 전략적으로 수정해서 발표하곤 했다."고 말할 정도이니 이번 발탁이 더욱 예사롭게 느껴지지 않는다.

외교 올드보이를 무대 밖으로 내리고 대미외교 전면에 화려하게 등장한 최선희. 여기서 주목되는 김정은 위원장의 최고인민회의 시정 연설 한 토막.

"우리도 물론 대화와 협상을 통한 문제해결을 중시하지만, 일방적으로 자기의 요구만을 들이밀려고 하는 미국식 대화법에는 체질적으로 맞지 않고 흥미도 없다… 하노이 조미수뇌회담과 같은 수뇌회담이 재현되는 데 대해서는 반갑지도 않고 할 의욕도 없다."

최선희 부상이 하노이 회담 결렬 직후 김정은의 심경을 대변하면서 발표했던 표현 대부분이 그대로 김정은 연설에 녹아 있는 것이다. '미국이 올바른 자세를 가지고 북한과 공유할 수 있는 방법론을 찾은 조건에서 제3차 북미정상회담을 한다면 한 번은 더 해 볼 용의가 있다'고 밝힌 북한. 새로운 길을 찾는 북한의 외교 전략 최전선에 최선희 제1부상이 서 있다.

2019.4.15.

노딜 이후 ②

# 수행 못하고 '2선 후퇴' 김영철, '평양 사수' 최룡해

## '수행 못하고 2선 후퇴' 김영철

2019년 4월 24일 북한 조선중앙 TV. 남성 아나운서의 우렁찬 목소리가 울린다.

"우리 당과 국가, 군대의 최고 영도자이신 김정은 동지께서 로씨야 련방을 방문하시기 위하여 4월 24일 새벽 전용렬차로 출발하시였습니다. 당 부위원장들인 김평해 동지, 오수용 동지, 외무상인 리용호 동지, 총참모장인 리영길 동지, 외무성 제1부상인 최선희 동지와 당중앙위원회, 국무위원회 성원들이 함께 떠났습니다."

김영철이 없다. 김영철이 빠졌다. 처음엔 귀를 의심했다. 공개된 TV화면 어디에서도 김영철의 모습은 보이지 않았다. 북한 김정은이 하노이 노딜 이후 새로운 길을 찾아 떠나는 러시아 방문길에 대남 전략과 북핵 협상을 총괄했던 오른팔 김영철 부위원장이 수행에서 빠진 것이다.

폼페이오와 고층 빌딩에서 식사를 하며 뉴욕을 발아래에 두고 바라봤던 김영철. 뉴욕에서 워싱턴까지 차로 4시간 남짓 거리를 달리면서 미국의 도심과 목가적 풍경 모두를 목도했을 김영철. 세계 초강대국 미국의 심장 백악관에 들어가 김정은의 흰색 대봉투 친서를 트럼프에게 어색하지만 직접 전달했던 김영철.

서훈 원장, 폼페이오 장관과 함께 남북미 스파이 라인을 구축해 남북 정상회담과 북미정상회담의 판을 짰던 김영철이 북핵 협상의 뒷전으로 물러났다. 때마침 국정원은 북한 통일전선부장이 김영철에서 장금철로 교체됐다고 국회에 보고했다. 일각에서는 하노이 노딜에 대한 문책성 경질이라는 분석도 내놓는다.

북한이 제2기 국무위원회 출범 때 공개한 사진을 보면 김영철은 김정은 바로 뒷줄 정중앙에 위치해 위상을 뽐내고 있다. 김영철은 여전히 당 부위원장에다 국무위원직 등을 겸하고 있어 권력을 유지하고 있는 것이다.

때문에 이번 김영철의 북핵 협상 2선 후퇴는 김정은이 향후 대외 관계를 대남라인과 대미 라인으로 명확히 구분하려는 의도로 보는 게 맞는 것 같다. 대남 라인은 기존 통일전선부가 담당하고 대미 핵 협상은 최선희로 대표되는 외무성 라인이 전담하는 것이다. 새로 임명된 통전부장 장금철이 아시아태평양평화위원회에서 대남 교류에 잔뼈가 굵고 김영철 아래에서 통전부 부부장을 한 인물인 점을 고려하면 더욱 그렇다.

특히 대미 핵 협상은 최선희가 전면에 나서면서 미국에 대해 새로운 협상 틀을 요구할 가능성이 높다. 북한 외무성 관리가 북미 간 핵 협상에서 "폼페이오를 배제하라."는 당돌한 요구를 한 것을 감안하면 당분간 북한은 북미협상을 직접 요구하면서도 새로운 협상 구조를 설계해 교착 국면을 돌파하려는 의지를 보일 것이다.

이런 측면에서 김정은의 러시아 방문이 6자회담 재개를 통해 영향력 확대를 원하는 러시아의 희망과 맞닿아 있다는 점에서 눈여겨봐야 할 대목이다.

인민군 말단에서 80년대 남북 대화에 얼굴을 내밀면서 자수성가해 권력 최측근에 오른 김영철.

남북미 스파이 라인으로 김정은 대외 정책의 전면에 나서고, 스스로를 천안함 폭침의 장본인이라고 칭할 정도로 저돌적이었던 김영철이 하노이 노딜로 일단 일선에서 한발 물러난 것은 부정할 수 없다.

## 평양을 지키는 '오뚝이' 최룡해

언제나 그렇듯 최룡해는 김정은 해외출장을 열렬히 배웅한다. 남성 아나운서의 힘찬 육성.

> "노동당 정치국 상무위원회 위원들인 최룡해 동지, 박봉주 동지를 비롯한 당과 정부, 무력기관의 간부들이 최고령도자 동지를 환송하였습니다. 이들은 경애하는 최고령도자 동지께서 외국방문의 길에서 안녕히 돌아오시기를 충심으로 축원하였습니다."

북한 최고인민회의 상임위원장 직책을 담당하게 된 최룡해. 과거 북한의 대외 수반 김영남이 가졌던, 상징성이 매우 큰 자리이다. 게다가 최룡해는 국무위원회 제1부위원장도 겸직해 명실상부 북한의 2인자가 됐다.

시쳇말로 팔자가 센 최룡해는 북한판 오뚝이다. 아버지 최현은 김일성의 동지이자 충신으로 북한에서 인민무력부장을 지낸, 북한식 표현대로 혁명 1세대이다. 그런 아버지 덕에 잘나가던 최룡해는 사로청 비서 시절이던 1998년 이른바 '부화방탕한 생활'로 해임된 뒤 평양시 상하수도 관리 사무소로 쫓겨 간다. 북한판 오렌지 사건이다.

2003년 당 총무부 부부장으로 다시 등장하지만 그것도 잠시, 이번엔 비리 혐의로 2004년에 협동농장에서 혁명화 교육을 받은 것으로 알려져 있다.

김정은 등장과 함께 화려하게 복귀한 최룡해는 2012년 인민군 차수가 되더니 군을 총괄하는 군 총정치국장이 된다. 사실상 권력 2인자로 부상한 것.

하지만 무슨 문제인지 2014년에 황병서에게 밀리더니 2015년 11월 12일에는 지방 협동 농장으로 좌천돼 또 혁명화 교육을 받고 있다는 언론 보도가 나오기도 했다. 사실이라면 혁명화 교육 재수인 셈.

그런 최룡해가 김정은 체제 2기에서 완벽하게 2인자로 우뚝 섰다.

2019년 4월 14일 김정은 국무위원장 추대 경축 보고 대회에 나선 최룡해.

"김정은 동지를 전체 조선 인민을 대표하는 최고직책에 높이 모심으로 하여 공화국 정권을 강국 건설의 위력한 정치적 무기로 더욱 강화할 수 있게 되었다… 새로운 만리마 속도를 창조하기 위한 대진군에 총궐기하여 경제 전반을 정비 보강하고 활성화하기 위해 당면한 경제건설 목표들을 반드시 점령하고 나라의 방위력을 세계 선진국 수준으로 계속 향상시키자."

김정은이 나라를 비울 때마다 평양에서 국정을 챙기는 최룡해. 갖가지 시련과 구설수에도 중용되는 이유는 김정은이 백두혈통인 김여정을 제외하고는 가장 믿을 수 있는 혁명 1세대의 후손이라는 점일 것이다.

2019.4.25.

# 미사일? 발사체?…
# 김정은 '새로운 길'과 한반도

## 미사일? 발사체?… 협상 판 깰라 '조심조심'

2019년 5월 4일 오전 9시 6분. 북한 강원도 원산의 한 해안. 검은색 몸체에 끝이 뾰족한 원통형의 물체가 북한식 표현대로 '번개 같은 섬광 속에 시뻘건 불줄기들이 대지를 박차고' 창공으로 날아올랐다. 이 물체는 북한 북동쪽 해상으로 200여km를 날아가 목표물에 명중했다. 김정은 위원장도 직접 참관한 이번 훈련의 목적은 전술유도무기 운영능력과 화력임무 수행의 정확성을 검열하기 위한 것이라고 북한은 밝혔다. 그리고 이렇게 덧붙였다.

"그 어떤 세력이 우리의 자주권과 존엄, 생존권을 해치려든다면 추호의 용납도 없이 즉시적인 반격을 가할 인민군의 견결한 의지를 과시한 훈련은 가슴 후련하게 끝났습니다."

발사 뒤 북한이 해당사진을 공개하자 무기 전문가들은 러시아제 이스칸데르 단거리 탄도 미사일과 매우 유사하다며 '북한판 이스칸데르' 단거리 미사일이라고 분석했다.

그러자 우리 정부는 물론 미국도 미사일이라는 표현에 알레르기 반응을 일으켰다. 국방부는 물론 국정원도 이 발사체가 미사일인지 여부를 분석 중이라며 제동을 걸었다. 미국 폼페이오 장관도 북한 발사체를 '그것들'이라고 지칭하면서 중장거리 미사일이나 ICBM은 아니라고 밝혔다.

혹시나 탄도미사일이라고 하면 모든 종류의 탄도미사일 실험을 금지한 유엔 안보리 대북제재 결의안 위반이 되고, 그동안 북한의 핵·미사일 위협은 없었다는 걸 외교적 성과로 삼고 있는 트럼프 정부도 곤혹스러울 수 있다. 또한 '하노이 노딜' 이후 살얼음판을 걷고 있는 북미 비핵화 협상에도 부정적인 영향을 미칠 수 있다. 이런 탓에 한국과 미국이 미사일이라는 표현이 가져올 논란을 차단하려고 애쓰는 건 이해 못할 바는 아니다.

폼페이오 장관은 북한 발사가 미국에 위협이 되지 않는다며 대화 재개를 촉구했으며 국정원도 '북 발사체가 도발은 아니다.'라고 선을 긋고 있다. 북한마저도 '자주권, 생존권을 해치려 한다면 추호의 용납도 없이 반격하겠다.'는 발표 내용을 조선중앙통신 영문판에서는 삭제했다고 하니 하노이 노딜 이후 진전이 없는 북미 비핵화 협상의 동력을 살리려는, 아니 적어도 판을 깨지는 않으려는 노력이 눈물겹기까지 하다.

그런데 북한이 또 쐈다. 2019년 5월 9일 오후 이번엔 평양에서 가까운 평북 구성리에서 또 동해 쪽으로 쏘아 올렸다. 발사 지역도 북한이 중장거리 미사일을 주로 쏘던 지역이라서 긴장도가 더했다. 9일 발사체도 4일에 쏜 것과 유사한 종류로 '북한판 이스칸데르'로 보인다. 미국과 일본에서는 탄도미사일은 맞는 것 같다고 하지만 한국 정부는 여전히 미사일 여부를 확인 중이라며 전략적 모호성을 유지하고 있다. 트럼프 대통령도 9일엔 "매우 심각하게 주시하고 있다."고 언급하더니 하루 뒤인 10일 "신뢰위반이라고 생각지 않는다."며 톤을 낮췄다. 여전히 판을 깨지 않으려는 극도의 신중한 행보다.

이런 와중에 문재인 대통령은 독일 유력 일간지 프랑크푸르터 알게마이네 차이퉁에 기고문을 싣고 '한반도에 총성이 사라지고 봄이 성큼 다가왔다.'고 말했다. "한반도 비핵화와 항구적 평화라는 큰 꿈을 이야기해 왔는데, 북미 대화가 완전한 비핵화와 북미 수교를 이뤄내고 정전협정이 평화협정으로 대체된다면 한반도에 새로운 평화체계가 들어설 것"이 라고 강조한 것이다.

## 2017년 여름과 2019년 5월은 닮았다?

그런데 북한 미사일 발사와 대통령의 독일발 메시지는 2년 전인 2017년 여름을 떠올리게 한다.

2017년 8월 26일. 북한은 강원도 깃대령이라는 곳에서 비행거리가 250km 정도 되는 발사체를 동해로 쏘았다. 당시 정부는 개량된 300mm 방사포로 추정되나 정확한 특성과 재원은 정밀 분석 중이라고 밝혔다. 반면 미군 태평양사령부는 북한이 약 30분에 걸쳐 탄도미사일 3발을 쐈으며 두 번째 미사일은 발사 직후 폭발했다고 밝혔다. 북한이 쏜 건 단거리 탄도미사일이라는 것이다. 재원을 보면 2019년 5월 4일 북한이 쏜 발사체와 유사한 종류인데, 당시 미국은 단거리 탄도미사일이라고 분석한 것이다.

2017년 7월 6일 문재인 대통령이 독일 쾨르버 재단 초청 연설에서 이른바 '새로운 한반도 평화 구상'을 북한에 제안한다. 한반도 비핵화, 북 체제 안전보장, 항구적 평화체제 구축, 적대 행위 중단과 이산가족 상봉, 평창 올림픽 참가 등을 포함했다.

하지만 북한은 "대결의 저의가 깔려 있는 잠꼬대 같은 궤변"이라며 매몰차게 반응했고, 자신들의 미사일 폭주는 계속 이어갔다.

2017년 5월부터 줄기차게 미사일을 쏘아 올린 북한. 2017년 7월 4일 ICBM급 미사일인 화성-14형을 김정은 참관 하에 쏘아 올리더니 7월 28일 화성-14형 시험발사 → 8월 26일 단거리 탄도 미사일 발사 → 8월 29일 중거리미사일인 화성-12형 발사 → 9월 3일 북한이 수소폭탄 실험이라고 주장하는 6차 핵실험 단행 → 9월 15일 중거리 미사일 화성-12형 발사로 이어졌다.

그리고 2017년 11월 29일 북한은 대륙간 탄도미사일인 화성-15형을 쏘아 올리면서 전 세계에 자신들이 미사일 강국임을 실물로써 증명했다. 북한 김정은 위원장은 당시 화성-15형 발사를 승인하면서 "국가 핵 무력 완성의 역사적 대업을 완성했다."고 선포했다.

비록 문 대통령이 한반도 평화 구상을 2017년 7월 제안했지만 북한은 초기엔 큰 관심을 보이지 않고 자신들의 시간표대로 그 해 연말까지 핵과 미사일 실험을 착착 진행한 것이다. 급기야 화성-15형 발사로 핵 무력 완성을 선언하면서 스스로를 핵 전략국가로 명명했다. 이 기간 동안 미국과의 갈등은 급격히 고조됐으며, 미국의 전략 무기들이 한반도에 전개되고, 북한의 괌 포격 엄포 등이 맞물리면서 한반도 정세는 말 그대로 전쟁 일촉즉발의 상황에 내몰렸다.

핵무력 완성을 선포한 북한은 2018년 경제 개발 총력 노선을 천명하면서 판문점 남북 정상회담과 북미 정상회담, 그리고 평양 남북 정상회담이라는 굵직한 행사의 한 주체로 등장했다. 반세기 이상 적대하던 북한과 미국 지도자가 악수하고, 남북 정상이 민족의 영산 백두산에 올라 천지를 함께 돌아보고 손을 맞잡는 미증유의 장면이 전 세계에 타전되면서 한반도엔 금방이라고 평화와 통일이 올 듯 환희가 감돌았다.

불과 1년 남짓 기간 동안 말 그대로 전쟁위기에서 평화의 환희를 맛본 한반도. 하지만 하노이 북미회담의 결렬로 또다시 위기가 서서히 감돌고 있고, 북미 간의 긴장과 힘겨루기로 살얼음판 위를 걷는 정세로 접어들고 있다.

## 새로운 길 찾는 김정은… 한반도 앞날은?

북한이 5월 4일 단거리 발사체를 쏠 때 “강력한 힘에 의해서만 평화와 안전이 보장된다는 게 철리”라고 강조했다. 북한이

2017년처럼 미사일과 핵 폭주로 치달을 가능성은 아직은 미지수이다. '하노이 노딜'이라는 결과를 받은 김정은 위원장은 2019년 4월 최고인민회의 시정연설에서 "올해 말까지는 인내심을 갖고 미국의 용단을 기다려볼 것"이라고 밝혔다.

하지만 경고도 잊지 않았다. 김정은 위원장은 "북한 ICBM 요격을 가상한 미국의 실험과 한미 군사훈련 재개 움직임 등이 자신들을 심하게 자극하고 있어 매우 불쾌하다."며 "대북 적대정책이 노골화될수록 그에 대응하는 북한 행동도 뒤따를 것"이라며 군사적 위협 가능성을 열어 둔 것이다.

그러면서 기존의 협상 구도를 바꾸려고 시도하고 있다. "미국이 전혀 실현 불가능한 방법에 대해 머리를 굴리고 똑똑한 방향과 방법론도 없이 회담장을 찾아 왔다."며 "새로운 계산법으로 접근하라."고 요구한 것이다.

김정은은 "압박하면 굴복할 것이라고 미국이 오판하고 있다."며 "제재해제 문제에 목이 말라 미국과의 수뇌회담에 집착할 필요가 없다."고 잘라 말했다. 어차피 미국과의 대치가 장기전이기에 "적대 세력의 제재는 자립 자력 열풍으로" 돌파하겠다는 것이다. 하노이 회담에서 제재 해제를 얻기 위해 매달리는 듯한 모습을 보인 게 패착이 됐다는 걸 의식한 발언이다. "장기간의 핵 위협을 핵으로 종식했다."며 은근히 핵 카드를 내비치기도 했다.

남한에 대해서도 요구조건을 분명히 했다. “화해협력과 평화 번영을 위해 외세 의존 정책에 종지부를 찍으라.”는 것이다. “오지랖 넓은 ‘중재자’, ‘촉진자’ 행세를 할 것이 아니라 제정신을 가지고 제가 할 소리는 당당히 하면서 민족 이익을 옹호하는 당사자가 되어야 한다.”라며 거친 표현으로 남한을 비판했다.

이 같은 논리 전개는 경제 발전 혹은 경제적 어려움 해소를 위해 ‘비핵화 단계적 조치와 제재 일부 해제’를 중심에 놓고 협상하던 북한이 미국과의 핵 협상을 ‘비핵화 대 체제보장’이라는 근본적인 틀로 돌아가겠다는 전략 수정으로 해석된다.

북핵 문제가 90년대 초반 불거진 이후 북한의 체제 보장 문제는 늘 핵심쟁점이었다. 제네바 합의와 북미 공동 코뮤니케, 북미 2.29 합의 등 지난 시기 체결한 북-미 합의 문건엔 북한 체제 보장을 의미하는 북-미 수교에 관한 문구가 최종적 목표로 포함됐다. 하지만 비핵화와 체제 보장을 향한 구체적인 로드맵 창출을 둘러싼 의견차이 때문에 북미 합의는 계속 물거품이 돼 왔다. 이제 다시 북한이 비핵화와 체제 보장이라는 근본적인 틀로 전략을 수정한다면 앞으로 협상은 더 까다롭고 힘들어 질 것이며 따라서 장기화 될 가능성이 매우 높다.

그동안 북핵 해법으로 빅딜(Big Deal), 스몰딜(Small Deal), 굿 이너프 딜(Good Enough Deal), 얼리 하비스트(Early Harvest) 같은 영어 시험에나 나올 법한 문구들이 잇따라 제시됐다. 북미 협상 관련 보도를 꾸준히 따라가던 사람들도 이해하기 힘든 아이디어가 나온 것이다. 시기를 더 거슬러 올라가면 우리 국민들은 90년대 초반부터 플루토늄이나 우라늄, 흑연 감속로, 경수로 같은 핵 물질이나 관련 시설에 대한 상식도 넓혔다. 심지어 90년대 후반엔 '한국형 경수로'에 대한 이해를 높이기 위해 '반상회'까지 열렸으니 말이다.

그만큼 북핵 문제는 한반도에서 상수로 자리 잡고 있었고, 가깝게는 2017년부터 불과 2년도 안 되는 기간 동안 전쟁 위기에서 극적인 평화라는 롤러코스터 같은 전환도 경험했다. 이제 다시 북-미간 힘겨루기가 시작된 지금, 또 다른 전쟁위기로 치달을지, 아니면 도저히 이룰 수 없을 것 같았던 민족적 소원을 달성할지, 그 누구도 예상하지 못하는 게 휘발성 높은 한반도의 정세 변화이다.

2019. 5. 7.

판문점 번개회동 ①

## 美 대통령, 정전 66년 만에 북한 땅 밟다

2019년 6월 30일 오후 3시 45분. 판문점 공동경비구역 군사분계선 앞.

하늘색 건물을 좌우로 두고 미국 대통령 트럼프가 판문점 군사 분계선 표지석 앞에 섰다. 마주하는 상대는 북한 김정은 위원장. 서로 눈을 마주치더니 인사를 주고받는다.

"어이 친구(My friend)!"

어깨를 세 번 톡톡 두드리며 불쑥 꺼내는 인사에 짐짓 당황한 척 하는 김정은 위원장.

"이런 데서 각하를 만나게 될 줄 생각 못했습니다."

6·25 전쟁을 휴전하면서 그었던 군사분계선. 서로 총부

리를 겨누던 적대국의 두 정상이 이렇게 조우했다. 친구라고, 또 각하라고 서로를 호칭하면서 악수한 두 정상, 말 그대로 선을 넘는 파격적인 대화를 이어갔다.

"이 선을 넘어도 되겠습니까?"

"각하께서 한 발자국 건너시면 사상 처음으로 우리 땅을 밟으신 미국 대통령이 되십니다."

"넘어가기를 바랍니까? 그렇다면 영광입니다."

트럼프 미 대통령은 높이 약 20센티미터, 폭 60센티미터의 판문점 군사 분계선 표지석을 가뿐히 넘었다. 북한 땅을 밟은 트럼프 대통령, 북한 김정은 위원장과 손을 잡고 18걸음정도 북한 땅을 걸었다. 김정은과 1분가량 환담도 했고, 판문점 북측 지역인 통일각을 배경으로 김 위원장과 악수하며 기념사진도 찍었다.

1953년 7월 휴전 이후 그어진 군사분계선. 동족상잔의 비극을 뒤로 한 채 서로를 향해 적대행위를 하지 못하도록 그어진 선. 서쪽 예성강부터 판문점을 지나 중부지역의 철원을 거쳐 동해안 고성 명호리까지…

동서로 155마일, 약 250킬로미터가량 이어져 한반도 허리를 잘라낸 휴전선. 무엇보다도 길고 또 견고하게 느껴져 쉽게 해체되지 않으리라는 냉전의 경계선을 정전 66년 만에 교전 상대국 지도자들이 최초로 허무는 순간이다.

## 역사적 이벤트가 된 작은 트위터

시작은 트위터 몇 문장이었다. G20 참석 차 일본 오사카를 찾은 트럼프 대통령. 6월 29일 아침 7시 51분에 의미심장한 트위터를 날렸다.

> "문 대통령과 함께 한국에 간다. 한국에 있을 때, 김정은 위원장이 이것을 본다면, DMZ에서 그를 만나 악수하고 인사를 할 수 있을 것이다."

트럼프 대통령의 트위터를 일반인의 평범한 말투로 치환해 보면 이런 식 아닐까? 손윗사람이나 영향력 있는 지인이 아주 친한 친구나 후배에게 "나 언제 거기에 다른 일로 잠시 가는데 혹시 시간되면 얼굴이나 볼까?" 하는 것처럼…

북한의 반응은 즉각적이었다. 새롭게 실세로 떠오른 최선희 외무성 제1부상이 트위터 5시간 여 만에 담화를 냈다. 최 부상은 '매우 흥미로운 제안'이라며 '트럼프 대통령의 의중대로 분단의 선에서 북미 수뇌 상봉이 이뤄지면 친분관계를 깊게 하고 양국관계 진전의 의미 있는 계기가 될 것'이라고 반응했다. 그러면서 '아직 공식제기를 받지 못했다.'며 서둘러 공식 제안을 해 달라는 메시지도 은연중에 추가했다.

이후 실무 진행은 매우 분주하게, 일사천리로 진행됐을 것이다. 마침 (미리 알고 와 있었다는 듯이) 한국에 있던 비건 대북특별대표는 29일 밤 판문점에서 최선희 부상을 만나 두 정상의 만남에 대해 세부 사항을 조율한 것으로 알려졌다.

그리고 이튿날인 6월 30일 오후 3시 45분. 역사상 최초인 북한과 미국 정상의 판문점 회동이 극적으로 전 세계에 생방송으로 중계됐고 판문점은 또 한 번 그렇게 역사의 중심에 섰다. 트럼프 대통령의 깜짝(?) 제안에서 만남까지 32시간 만에 전격적으로 성사된 것이다.

## 북미 정상 손잡고 자유의 집으로

북한 땅에 사상 최초로 들어간 트럼프 대통령은 약 1분, 짧지만 굵직한 북한 체류를 마치고 김정은 위원장과 함께 판문점 군사분계선을 넘어 남으로 돌아왔다.

2019년 6월 30일 오후 3시 51분. 판문점 남측 자유의 집 앞에서는 문재인 대통령이 역사적 장면을 연출한 두 정상을 환한 미소로 반겼다. 이 또한 미증유의 사건. 남과 북 그리고 미국의 지도자가 판문점에 함께 선 것이다.

김정은 위원장이 북한 땅을 밟은 트럼프 대통령에게 "좋지 않은 과거를 청산하고 앞으로 좋은 앞날을 개척하는 트럼프 대통령의 남다른 용단"이라고 치켜세웠고, 트럼프 대통령도 "지난 몇 년간 우리는 많은 진전을 이뤄냈고 훌륭한 우정을 갖고 있다. 짧은 시간에 연락했는데 만남이 성사돼 기쁘다."고 화답했다.

여기서 잠시 시간을 2년 전으로 되돌려보자. 2년 전인 2017년 11월 7일 한국을 방문한 트럼프 대통령. 짙은 안개로 DMZ 방문이 무산된 뒤 국회에서 연설했는데, 당시 트럼프 대통령은 "한국에서는 사람들이 스스로의 삶과 국가를 꾸려나가고 자유와 정의, 문명과 성취의 미래를 선택했지만 다른 한쪽 북한은 부패한 지도자들이 압제와 파시즘 탄압의 기치 아래 자국민을 감옥에 가뒀다. 그 결과 한국의 기적은 자유국가의 병력이 1953년 진격했던 곳, 이곳으로부터 24마일 북쪽까지만 미쳐 번영은 거기서 끝나고 북한이라는 교도소 국가가 시작된다."라고 말했다. 2년 전 북한과 북한 지도자를 맹비난했던 그때와 비교해 보면 한반도 정세가, 북한 지도자에 대한 트럼프의 인식이 180도 변한 걸 체감할 수 있다.

역사적인 판문점 남북미 회동에 참석한 문재인 대통령은

"한반도 평화 프로세스의 큰 고비를 넘었다."며 기뻐했다. 앞서 문 대통령은 "오늘 대화의 중심은 미국과 북한"이며 "트럼프 대통령은 한반도 평화를 만드는 피스메이커"라며 북미 정상의 만남이 순조롭게 이뤄질 수 있도록 하는 호스트 역할에 충실했다.

트럼프 대통령과 김정은 위원장이 자유의 집에 마련된 회담장으로 이동해 정상 간 환담을 시작했다. 당초 몇 분 정도 만나 인사만 나누겠다고 했지만 회담은 단독 환담에 이어 두 나라의 외교장관이 배석한 1+1 회담까지 열려 약 53분간 진행됐다. 사실상 3차 북미 정상회담인데, 싱가포르에서 시작돼 하노이를 거친 북미 정상 회담이 판문점까지 이어진 것이다.

2019.7.1.

판문점 번개회동 ②

# 예상 깬 회동… 북미협상 앞길은?

## 예상 깬 '53분' 회동…
## 하노이는 잊어라?

2019년 6월 30일 오후 3시 59분. 북한과 미국 정상이 다시 마주 앉았다. 하노이에서 성과 없이 결렬된 지 꼭 넉 달 만이다. 회담장 배경으로 성조기와 인공기가 나란히 배치돼 싱가포르와 하노이 회담 당시의 모습과 많이 다르지 않았다. 사실상 3차 북미 정상회담으로 인식해도 무방할 법하다.

트럼프의 깜짝 제안으로 만나, 북미 두 정상이 나란히 남북 국경을 오가는 역사적인 판문점 산책 뒤에 열린 탓인지 그 감흥으로 김정은 위원장이 말문을 열었다.

"트럼프 대통령이 만나자는 의향을 표시한 데 깜짝 놀랐습니다. 분단의 상징이고 나쁜 과거를 연상케 하는 장소에서 오랜 적대 관계였던 두 나라가 평화의 악수를 하는 것 자체가 어제와 달라진 오늘을 표현하는 겁니다.

트럼프 각하와 나 사이 존재하는 그런 훌륭한 관계가 아니라면 하루 만에 이런 상봉이 전격적으로 이뤄지지 못했을 거라 생각합니다. 우리의 훌륭한 관계가 앞으로의 난관과 장애를 극복하는 신비로운 힘으로 될 거라고 확신합니다."

트럼프 대통령은 자신이 SNS 메시지를 보냈는데 김정은 위원장이 오지 않았다면 참 민망했을 것이라면서 목소리에 힘이 있다고 화답했습니다.

"제가 대통령 되기 전을 생각해보면 아주 위험한 상황이었습니다. 한국, 미국 모두에게 위험한 상황이었습니다. 우리가 이후 만든 관계는 많은 사람들에게 크나큰 의미를 가진다고 생각합니다. 다시 한번 제가 군사 분계선을 넘어설 수 있었던 것에 큰 영광으로 생각하고, 저를 초대해준 것에 매우 감사합니다. 정말 역사적인 순간입니다."

회담을 이어간 북미 정상은 비핵화 협상 재개를 놓고 의견을 교환했다. 폼페이오 장관과 리용호 외무상까지 배석한 1+1 회담까지 합하면 두 정상이 회담한 시간은 모두 53분가량.

회담을 마친 뒤 문 대통령과 트럼프 대통령은 김 위원장과 함께 군사 분계선까지 걸어간 뒤 김 위원장을 환송했다. 당시 시각은 오후 4시 53분.

애당초 "장시간에 걸친(extended) 게 아닌 그저 짧은 인사(quick hello) 정도"라고 트럼프 대통령이 밝혔지만 역사적인 판문점 '번개' 북미 정상회담은 68분가량 진행되며 마무리됐다.

### "도박이 먹혔다"는 미국…<br>북, 이번엔 미국식 셈법 파악?

53분간의 판문점 정상 회동 직후 나온 북미 양쪽의 발표는 비교적 신중했다. 트럼프 대통령은 "폼페이오 국무장관 주도로 2~3주간 실무팀을 구성해 협상하겠다."고 밝혔다. 하노이 노딜 이후 막혔던 비핵화 협상이 실무 접촉으로 재개될 모양새가 된 것이다.

북한 관영 매체도 "분단의 상징인 판문점에서 두 수뇌가 악수하는 놀라운 현실이 펼쳐졌다."며 "비핵화와 북미관계에서 새로운 돌파구를 열기 위한 생산적 대화들을 재개하고 적극 추진해나가기로 합의했다."고 밝혔다.

폼페이오 장관은 "북한 외무성이 비핵화 실무 협상 카운

터파트가 될 것"이라고 확인했다.

비록 북한이 폼페이오 장관을 겨냥해 "수뇌가 애써도 반북 실무자로는 협상이 안 된다."며 엄포를 놓기도 했지만 결국 북미 양국의 정통 외교라인이 비핵화 실무협상을 담당하게 된 것이다. 북미 정상의 '톱다운 케미'로 마련된 비핵화 협상, 본격 힘겨루기는 실무진이 담당해야 할 몫이다.

폼페이오 장관도 판문점 회동이 도박 아니었냐는 질문에 "도박이 먹혔다."고 답하며 다가올 협상에 "매우 들떠 있다."고 소감을 밝혔다.

그러면서 서두를 게 없다는 '속도 조절론'을 강조했고 대북 제재도 그대로 유지된다며 북한에 대한 기선잡기에도 소홀하지 않았다.

이에 맞대응할 북한은 기존 북미 협상을 주도했던 김영철 부위원장을 하노이 노딜 이후 2선으로 후퇴시켰다. 대신 하노이 심야 반박 기자회견의 주연격인 리용호 외무상과 최선희 부상이 협상을 진두지휘한다.

특히 김정은의 새로운 복심이자 대외 정책 스피커로 불리는 최선희 부상은 하노이 노딜 당시 "김 위원장이 미국식 셈법을 잘 이해하지 못하는 것 아닌가 하는 느낌을 받았다."고 말해 "자기 요구만을 들이미는 미국식 대화법에는 체질적으로 맞지 않아" 앞으로는 북한 자신들의 화법으로 협상을 주도하겠다는 의지를 보인 적이 있다.

도박이 먹혔다는 미국, 미국식 셈법은 체질적으로 맞지 않는다는 북한. 비핵화 협상 방법을 두고 포괄적 접근이니, 동시적·병행적 접근이니, 단계적 접근이니 하는 말장난 같은 단어들이 나오고 있다.

문 대통령의 발언으로 촉발된 '영변 폐기는 비핵화 입구론'이나 트럼프가 지적한 '영변 폐기는 하나의 단계'처럼 한국과 미국 사이에도 비핵화 방법론을 두고 미묘한 입장 차이가 존재하는 게 사실이다.

더욱이 비핵화와 체제 보장을 두고 건곤일척을 겨루는 북미 간의 입장 차이는 이보다 더 깊고 복합적이다. 게다가 "이번 판문점 북미 정상회동이 비핵화 실무협상을 재개하는 의미 있는 만남이며, 트럼프·김정은 사진은 평화의 문을 여는 퍼즐의 조각으로, 쉽게 무너져 내리지 않도록 응원해야 한다."는 긍정적인 평가도 있지만, "비핵화라는 단어는 한 번도 나오지 않았으며, 김정은 체제에 정당성을 부여하고 동시에 트럼프의 재선 캠페인을 위한 리얼리티 TV 쇼"라는 신랄한 비판도 동시에 존재한다.

'하노이 노딜' 이라는 교착상태를 '판문점 번개'로 뚫어냈지만 '완전한 비핵화'를 이루기까지 앞으로 가야 할 길은 여전히 멀고 넘어야 하는 산은 높고도 많다. 중국 측에서 나온 평가가 정리한 것처럼…

"트럼프의 큰 한걸음, 한반도 핵 문제의 작은 한걸음"

2019.7.1.

에필로그

# 전쟁과 평화가 엇갈린 2년, 한반도 운명은?

지난 2년간 한반도를 중심으로 전쟁과 평화가 엇갈렸다. 핵무기를 걸고 펼쳐진 건곤일척의 승부가 한반도 판을 크게 흔들었다.

2017년 여름, 핵무력 완성을 앞둔 북한이 막바지 속도를 내면서 지구 반대편 미국에서는 더 이상 대화로는 해결이 불가능하다며 전운을 키웠다. 강경책을 주장하는 목소리가 커졌다. 이른바 선제공격 옵션, '플랜 B'를 언급했다. 한반도 주변으로 몰려든 미국 항공모함에서 당장이라도 전투기가 출격할 태세였다. 괌에서 출발한 폭격기는 평양을 향해 맹렬하게 북진하다가 휴전선을 바로 앞에 두고 기수를 돌렸다.

서로를 향한 엄포 놓기도 빈번했다. 책상 위에 핵무기 발사 버튼이 놓여 있다는 김정은, 내가 가진 버튼이 더 크다는 트럼프의 말싸움은 최후통첩으로도 여겨지기도 했다. 태평양을 사이로 던진 '화염과 분노', '미치광이 늙다리'와 같은 말 폭탄이 언제 핵무기로 바뀔지 알 수 없었다.

하지만 언제 그랬냐는 듯 1년여 만에 상황은 완전히 뒤바뀌었다. 2018년 여름, 반세기 만에 열린 정상회담으로 북한과 미국은 그 어느 때보다 가깝게 협상 테이블 앞에 앉았다. 휴전 협정을 맺은 1953년 이후 본격적인 대화가 없었던 탓인지 판돈은 크게 쌓여 있었다. 북한과 미국은 한 번에 해결할 수 있다며 '빅딜' 가능성도 키워갔다.

(한반도의 명운이 달린 북미 핵 협상을 포커 게임에 비유하는 게 대한민국으로서는 탐탁스럽지 않을 수도 있다. 하지만 북핵 협상에 나선 미국의 수장 트럼프 대통령도 스스로를 '월드클래스 포커 플레이어'라고 부르는 것 또한 어쩔 수없는 현실이다.)

중재자 역할을 자처한 한국은 한반도의 평화를 위해서 북미 간 무릎맞춤을 계속해야 한다는 입장이다. 북한 비핵화와 평화를 궁극적으로 가져올 수 있다는 전략적 판단이었다. 평창 동계올림픽을 계기로 대화를 시작할 수 있었지만 이는 개막전일 뿐 결승전은 아니다. 한국이 꿈꿨던 전략적 이익은 북미 간 게임이 온전히 끝나야 손에 잡힐 수 있다. 북미 회담이라는 거대한 게임 판을 지켜내려고 분주하게 움직였던 이유다.

그런데 한여름 밤의 꿈이 깨어졌나? 북한이 쏘아 올리는 미사일은 여전히 한반도 상공을 가른다. 대화가 시작되기 전인 2017년 7월 대륙간탄도미사일(ICBM) 시험에 성공한 북한. 2019년 7월에는 러시아 이스칸데르와 유사한 신형 탄도 미사일을 꺼냈다. 2년 전에는 미국 본토까지 날아가는 ICBM을 쏘며 멀리 던지는 힘을 보여줬다면 이제는 비행궤도가 복잡해 기존 미사일 방어체제로는 걷어내기 어려운 변화구를 던진 셈이다. 극심한 반대를 무릅쓰고 사드(THAAD)를 배치한 한국과 미국 입장이 난처해졌다.

대화를 반복했지만 상호 불신과 위협은 여전하다. 북한은 "'평화의 악수' 뒤로 한국과 미국이 북한을 노리는 전략무기를 배치했다"며 창과 방패를 높게 세웠다. 미국은 "비핵화와 대북 체제 보장을 위해서는 북한이 기존 제안을 훨씬 뛰어넘는 창의적인 조건으로 협상에 나와야 한다."며 압박의 끈을 놓지 않고 있다.

그나마 북한 탄도 미사일 발사가 명백한 안보리 위반이라는 걸 알면서도 '작은 일'이라며 목소리를 낮추는 트럼프의 표정관리가 달라진 풍경이다. 대선을 앞두고 그간의 대화 성과를 지켜내려는 자존심이 가려져 있을까. 막판 회심의 한 수를 노리면서 평정심을 지켜내는 것일까.

분명한 건 한반도 기류가 언제 또다시 전쟁 가능성을 꺼내는 험악한 관계로 돌아갈지 아무도 예측할 수 없다는 사실이다. 이런 모습은 역사 속에서 결코 낯설지 않다. 백여 년 전인 1914년 여름 유럽은 눈앞에 보이는 위험을 알면서도 피하지 못하고 전쟁 속으로 걸어갔다.

케임브리지대학 역사학 교수 크리스토퍼 클라크는 '유럽이 어떻게 1차 세계대전에 이르게 되었는지' 방대한 자료를 분석해 펴낸 역작 『몽유병자들』에서 "1914년 당시 맹방들 사이에도 서로 불신하는 분위기가 퍼져 평화를 위태롭게 했다."며 "1914년 주역들은 눈을 부릅뜨고도 보지 못하고 꿈에 사로잡힌 채 자신들이 세상에 불러들일 공포의 실체를 깨닫지 못한 몽유병자"라고 일갈했다.

불신과 판단 착오로 시작된 작은 불씨가 걷잡을 수 없는 인류의 참화로 커져갔던 상황. 2017년 12월 평양을 찾은 펠

트먼 유엔 사무차장이 이용호 북한 외무상에게 클라크 교수의 책 『몽유병자들』을 건넸던 이유를 엿볼 수 있다.

30년 가까이 끌고 있는 비핵화 협상 그리고 반세기 넘은 분단 체제를 한 번에 해결할 수 있다고 기대한다면 확률이 매우 낮은 도박에 베팅한 것과 마찬가지다. 한반도 명운이 걸린 협상이 단기간에 끝날 것으로 예상했다면 거대한 게임판을 잘못 읽은 것이다.

앞으로도 북핵을 비롯한 한반도 정세는 평화와 위기고조라는 극단적인 두 축을 오갈 것이다. 그래서 '위험 수준은 낮추고 신뢰와 투명성의 수준은 높여야 한다.'는 클라크 교수의 경구가 남북은 물론 한반도 관련국들에게 커다란 울림으로 다가갔으면 하는 바람이다.